指导单位：广州市民政局

GUANGZHOU SHI

广州市社会工作发展报告（2020）

SHEHUI

GONGZUO

FAZHAN BAOGAO 2020

广州市社会工作协会　编

中国社会出版社
国家一级出版社 · 全国百佳图书出版单位

图书在版编目（CIP）数据

广州市社会工作发展报告．2020／广州市社会工作协会编．—北京：中国社会出版社，2020. 12

ISBN 978-7-5087-6450-4

Ⅰ.①广…　Ⅱ.①广…　Ⅲ.①社会工作—研究报告—广州—2020　Ⅳ.①D632

中国版本图书馆 CIP 数据核字（2020）第 226183 号

书　　名：广州市社会工作发展报告（2020）
编　　者：广州市社会工作协会

出 版 人：浦善新
终 审 人：李　浩
策划编辑：孙武斌
责任编辑：李新涛

出版发行：中国社会出版社　**邮政编码：**100032
通联方式：北京市西城区二龙路甲 33 号
电　　话：编辑室：（010）58124841
销售部：（010）58124853
（010）58124849
网　　址：www. shcbs. com. cn
shcbs. mca. gov. cn

中国社会出版社天猫旗舰店

印刷装订：北京虎彩文化传播有限公司
开　　本：170mm×240mm　1/16
印　　张：18. 25
字　　数：290 千字
版　　次：2021 年 1 月第 1 版
印　　次：2021 年 1 月第 1 次印刷
定　　价：70. 00 元

中国社会出版社微信公众号

《广州市社会工作发展报告（2020）》
编委会

序　言

新时代背景下，社会治理蓬勃兴起，社会工作已成为党和政府推动社会治理创新的重要政策选项和制度安排，中国社会工作发展已然站上新起点，面临新目标、新任务和新挑战。

2015—2018年，促进社会工作发展连续4年写进国务院政府工作报告；2020年2月23日，习近平总书记在统筹推进新冠肺炎疫情防控和经济社会发展工作部署会议上更是明确指出："要发挥社会工作的专业优势，支持广大社工、义工和志愿者开展心理疏导、情绪支持、保障支持等服务。"这一重要讲话，既是对社会工作者参与疫情防控工作的充分肯定，也是对社会工作发展寄予的期待和厚望。显然，如何发挥好社会工作的专业优势，让广大社会工作者在基本民生保障、基层社会治理和基本公共服务等方面发挥更大专业优势和作用，已成为当前摆在各级政府部门和社会工作者面前的一个新课题。

广州顺应国家深化基层社会管理体制改革和社会治理创新的要求，早在2008年就开始启动政府购买社会工作服务项目的试点，探索推动社会工作服务的本土化发展。广州是全国最早尝试采取政府购买社工服务项目的方式推动社会工作服务发展的地区，也是内地最早对社会工作服务立法的地区，更是第一个提出实施"社工+"战略的城市，其经验被国内许多地方借鉴和学习，已成为推动中国社会工作服务本土化发展的典型之一。历经12年实践，广州的社会工作服务发展走在全国前列，构建起了"党委领导、政府主导、社会协同、项目运作、专业服务、法治保障"的社会工作发展"广州模式"。我国内地社会工作的本土化发展才短短10多年，还处在发展的初级阶段，总结研究社会工作的广州经验，对于推动广州乃至全国的社会工作发展具有积极意义。

新时期，社会治理方兴未艾，新一轮改革开放序幕拉开，《粤港澳大湾区发展规划纲要》落地，广州被国家赋予"全国重点中心城市"和"国际化商贸中心”，这座城市谋求高质量发展的进程已经加速，这必然对社会工作的发展提出更高要求，广州的社会工作发展需要新的思考、新的谋划和新的探索。为此，我们编写了《广州市社会工作发展报告（2020）》，总结广州经验，力求全面反映新时期广州社会工作发展动态，期待能与全国更多专家学者和社会工作界同人交流和探讨，分享社会工作发展成果，以共同促进社会工作健康、持续高质量发展。

《广州市社会工作发展报告》编委会

2020 年 10 月 15 日

目　录

Ⅰ　总报告

Ⅱ　分报告

Ⅲ 案例汇编

Ⅳ 附录

I

总报告

广州市社会工作发展总报告（2020）

段鹏飞　樊冰冰[①]

摘　要：为贯彻落实党中央、国务院关于社会工作发展的重大决策部署，在广东省委、省政府的大力支持和指导下，乘着国家深化社会管理服务改革和创新社会治理的政策东风，广州市先行先试，于2008年正式启动了社会工作服务的试点。历经10多年的探索发展，广州社会工作在财政投入、人才队伍建设、社工机构培育等方面取得了可喜成绩，但也存在不少挑战。本报告将重点关注和解析2019年以来广州社会工作的发展，力求从广州社会工作发展的顶层设计、发展概况、问题挑战、未来展望等多个层面，翔实、全面地呈现广州社会工作服务的新动态，以期社会各界清晰了解和认知广州社会工作发展全貌。

关键词：广州　社会工作　发展报告

一、发展综述

社会工作服务作为一种专业化、职业化的助人活动，其起源于公益慈善，最早诞生和兴起于第二次工业革命期间的英国和美国等一些西方发达国家，是人类社会文明进步的重要标志。我国大陆的社会工作发展起步较晚，20世纪90年代上海率先探索开展社会工作服务，2006年党的十六届六中全会通过《中共中央关于构建社会主义和谐社会若干重大问题的决定》，明确提出“要建设一支宏大的社会工作人才队伍”，随后社会工作服务由地方实践，逐渐进入国家社会发展的顶层设计，伴随政府购买服务制度的确立，在我国各级政府部门的主导和推动下得以快速兴起。为贯彻落实党中央、国务院和省委省政府的指示精神，广州市于2008年率先启动政府购买社会工作服务的试点，开启了社会工作服务的本土化探索之路。

---

① 段鹏飞，广州市社会工作协会秘书长，中国社会工作学会理事，社会工作师，现从事社会工作政策倡导和研究；樊冰冰，广州市社会工作协会研究员，社会工作师。

广州作为全国社会工作服务试点的先行地区之一，从过去10多年的发展历程来看，社会工作经历了从无到有，从弱小零星的试点到规模化发展的巨变，实质上这10多年广州主要是进行着社会工作服务本土化的实践探索、人才培育、政策机制和服务体系建构的过程，这也是社会工作嵌入广州本土社会管理服务和社会治理场域的初期阶段，我们不妨将其称之为广州社会工作服务发展的1.0阶段。在这一阶段，广州已初步完成了服务试点探索、政策制度的确立、人才队伍建设、机构的培育、项目平台的搭建等基础性工作任务。综观2008年以来的广州社会工作发展经历了以下4个阶段。

（一）试点探索期（2008—2010年）

广州社会工作服务的试点起步阶段。为积极贯彻落实党中央关于“建设宏大的社会工作人才队伍”的重要指示精神，广州率先于2007年开始启动推动社会工作发展的相关调研和工作谋划：一方面积极动员高校社会工作专业的老师创办社会工作服务机构，以化解无机构、缺人才的难题；另一方面主动争取将海珠区、荔湾区和市老人院分别列入中央综治委、民政部的社会工作试点地区（单位）名单，借此促进政府购买社工服务项目的试点。2008年，广州市政府购买社工服务项目的试点正式启动，海珠区试点购买“青年地带”社工服务项目，荔湾区购买了8个社会工作服务试点项目。同年，广州市海珠区启创社会工作发展协会、广州市大同社会工作服务中心、广州市北斗星社会工作服务中心等第一批8家社会工作服务机构依法登记成立。2009年，广州市开始将政府购买社工服务经费纳入公共财政预算，当年统筹投入2344万元开展了养老、青少年、社会救助、残障康复等领域的33个社会工作服务项目的试点，广州由此开始探索建立常态化的政府购买社工服务机制，加大了对社会工作服务试点的支持。据统计，2008—2009年，随着政府购买社工服务项目的试点，这一时期共有13家社会工作服务机构依法登记成立。2010年，在前期试点的基础上，广州市将街道（镇）家庭综合服务中心项目的试点扩大到了全市20条街，进一步扩大了街道家庭综合服务中心项目的试点；同期，广州市依法登记成立的社会工作服务机构数量快速增长，截至2010年底，全市成立的社会工作服务机构总量已达47家，约是前两年的3.6倍，可见政府购买社工服务的扩大试点，对于促进社会工作服务机构发展而言，其助推作用十分明显。广州市在加大试点的同时，于2010年出台了以“1+5文件”为核心的社会工作服务发展政策体系，迅速弥补了政策供给不足的问题，探索建立了政府购买社工项目的机制，广州社会工作服务由此开始迈入了发展的快车道。由于政策支持给力，且广州十分重视社会工作服务机构的发展，试点降低了民办非企业社会工作服务机构的登记注册门槛，此后一段时期，更多社会工作服务机构依法注册成立，为后续开展社会工作服务打下了良好基础。可以看出，这一阶段的社会工作服务主要由政府主导和推动，政府购买服务和政策引领的助推作用十分明显，乘着社会管理服务改革的政策东风，广州市社会工作服务由此开启了一段快速发展的时期。

（二）全面推广期（2011—2013 年）

广州市社会工作服务进入全面推广期，这一阶段，广州市街（镇）基层社会管理服务改革持续、深入推进，街（镇）一级让渡的公共服务空间日益扩大，这为社会工作服务的推广和拓展奠定了有利基础。为深入贯彻落实广东省关于“深化基层社会管理体制改革工作会议”精神，2011 年，广州市委、市政府将发展社会工作纳入了推动和创新基层社会管理体制改革的重要工作部署，为此广州适时启动了家庭综合服务中心项目（以下简称家综）的全面推广。截至 2013 年底，全市 128 个街道和 13 个镇共计建立了 150 个家庭服务中心，实现了对全市所有街道的 100%全覆盖，形成了“一街道一家综”的社会工作服务网络。显然，这一时期广州的社会工作服务发展得益于市委、市政府的高度重视，更得益于街（镇）基层社会管理服务体制改革的深入推进，使得民政部门牵头主导下的家庭综合服务中心项目得以迅速推广到全市所有街道，形成了以社区家庭综合服务为主导的社会工作服务发展阶段。随着社会工作服务的全面推广，广州市社会工作服务机构数量也随之快速增长，2011—2013 年，广州市依法登记注册的社会工作服务机构分别达到 71 家、160 家、271 家，连续 3 年持续创新高，年均递增 81.8%，是广州市历年来社会工作服务机构数量增长最快的时期。

据统计，这一时期财政投入由 2011 年的 7000 万元，增长到了 2013 年的 3.33 亿元，翻了 4.75 倍；社会工作服务机构由 2011 年的 71 家增长到了 2013 年的 271 家，翻了 3.8 倍；通过国家社会工作者考试的社工人才也由 2011 年的 2511 人上升到了 2013 年的 6766 人，增长了约 3.4 倍。可见，基层街（镇）的社会管理体制改革和社会工作服务的全面推广对广州市社会工作服务发展的助推效果十分明显。

（三）平稳提升期（2014—2017 年）

2014 年以来，广州社会工作服务一方面呈现平稳发展特点，以民政主导的街（镇）家庭综合服务中心项目推广到全市后，社区综合服务的空间日趋饱和，增长速度和空间也随之日益缩小，家综服务的行业规模、财政投入、项目数量、承接机构数量、从业岗位等由此趋向平稳发展态势；另一方面，这一时期的广州社会工作服务发展呈现稳中有升的特点，2014 年以来，涉及专项服务领域的医务、禁毒、企业社工、社区矫正、“青年地带”等专项服务项目逐步由试点向全市推广，专项服务的扩大试点和推广成为广州市社会工作服务发展的第二波“助推器”，全市社会工作服务逐渐呈现由家综项目主导转向“家综+专项”服务并举发展的新格局，这一格局日趋稳定和明显。

但与此同时也应看到，这一时期的广州社会工作服务也出现了诸多新的变化，积聚着转型升级的一系列变革因素：一是广州市社会工作服务的领域日益拓宽，推动和参与社会工作服务的政府部门越来越多，由民政主导推动逐渐走向民政、司法、公安、卫计委、工会、团委、残联、妇联等多部门同期推进的阶段；二是历经近 10 年发展，社会各界对广州社会工作服务的期待和要求提升，广州社会工作服务发展到了由量变转向求质变的爬坡阶段；三是随着行业规模的逐步扩大，行业的规范和自律问题日益重要，广州社会工作服务的立法工作进程加速，《广州市社会工作服务条例》即将颁布，涉及社会工作服务发展的一系列配套政策正在修订完善；四是公益慈善服务加速发展，公益创投持续兴起，“慈善之城”的创建工作加快推进，社会工作服务发展的公益环境得到不断优化，社工服务、义工服务和公益创投已成为广州市创新和推动基层社会管理服务标志性的“三驾马车”，公益慈善驱动的社会服务创新平台和空间，为广州社会工作服务发展带来新的机遇和动力；五是社会治理兴起，加强和创新社会治理已成为各级党委和政府面临的新课题，市委、市政府已明确提出了“实施‘社工+’战略”的工作部署安排，将社会工作服务作为加强和创新广州社会治理的重要工作内容来抓，这为社会工作服务发展提出了新的更高要求；六是街（镇）家庭综合服务中心项目转型为街（镇）社会工作服务站，构建和推广社区综合社工服务的“113X”模式，强化了党建引领、兜底性服务和专业社会工作服务创新。

（四）转型创新期（2018 年至今）

2018 年以来，广州市社会工作服务进入转型发展的新阶段。作为全国首部地方综合性社会工作服务法规的《广州市社会工作服务条例》于 2018 年 8 月 7 日正式颁布，广州社会工作服务发展驶入法治化新轨道。随后《中共广州市委 广州市人民政府关于加强社会工作的意见》（穗字〔2018〕11 号）、

《广州市人民政府办公厅关于印发〈广州市社工服务站（家庭综合服务中心）管理办法〉的通知》（穗府办规〔2018〕113号）等一系列新配套的政策文件出台。这一时期，广州市积极总结过去10多年的发展经验和得失，围绕推动广州社会工作服务的高质量发展，从顶层设计和政策制度层面进行了系列改革和创新。街（镇）家庭综合服务中心革新为街（镇）社工服务站，全面实施“113X”模式，强化了社会工作发展的党建引领要求，明确了社工服务站在服务特殊困境群体、缓解公共问题、参与社会治理、推动公益慈善4个方面的主业和作用；社工服务站评估办法和指标体系进一步革新，服务违规、财务违规和服务不合格实行一票否决；社工服务站政府购买服务标准提高至每人每年12万元，加大了对社会工作发展的投入和支持；深入推动社工服务站和社会工作服务的标准化建设，社会工作的专业化持续加码；此外，广州市民政局还建立了社会工作的专项检查和服务督查机制，行业的自律管理规范也正在建立和完善。围绕促进社会工作的新一轮高质量发展，广州市社会工作服务沿着法治化、本土化、专业化和职业化的方向，进入新的创新发展阶段。

综上所述，社会工作作为一项新兴的社会服务，已成为国家推动基层社会管理体制改革和创新社会治理的重要政策选项，其对于促进社会公益、扶贫帮困和预防缓解社会问题具有重要意义。过去10多年来，广州市全面、深入贯彻落实国家关于发展社会工作的重要决策部署，在社会工作服务立法、财政投入、人才队伍建设、社工服务机构培育等方面走在全国前列，取得了可喜成绩。但也应看到，在新时代背景下，党和政府及社会各界对社会工作发展的期待和要求提高，社会工作参与扶贫帮困、社会治理和公益慈善等方面的任务和挑战不少，社会工作的本土化、职业化、专业化和法治化发展机制仍然有待进一步完善，这就意味着广州的社会工作寻求高质量发展，将必然要在探索实践中进行不断的改革创新才能实现目标。

二、顶层设计

社会工作本质上是公益性、专业性的社会服务，其服务很难市场化，故其有别于一般性的市场化服务。在西方的很多国家，社会工作属于国家福利供给体系的一部分，其发展的驱动主要是国家政府部门，因此社会工作的发展与政府部门的社会政策紧密相连，因而一个国家、一个地区的社会政策顶层设计对于促进社会工作的发展而言至关重要。同样地，广州市社会工作的发展，也离不开良好的社会政策顶层设计。自2018年以来，广州市围绕社会工作服务的高质量发展，出台了一系列新的法规政策，全市社会工作发展的顶层设计进一步优化。

（一）党建引领全面落实

社会组织是党和政府联系群众的重要桥梁和纽带，也是社会主义现代化建设的重要力量、党的工作和群众工作的重要阵地。为贯彻落实党中央关于社会组织党建工作的要求，2018年10月广州市民政局、广州市社会组织管理局相继出台了《关于改革社会组织管理制度促进社会组织健康有序发展的实施意见》《关于加强我市社会组织党的建设工作的实施意见》，对广州市社会组织党建工作作了全面部署和安排。

为落实广州市民政局关于强化党建引领的工作要求，确保行业的持续、健康发展，2018年12月，在广州市民政局和广州市社会组织管理局等支持和指导下，广州市社会工作行业党委获批成立，党委办公室设在广州市社会工作协会，下派专职党建指导员协助开展行业党建工作。行业党委成立后，按照党建引领和支持社会工作服务发展的方针，积极开展了三个方面的工作：一是对全市社工服务机构党建工作情况开展了摸底清查，78个机构和716名社工党员建立了党建工作台账和底册；二是明确和夯实社会工作服务机构和行业组织在贯彻落实党建引领工作方面的主体责任，明确要求有条件的机构和社工服务站项目点要成立党组织，落实党建工作要求，并先后指导全市社会工作服务机构成立党组织78个，其中独立党支部72个，联合支部6个，所有承接政府购买服务的机构全部建立了党组织，行业全面落实了党组织应建尽建的要求；三是将社工服务机构党建工作纳入了全市社工服务站运营管理、服务和评估考核要求，明确了从思想引领、组织引领和服务引领三个维度落实党建引领和支持社工服务的要求，将机构党建融入社工服务站等项目服务需求，明确指引在地党委、党组织支持和参与社工服务站的扶贫帮困、社区治理、志愿服务等服务工作，从政策上确保了党建和社工服务同步推进、同步落实。党建引领方针的全面落实，有助于推动基层政社合作和互信，促进了基层党组织和党员对社工站服务工作的支持。

（二）政策体系创新

2018年以来，广州市社会工作的法治化、规范化进程加速。2018年8月《广州市社会工作服务条例》正式颁布，并于2019年1月1日实施，这是全国首个地方综合性的社工服务立法，首次明确将社会工作纳入广州市国民经济与发展规划，经费列入财政预算，并确立了对社会工作服务机构、社会工作者和社会工作服务活动等的系统支持、规范和监督措施，有利于促进社会工作规范化、专业化发展，这标志着广州市以法律名义将社会工作纳入本市社会发展的长期性支持和保障，其有利于促进社会工作在稳定和长期的支持中获得持续发展。随着条例的颁布实施，后续一系列新的配套政策相继颁布实施，同年《中共广州市委 广州市人民政府关于加强社会工作的意见》（穗字〔2018〕11号）《广州市人民政府办公厅关于印发〈广州市社工服务站（家庭综合服务中心）管理办法〉的通知》（穗府办规〔2018〕113号）、《广州市民政局 广州市财政局关于印发〈广州市政府资金支持社会工作发展实施办法〉的通知》（穗民规字〔2018〕5号）等政策文件，形成了一个条例和多个办法的法规政策体系，在加大对社会工作扶持的同时，也提升了对社会工作服务的规范化和法治化要求，广州市社会工作发展政策法规体系在创新实践中进一步健全完善。

（三）“社工+”战略纵深推进

广州市政府在2017年和2018年连续两年的政府工作报告中将“社工+”纳入了重要工作安排部署，并明确提出要“实施‘社工+’战略”，这是全国首个地方政府提出的发展社会工作的战略部署。显然“社工+”战略的提出借鉴了“互联网+”的思想和概念，可以说“社工+”战略是新时代背景下，广州基于加强和创新社会治理的发展目标，而实施以社会工作专业方法、理念引领的社会服务创新，是具有前瞻性、全局性的社会工作发展方略。因此，在《2018年广州市政府工作报告》中更是将“社工+”放在“打造共建共治共享的社会治理格局”的语境下表述，显而易见广州市委、市政府对社会工作发展高度重视。提出“社工+”战略表明：一方面，广州市旨在积极响应和贯彻落实党的十九大报告提出的关于社会治理的指示精神；另一方面，说明广州市委市政府认同和重视社会工作的“服务型治理”功能，有将其纳入全市社会治理大格局的构想，进一步支持和促进社会工作在新时代的社会治理中发挥更大作用。显然，创新推动“社工+”战略是新时代背景下，广州促进社会工作转型高质量发展的新思考和新谋划。为贯彻落实广州市委、市政府关于“社工+”战略的决策部署，广州市民政局于2019年5月印发了《广州市实施“社工+慈善”战略工作方案》（以下简称《方案》）。按《方案》的工作计划，广州将积极整合镇（街）、村（居）、慈善组织、社工机构、志愿团体、企事业单位和居民等多方力量，通过打造具有特色的“社工+慈善”制度体系，在全市各社工站设立社区慈善捐赠站点、鼓励支持慈善组织设立社区慈善基金等9项工作任务，聚焦脱贫攻坚，聚焦特殊群体，聚焦群众关切，更好履行基本民生保障、基层社会治理、基本社会服务等职责，着力打造“社工+慈善”战略可持续发展样本。近年来，随着“社工+”战略的实施和推进，广州市社会工作服务的本土化机制得到进一步完善，社会工作不仅在社区禁毒、司法矫正、医务、残障康复、妇女儿童权益保护、青少年犯罪预防等领域纵深发展，更是推动了“社工+慈善+志愿服务”的融合发展，创新推进了社会工作、公益慈善和志愿服务的同步协同发展。据统计，2019年度全市运营的社工服务站项目总计201个，专项服务项目涉及禁毒、司法矫正、青少年违法犯罪预防、妇女儿童权益保护、散居孤儿监护等14个服务领域共150多个项目，随着“社工+”战略的持续推进，广州社会工作服务的本土化机制得到完善和创新，社会工作服务的覆盖面、服务成效和社会影响力显著提升。

（四）行业自律机制创新

社会工作行业的健康发展既需要法治，更需要行业自律和自治。在推动行业法治化建设的同时，广州市民政局十分重视行业的自律治理能力建设，并积极指导和推动行业提升自律管理水平。在市民政局的支持和指导下，2019年以来广州市社会工作协会从健全完善会员自律管理入手，积极启动了《广州市社会工作协会会员自律管理实施办法（试行）》及配套的《广州市社会工作协会会员失信黑名单管理细则（试行）》《广州市社会工作协会会员服务投诉处理实施细则（试行）》《广州市社会工作协会会员诚信自律规范指引（试行）》等会员自律管理规范，明确将社会工作者职业道德教育培训、法律法规培训、财务管理培训、安全生产培训等培训内容，纳入协会制定的相关规范指引和年度培训工作计划，将进一步探索完善会员自律管理的教育工作机制。该套自律管理规范于2020年9月正式颁布实施，有利于提升广州市社会工作服务行业的自律管理水平和能力。

三、行业概况

广州市社会工作服务历经10多年发展，行业的生态、环境、格局和秩序发生着一系列新的变化，形成了党委领导、政府主办、社会协同、项目化运作、专业化服务的社会工作发展的“广州模式”。据统计，截至2019年底，全市通过国家社会工作者职业水平证书考试的持证社工突破2.1万人，依法登记成立的社会工作服务机构总数达330家，全市运营的街（镇）社工服务站项目（综合服务）共计201个，禁毒、司法矫正等14个领域设立的专项服务项目达150多个，全年社工服务人数超400万人次，再创新高。全年广州社工服务困境群体达7.85万人，培育志愿者8.7万人，培育社区助困基金22个，整合链接的社会资金达2740万元，募集爱心物资超过56万件（折合人民币1937万元）。党建引领得到全面落实，“社工+”战略持续深入推进，“社区综合服务+多元专项服务”并举发展的社会工作服务格局日趋稳固。

（一）行业生态环境

1. 社会管理服务改革持续深化，社会治理兴起为广州社会工作服务发展带来新的机遇

社会工作服务在我国的实践起步较晚，从1997年上海的早期社会工作服务试水算起，社会工作服务见诸于实践也才不过20多年。广州市社会工作服务从2008年试点起步，至今也才短短12年。作为一种新兴的服务，社会工作服务一直不被社会各界所认知和了解，社会认知度低是困扰其发展的一大障碍。但2006年以来，随着我国社会管理服务改革持续深化，政府购买社会工作服务兴起。广州于2008年积极响应党中央、国务院的指示精神，先行先试，通过政府购买社会服务，培育社会力量，推动基层社会管理服务转型。政府购买社会工作服务项目由此兴起，广州的社工服务站（原家庭综合服务中心）项目就此应运而生，社会工作服务由实践层面日益走进社区，进入广州市民的生活视野和社区场域，逐渐被社会各界所认知。近年来，党和政府越来越重视社会工作服务的发展，2015—2018年，李克强总理连续4年将促进社会工作发展写进政府工作报告。党的十九大报告明确提出“打造共建共治共享的社会治理格局”，要“提高社会治理社会化、法治化、智能化、专业化水平”，这一指示精神切合社会工作服务的内在专业理念和价值取向，为今后的社会工作服务发展带来新的机遇。2017年以来，广州市委市政府积极贯彻落实党中央、国务院关于加强社会治理创新的重大方针，连续两年将“创新实施社工+”纳入政府工作安排部署，为新时期推动广州社会工作服务的发展指明了方向，有利于推动广州社会服务迈向新的更高目标。2019年，《广州市社会工作服务条例》正式实施以来，“社工+”战略深入推进，广州社工在推动社区发展、参与社会治理和促进公益慈善等方面发挥的空间日益拓宽，

积极作用日益突出。

2. 广州社会经济的持续快速发展和转型，为社会工作服务的发展带来新的动力

据有关数据统计，2006年广州人均GDP超过11000美元，成为内地第一个进入“发达状态”的城市，标志着经济社会的整体发展达到中等发达国家水平。2016年广州市人均GDP超过两万美元，2019年广州人均GDP超过2.26万美元，已经达到国际公认的高收入国家水平。一方面，随着广州经济的持续快速发展，使广州拥有了较强的财力，得以确保政府能够拿出财政资金支持社会工作服务的发展。据统计，2008—2019年广州市政府购买社会工作服务的投入累计总额超过29亿元，近3年来广州市政府每年用于购买社会工作服务的财政资金维持在近4亿元。稳定的财政投入确保了广州社会工作服务的持续健康发展。另一方面，随着广州经济的快速、持续发展，也吸引了大量外来人口，这给广州带来人口红利的同时，也带来新的社会管理服务压力和挑战，加之广州本土存在的人口老龄化、吸毒人群数量多等突出问题，潜在的社会服务需求激增。为应对新时期的社会管理服务挑战和压力，近年来广州市政府持续深入探索创新社会治理和社会管理体制改革，在养老、助残、禁毒、扶困、社会救助、社区治理等方面作了诸多有益的管理改革和尝试。2014年以来，随着14个领域的政府购买专项服务兴起，广州市为社会工作服务发展让渡的空间越来越大。

3. “社工+慈善”融合发展深入推进，为广州市社会工作发展增添了新驱动

广州历来拥有良好的公益慈善文化，民间对公益慈善的认同度和参与度一直较为突出。近年来，广州市公益慈善事业呈现快速发展趋势，公益慈善氛围日趋浓厚。2009年广州亚运会后，志愿（义工）服务驶入快车道，志愿服务文化在广州兴起；2014年，广州市成功举办了首届公益创投服务活动，截至2020年6月，广州市公益创投活动已连续举办七届，据统计，2018年至2020年，连续3年分别有70个、61个和35个社会工作服务机构项目获得公益创投资金资助，分别占当年获资助项目数量的43.21%、43.26%和36.08%，即连续3年有近四成的公益创投项目服务主体为社会工作服务机构；2016年《中华人民共和国慈善法》颁布实施后，为推动公益慈善事业的发展，广州市共出台了18份慈善相关配套政策文件；2017年，广州市在公益慈善方面再次推出了24项创新举措，2018年广州推出了27项重点慈善活动，启动和加快了“慈善之城”的创建活动；2019年5月，广州市民政局发布

《广州市实施“社工+慈善”战略工作方案》，明确提出设立社区慈善捐赠站点、发展社区慈善基金（会）、打造“社工+慈善”品牌项目等措施，全面促进“社工+慈善”融合发展。近年来，随着广州公益慈善事业快速发展，慈善文化得到充分彰显和传播，日趋良好的公益慈善事业和公益慈善氛围，为广州社会工作服务发展提供了良好的成长土壤和有利的文化环境，“社工+慈善”融合发展成效初显，许多社会工作服务机构积极参与公益慈善活动，与公益慈善组织形成良好的合作和联动服务，进而促进了自身的发展。

4. 社会工作服务的标准化建设加速，促进广州社会工作服务迈向规范化和专业化

近10年来，民政部一直坚持推动社会工作的职业化和本土化发展，自2008年开始，探索实施全国统一的社会工作者职业水平评价考试；2015年社会工作者被纳入国家职业资格目录，2018年3月人力资源社会保障部联合民政部颁布了《高级社会工作师评价办法》。不仅如此，近年来民政部还加快了社会工作服务的标准化建设工作，先后推出了《儿童社会工作服务指南》《社会工作服务项目绩效评估指南》《社区社会工作服务指南》等行业性的服务标准和规范，这些举措有助于引导和促进广州社会工作服务在职业化、规范化轨道发展。近年来，广州市社会工作服务的规范化、标准化建设亦提速，2017—2019年广州市全面启动社工服务站的标准化建设工作，从试点到全面推广，分批推进，并启动了《广州市社工服务站质量规范标准》《广州市社工服务站公共防疫应急服务规范》等服务规范标准的制定工作，社会工作服务的规范化建设持续加码。

（二）行业基本情况

当前，我国的社会工作服务发展是政府购买服务政策驱动下实现的，政府购买社工服务是驱动社会工作发展的主要力量，社工服务的公益性和社工机构的非营利性，也决定了现阶段我国社会工作难以靠市场或其他手段驱动发展。况且欧美和新加坡等国外的大多数实践经验表明，社会工作往往被政府部门当作促进和提升国民福利政策实施的一种手段和政策工具选项，经常被纳入国家的福利和民生保障服务体系，社会工作的发展往往主要靠政府支持和保障。为促进社会工作服务发展，培育民办社会工作服务机构，我国依据《中华人民共和国政府采购法》制定和出台了关于政府购买社工服务的政策。2012年民政部、财政部联合印发《民政部、财政部关于政府购买社工服务的指导意见》（民发〔2012〕196号），首次对政府购买社工服务的工作原则、主体、对象、范围、程序与监督管理等提出了明确要求。此后，财政部、民政部、工商总局关于印发《政府购买服务管理办法（暂行）》（财综〔2014〕96号）的通知下发，政府购买服务制度基本确立，通过政府购买服务手段，培育和促进社会工作发展的政策机制也进一步得到巩固。在国家政府购买服务政策的指引下，广州市社会工作服务行业的发展也走向了以政府购买服务为驱动的发展道路。过去10多年来，在政府购买服务政策驱动下，广州市社会工作服务行业日益壮大发展，从弱小零星的边缘化服务，快速走向千家万户，日益成为规模化、多元化的新兴服务行业，并逐渐被越来越多的人所认知和接纳，社会工作服务机构和社会工作者也在社区服务、扶贫帮困、社区治理、公共应急和公益发展等领域发挥着日益重要的作用。

1. 政府财政投入情况

为贯彻落实党中央、国务院关于促进社会工作发展的重要部署和民政部等相关部委的政策文件精神，广州市积极通过加大政府购买社工服务力度，推动社工服务持续、健康发展。广州市民政局作为统管广州社会工作发展的业务主管部门，在推动广州社会工作发展中发挥了重要主导作用。2008年广州市民政局率先牵头试点开展购买社工服务项目。2009年，经广州市民政局积极争取，广州市开始将政府购买社工服务经费纳入公共财政预算，当年通过购买社工服务，统筹投入2344万元开展了养老、青少年、社会救助、残障康复等领域的33个社会工作服务项目的试点，广州由此开始探索建立常态化的政府购买社工服务机制。2010年，在前期试点的基础上，广州市将街道（镇）社工服务站（家庭综合服务中心）项目的试点扩大到了全市20条街道，进一步扩大了相关服务试点。广州市在加大试点的同时，于2010年出台了以“1+5文件”为核心的社会工作服务发展政策体系，迅速弥补了政策供给不足的问题，探索建立了政府购买社工项目的机制，广州社会工作服务由此驶入发展的快车道。2011年，广州市开始面向全市推广社工服务站（家庭综合服务中心）项目，截至2013年底，社工服务站（家庭综合服务中心）项目推广到全市128个街道，实现了对街道的全覆盖。2014年以来，在市民政局的支持下，市司法局、团市委、市禁毒办等部门在各自工作领域开始启动了专项社工服务项目购买的试点及推广，广州市社会工作服务呈现逐渐形成“社区综合服务+专项服务”并举发展的格局，随着“社工+”战略的持续推进，广州市政府购买专项服务持续加码，全市社会工作服务日益多元化，向更广、更深的领域扩展。

2018年，《广州市社会工作服务条例》颁布实施以来，广州市开始将社会工作纳入本市国民经济发展规划，政府支持和购买社会工作服务成为广州市的一种长期性政策选择。为贯彻落实条例有关规定，广州市民政局本着扶持和规范并重的原则，修订了原有的“1+5”政策文件，先后出台了《中共广州市委 广州市人民政府关于加强社会工作的意见》（穗字〔2018〕11号）、《广州市人民政府办公厅关于印发〈广州市社工服务站（家庭综合服务中心）管理办法〉的通知》（穗府办规〔2018〕113号）、《广州市政府资金支持社会工作发展实施办法》等一系列新的政策文件，在规范政府购买社工服务的同时，将购买社工服务站项目的标准提高至每人每年12万元，加大了政府购买社工服务的力度。截至2019年底，通过政府购买服务，全市168个街（镇）设立街（镇）社工服务站（家庭综合服务中心）项目共计183个，社区级社工服务站18个；政府购买的专项服务项目涉及禁毒、司法矫正、医务、妇儿等14个服务领域，共计150多个项目。当年市、区两级财政投入的政府购买社工服务经费总额达4.5亿元，约占全市一般公共预算收入1697.21亿元的2.65‰，占全市一般公共预算支出2865.12亿元的1.57‰。虽然用于政府购买社工服务的财政投入资金相比全市一般公共预算收入和支持的比例较低，但却一直保持了稳步增长。如图1所示，2008—2019年以来，广州市政府购买社会工作服务的投入持续稳步增长，累计总额达30多亿元。2018—2019年，广州市连续3年用于购买社会工作服务的财政资金稳定在4亿元以上，并呈现稳中有升的状态。

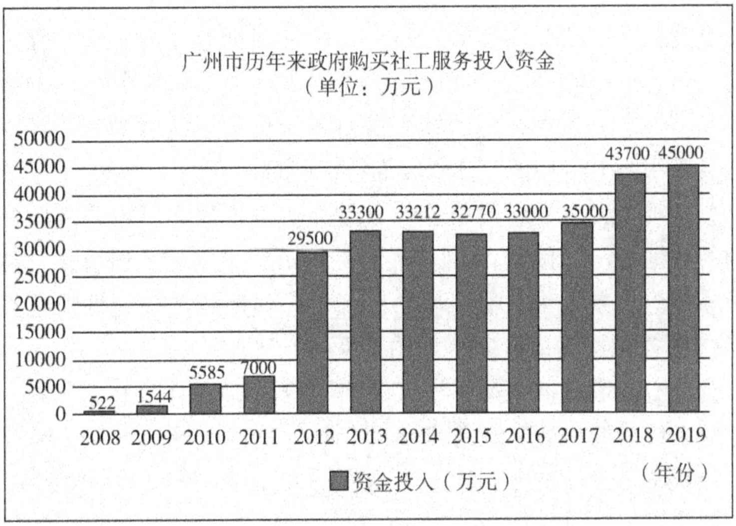

图1 2008—2019年广州市政府部门购买社工服务财政资金投入情况柱状统计图

广州市委市政府历来十分重视社会工作服务的发展，通过持续的政府购买服务投入，加大了对社工服务的支持，广州市很早就将政府购买社工服务纳入市、区两级政府的财政预算，并通过持续的政府购买服务投入，全面助推社会工作服务持续健康发展。近3年来，在“社工+”战略驱动下，广州市社会工作专项服务日益增多，社工服务的覆盖面日益扩大，公安、司法、共青团、工会、妇联、残联、救助等部门均已在各自领域实施了购买社工服务的试点和推广工作，使得广州市社会工作服务日益向多元化、纵深化发展。目前全市社工服务已拓展至家庭服务、长者服务、青少年服务、社区矫正、医务服务、残障康复、移居人士服务、农村留守人员服务、异地务工人员服务、民族融合服务等14个服务领域。

2. 机构发展概况

社会工作服务机构是吸纳和培育社工人才的重要载体，也是提供社会工作服务的重要主体，对于促进社会工作发展而言十分重要。尤其是在当前政府购买社工服务的政策背景下，培育一批优质的社会工作服务机构，对于支持和促进政府购买社工服务而言，是十分重要且必要的。2014年，民政部印发《民政部关于进一步加快推进民办社会工作服务机构发展的意见》（民发〔2014〕80号）文件，更是明确指出：“发展民办社会工作服务机构，对于加强现代社会组织建设、促进转变政府职能、引导社会力量有序参与社会治理、建立健全社会服务体系，具有十分重要的意义。”在政府购买服务的政策背景下，需要数量充足的社会工作服务机构，才有利于通过竞争机制促进社会工作服务的健康、持续和高效发展。当前广州市社会工作服务机构的数量较为充足，形成了一定的规模，为后续高质量发展奠定了有利基础。综观现阶段广州市社会工作服务机构的总体状况而言，呈现以下特点：

一是总量规模大，数量增长趋势放缓。从中国社会组织公共服务平台网站上查询的数据显示，截至2018年底，广州市依法登记注册且正常活动的社会工作服务机构总数为407家；2019年底，广州市依法登记注册且正常活动的社会工作服务机构为330家。如图2所示，2008—2019年，广州市社会工作服务机构总量规模日益增大，与2008年相比，2019年的社会工作服务机构总量已是原来最初的36.67倍，12年间年均递增速度超过3倍，总体呈现高速发展。但从图2也可看出，2016年是广州市社会工作服务机构数量的峰值，当年全市依法登记注册的社会工作服务机构数量达417家，此后的2017年全市社会工作服务机构数量减少至393家，2018年回升至407家，随后的2019年全市社会工作服务机构数量又减少至330家，但相比于2016年以前的持续增长趋势，近年来广州社会工作服务机构总数已呈现稳中有降的态势，机构数量持续快速增长的趋势已被扭转。出现这一情况的根本原因在于，2017 年以来，广州市社会工作服务的规范化建设加速，行业的竞争加剧，优胜劣汰可能导致一部分竞争力弱的机构退出。

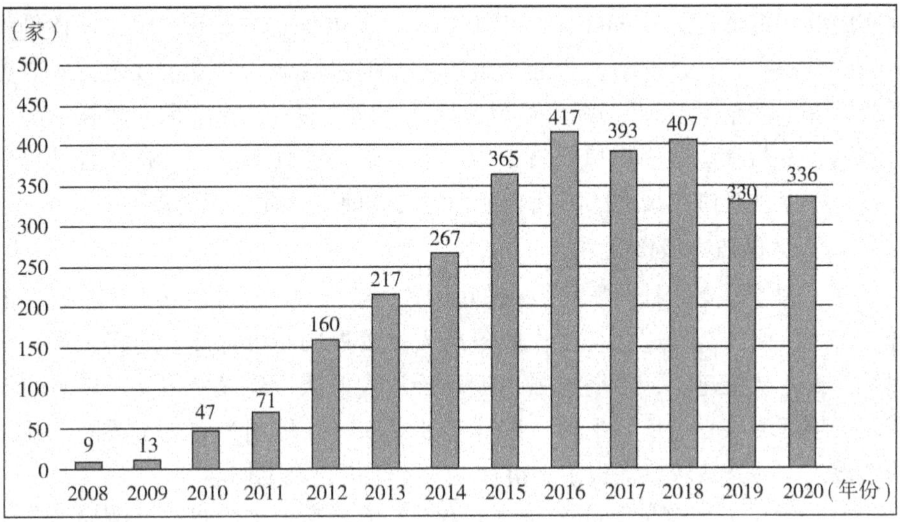

图 2　广州市历年社会工作服务机构数量柱状统计图

二是行业竞争加剧，机构发展呈现分化。近年来，随着政府服务的持续推行和规范化建设加速，广州市社会工作服务行业的内部竞争加剧。据统计，2019 年度全市承接政府购买社会工作服务项目的机构共计 80 家，但同期全市社会工作服务机构的总保有量为 330 家，这意味着有政府购买社会工作服务项目的机构仅占同期全市社会工作服务机构总数的 24%。另有项目招投标的数据显示，同一个项目往往会有 10—20 家机构参与竞标，可见竞争十分激烈。一方面，由于行业竞争激烈，一部分成立较早的机构，在服务竞争中具有先发优势和竞争实力，容易获得政府购买服务项目，能够较好地解决生存发展问题；另一方面，据统计，2019 年度尚有 250 家社会工作服务机构的竞争力较弱，仍拿不到政府购买服务项目，这也意味着约有 76% 的社会工作服务机构没有承接政府购买服务项目，面临生存发展困难，行业社会工作服务机构发展呈现明显的两极分化趋势。

三是 4A、5A 级社工机构竞争优势明显。截至 2019 年，全市获评 4A 级社会组织的社工机构共有 19 家，获评 5A 级社会组织的社工机构共有 30 家，占 80 家承接政府购买社工服务项目机构总量的 61%，这说明超过六成的政府购买社工服务项目被 4A、5A 级社工机构竞标获得，显然 4A、5A 级社工机构在服务竞争中优势明显，更容易在购买服务的竞标中获胜。

四是社会工作服务机构发挥的作用凸显。据统计，2019 年获得广州市品牌社会组织的社会工作服务机构共有 14 家，占全市总量的 41%；此外，在当年的第六届广州市公益创投活动中，共有 61 个项目是由社会工作服务机构策划实施的，占全市总量的 48%，可以说广州市社会工作服务机构在公益创投活动中表现亮眼，是推动全市社会组织公益创投活动的一支重要生力军。另据统计，自“牵手计划”项目启动以来，有 20 多家社会工作服务机构参与了对江西、贵州等地区的对口扶贫工作，通过牵手计划实施，广州社会工作服务机构在促进对口支援地区的社会工作发展方面也发挥了积极作用。

3. 人才队伍建设情况

社工人才是支撑社会工作发展的基石，构建一支结构合理，素质过硬的社工人才队伍，是促进社会工作服务高质量发展的基础保障。广州市十分重视社工人才队伍建设，围绕加强和提升社工人才队伍建设，构建了以政府购买服务项目为核心的培育平台，以专业教育和督导机制为促进手段的人才队伍建设工作体系，较好促进了全市社工人才队伍建设工作。

（1）社工人才总量保持连续增长势态。笔者整理了广州市民政局历年来发布的通过国家社会工作者职业水平考试的社工人数，如图 3 所示，2008—2019 年以来，广州市通过国家社会工作者职业水平考试的人数保持连年持续增长趋势，尤其是 2011—2019 年连续 8 年保持快速增长，2015 年广州市通过国家社会工作者职业水平考试的人数首次突破 1 万大关，2016 年增至 1.33 万人，2017 年增至 1.46 万人，2018 年广州市通过全国社会工作者职业水平考试的人员超过 1.82 万人，2019 年广州市通过全国社会工作者职业水平考试的人员总量达 20840 人，首次突破两万大关。2019 年的持证社会工作者人数总量是 2008 年的约 19.5 倍，这也意味着近 12 年来广州市持证社会工作者人数年均增长超过 1.62 倍，人才队伍总量呈现持续增长，为行业健康发展提供了有利支撑。

（2）行业社工人才从业状况。行业从业人员就业分布状况：据不完全统计，截至 2019 年 12 月 31 日，广州市社会工作服务行业的从业人员总量超过 1 万人，其中在 80 家社会工作服务机构从业的人员共计 5134 人（其中持证社工 4094 人），约占行业从业人员总量的 47%；在政府部门和事业单位就业的持证社工共计为 4292 人，约占行业从业人员总量的 39%；在公益慈善、养老等其他社会组织和企业等单位就业的持证社工达 1524 人，约占行业从业人员总量的 14%。以上统计数据显示，在社工机构从业人员数量最多，但在政府

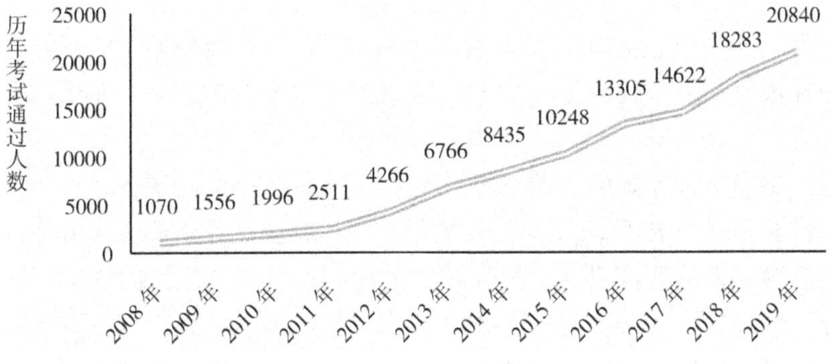

图3 广州市历年通过国家社会工作者职业水平考试人数统计图

部门和事业单位就业的持证社工数量最多。这在一定程度上说明，社会工作服务机构吸纳行业从业人员数量最多，但政府部门和事业单位对专业持证社工人才的吸引力更大，因为政府部门和事业单位的薪酬待遇更具吸引力。

机构的持证专业社工就业状况：课题组对2019年度在广州市80家社会工作服务机构从事专业服务的持证社工的就业分布情况进行了统计，统计数据显示，当年在全市80家社会工作服务机构从事专业服务的持证社工总数为4094人。其中在社工服务站从业的持证社工共计2400人，在禁毒服务项目领域从业的持证社工为1200人，在司法矫正服务领域从业的持证社工为275人，在青少年服务领域从业的持证社工为100人，在残障康复领域从业的持证社工69人，在医务领域从业的持证社工50人。显然在全市社工服务站项目就业的持证社工人数最多，约占总量的37%；其次是在禁毒服务领域就业的持证数量排第二，约占总量的29.3%；数量排在第三的是在司法矫正领域从业的持证社工，约占总量的6.7%。由于社工服务站、禁毒和司法矫正服务领域是广州市政府购买社工服务投入量最大和发展最快的三个领域，所以这一组数据也恰恰反映了这一点。

行业从业人员中女性比例占绝大多数：社会工作行业从业者中女性比例普遍较高，这一点也从课题组的统计数据得到印证。从统计数据看，在广州市80家社会工作服务机构全职从业员工中，女性全职员工总数为4159人，约占总量的81%；男性全职员工总数为975人，约占总量的19%，女性和男性的比例约为8∶2。

行业从业人员年龄结构趋于合理：从统计的80家社会工作服务机构的从业人员年龄来看，70后全职员工470人，占比8.98%；80后全职员工总数为1570人，占比30%；90后全职员工总数为3051人，占比58.3%；00后占比为0.14%，其他占比3.73%。以上这一组数据充分显示，目前广州市专业社工人才队伍中70后和80后占了近四成的比例，一批有经验的专业社工骨干人才正在成长起来，队伍年轻化的问题得到一定程度的缓解，年龄结构趋于合理。

行业中高端人才队伍不断发展壮大：为解决行业中高端人才的严重不足问题，广州市民政局于2011年开始委托广州市社会工作协会开展督导人才培训班和管理人才培训班项目。截至2019年12月，广州市已启动实施了9期督导人才培训班和8期项目管理人才培训班，目前已累计为广州培养本土督导人才448名，累计培训项目管理人才786名。督导人才和管理人才培训工作的实施，较好地满足了行业对中高端社工人才的需求，一大批督导人才和管理人才的壮大发展有效促进了广州社会工作服务的持续、健康发展。

4. 行业政策演变

广州市历来十分重视社会工作服务政策、制度的创新和完善工作，早在2009—2011年就研究出台了相关的“1+5文件”，以确保社会工作服务的健康发展。“1+5文件”以扶持和培育社会工作服务机构和社会工作人才队伍为核心，有效促进了广州市社会工作服务的快速发展。2008—2014年是广州市社会工作服务发展的一段黄金期，政府购买服务投入、社会工作服务机构数量、社会工作人才队伍数量等均呈现快速、持续增长态势。2015年以来，广州市社会工作服务政策体系顺应服务质量提升和规范化发展的客观要求，这一时期广州市加快推进社会工作服务立法，再次启动了社会工作服务政策的完善和修订，通过穗港合作启动实施了街（镇）社工服务站（家庭综合服务中心）项目的标准化建设试点工作，广州市社会工作服务的政策明显转向扶持和规范并重的新阶段，社会工作服务的规范化、高效化建设明显提速。

（1）广州市社会工作服务立法工作进程加速。早在2012年广州市民政局社工处就开始着手准备《广州市社会工作服务条例》的立法工作，经努力争取，《广州市社会工作服务条例》于当年被顺利列为2012—2016年广州市地方性法规规划项目和2014年预备项目。2012年11月，广州市民政局与华南农业大学公共管理学院签订了《社会工作课题研究项目协议书》，启动了立法调研工作。2014年8月底广州市民政局启动了《广州市社会工作服务条例》的立法起草工作，9月底完成了《广州市社会工作服务条例》初稿和注释稿，并提交市人大审议通过纳入了2015—2016年的正式立法项目。2015年9月底提交市法制办审核；2017年11月《广州市社会工作服务条例（草案）》通过市第十五届人大常委会第九次会议一审，2017年12月通过广州市第十五届人大常委会第十一次会议第二次审议，拟于2018年4月下旬进行第三次审议并交付表决。2018年8月作为全国首个关于社会工作服务的综合性地方立法——《广州市社会工作服务条例》正式出台。

（2）政府购买社工服务的政策体系进一步完善。一是完善了评估监督政策机制。2014年以前，广州市社会工作服务评估监督工作由各区民政局负责实施，同样的社工服务站项目（家庭综合服务中心），各区的评估标准不统一，评委水平参差不齐，评估工作的质量高低不一。针对此问题，广州市民政局于2014年下发了《关于试行对全市家庭综合服务中心评估工作进行统一集中招标采购的通知》，开始探索试点推行全市统一的社工服务站（家庭综合服务中心）项目的评估办法和标准，并委托广州市社会工作协会制定了全市统一的街（镇）社工服务站（家庭综合服务中心）项目的评估标准体系，针对评委、项目购买方和承办机构，实施了统一的评估工作培训机制，对购买方、项目承办方和监督方实施分类培训，引入了评估工作的社会观察员监督机制，促进了街（镇）广州市社工服务站（家庭综合服务中心）项目评估工作的规范化、透明化运作。二是探索完善了广州市街（镇）社工服务站（家庭综合服务中心）项目的招投标指引规范机制。2015年以前，广州市家庭综合服务中心的招投标工作由各个街（镇）自行负责，由于缺少规范和指引，在招投标过程中出现了许多争议和不规范的问题，为了解决这一问题，促进全市街（镇）社工服务站（家庭综合服务中心）项目的招投标工作规范有序进行，2015年广州市民政局印发了《关于印发广州市家庭综合服务中心项目招标文件有关文本设定指引（试行）的通知》，该指引是全国第一个关于政府购买社工服务的招投标指引规范，在国内的政府购买社工服务的相关政策领域尚属首例。2017年7月又在前期试行的基础上，修改完善了该文件，再次下发了《广州市民政局关于印发〈广州市家庭综合服务中心项目招标文件有关文本设定指引（暂行）〉的通知》（穗民规字〔2017〕11号）。街（镇）社工服务站（家庭综合服务中心）项目招投标指引规范的制定和实施，有利于规范相关的政府购买服务活动，确保招投标采购环节能够公平、公正实施。

（3）启动了“1+5文件”的修订和完善工作。广州市关于发展社会工作服务的“1+5文件”基本上都是在2010年前后制定，绝大部分在2015年均已到期，面临重新制定或修改的问题。为了完善和优化相关政策法规，广州市民政局于2015年启动了“1+5文件”的修订工作，依据实际情况，重新修订完善了《广州市扶持发展社会工作类社会组织实施办法（试行）》《广州市财政支持社会工作发展实施办法（试行）》《广州市政府购买社会服务考核评估实施办法（试行）》《关于加快街道家庭综合服务中心建设的实施办法》等政策文件。新修订的系列政策将改变以往的做法，加大对社会工作服务机构的培优扶持，对优秀机构和优秀项目的支持力度加强，此外街（镇）社工服务站（家庭综合服务中心）项目的购买投入经费标准增长至每人每年12万元，服务的购买周期也由3年一标改为5年一标。显然新的政策基于实际情况，在强化规范发展的同时，进一步加大了对社会工作服务的支持力度，有利于进一步促进广州社会工作服务的健康、持续发展。

5. 行业服务情况

过去10多年，广州乘着国家政府购买服务和基层社会管理体制改革的政策东风，大力支持和发展社会工作服务。2014年以前，广州市重点支持街（镇）社会工作服务站（家庭综合服务中心），专项服务项目仅有海珠区“青年地带”项目等少量试点。2014年以来，随着禁毒、司法矫正、医务、妇联等专项服务领域的政府购买社工服务试点持续扩大，广州市社会工作服务日益呈现“社区综合+专项服务”并举发展的格局。为突出社工服务站的专业服务作用，2017年全市街（镇）家庭综合服务中心开始改为街（镇）社工服务站，截至2019年底，全市共有街（镇）社工服务站183个，社区级社工服务站18个；14个政府购买专项服务领域运营项目共计151个，涵盖了禁毒、司法矫正、妇儿、青少年、医务等多个领域。2017年以来，随着广州市委、市政府的“社工+”战略持续推进，社会工作服务日益向纵深发展。

据统计，2017—2019年，广州市社会工作者每年服务的总人数持续创新高，2017年服务总人数超过290万人次，2018年超过320万人次，2019年再创新高超过400万人次。2019年度，全市社会工作服务的各类兜底性对象和困境群体达7.8万人，培育的志愿者超过7万人，整合链接社会资金总额超过5000万元，募集的爱心物资超过53万件，困境群体受益超过50万人次。其中，全市201个社工服务站，共计服务360万人次，服务各类困境群体6.48万人，介入的旧楼电梯加装改造、应急救灾等社区公共问题275个，培育志愿者4.6万人，培育社区基金22个，整合链接社会资金2048万元，整合链接爱心物资52.5万件，困境群体受益超过45万人次。广州社工在推动社区服务、社会治理、应急救灾、扶贫帮困等服务中的作用日益凸显。

四、发展亮点

2019年是广州市社会工作发展迈向新阶段的转折之年，也是广州社会工作谋求高质量发展的起步之年，广州社会工作在服务实践中呈现六大亮点。

（一）全市社会工作服务的法规制度进一步健全完善，法治化、规范化建设水平迈上新台阶

2019 年 1 月 1 日，《广州市社会工作服务条例》正式实施，一系列新的配套政策落地，全市社会工作服务的专项检查和服务督察机制基本确立，社工服务站标准化建设全面推广和深入推进，行业的自律管理规范和机制政策探索建立。随着《广州市社会工作服务条例》及配套政策的实施，广州市社会工作服务正式驶入了法治化轨道，全市社会工作服务的规范化建设迈上新台阶。

（二）社工服务站实现了广州市镇、街全覆盖，统筹城乡协同发展的社会工作服务新格局初步形成

2019 年 9 月，广东社会工作改革试点项目启动实施，广州市针对从化区和花都区农村地区社会工作服务薄弱的问题，在花都区梯面镇和从化区的温泉镇、吕田镇、鳌头镇等 5 个镇设立了镇级社工服务站。至此全市街、镇一级设立的社工服务站共计达 183 个，全市所有街、镇均建立了社工服务站，社工服务覆盖全市所有城乡地区，统筹城乡协同发展的社会工作服务新格局形成。

（三）党建引领社会工作服务发展的方针得到全面贯彻，全市社会工作服务行业党建工作取得新突破

为贯彻落实省、市各级党委对于社会组织党建工作的要求，在广州市民政局和广州市社会组织管理局的指导和支持下，2018 年 12 月广州市社会工作行业党委正式成立，在行业党委领导下，2019 年度全市积极贯彻落实党建引领社会工作服务发展的基本方针，将党建工作纳入了全市社工服务站建设的政策体系和评估考核指标体系，明确从思想引领、组织引领和服务引领三个维度进一步要求全市社会工作服务机构贯彻落实党建工作要求，有效确保党建工作与社工服务同步落实。截至 2019 年底，全市 78 家承接政府购买服务的社会工作服务机构建立了党组织，其中独立党支部 72 个，联合党支部 6 个，涵盖党员 716 名，所有应建能建的社会工作服务机构均建立了党组织，在行业党委领导下，全市社会工作服务机构党建工作得到全面贯彻落实。

（四）深入推进“社工+”战略，“社工+公益慈善”融合发展取得新成效

为深入贯彻落实市委、市政府关于实施“社工+”战略的安排部署，2019年度，在市民政局大力支持下，广州市慈善会积极开展社工服务站试点设立社区慈善募捐站点工作，并支持社会工作服务机构以社工服务站为支撑建设社区基金。当年，22个社工服务站建立了社区慈善募捐站点和社区基金，全年共计募集爱心善款2140万元，极大促进了社区公益慈善发展和扶贫帮困工作。此外，全市社工服务站全年累计培育志愿者4.6万人，开展志愿服务活动达5166场次，累计服务超50万人次。全市社会工作与公益慈善融合发展机制得到巩固，“社工+慈善+志愿服务”的联动服务工作成效日益提升。

（五）广州社工在服务困境群体和促进社区服务方面的作用进一步显现

2019年度，全市社会工作服务的各类兜底性对象和困境群体达7.8万人，培育的志愿者超过7万人，整合链接社会资金总额超过5000万元，募集的爱心物资超过53万件，困境群体受益超过50万人次。此外，全市社会工作者介入了台风、水灾和旧楼加装电梯改造等社区公共问题275个。以上统计数据充分说明，广州社工在扶贫帮困和参与社区服务、社区治理等方面发挥了积极作用。如广州市北斗星社会工作服务中心针对天河区五山街社区老年人居家养老生活照料问题和服务需求，积极联动企业、养老服务机构和高校等18个单位，启动实施五山街社区智慧养老综合服务项目，该项目自2017年运作以来，为五山街辖区内的独居、孤寡、高龄等长者搭建了集养老、家政、院舍等服务于一体的转介服务平台，并与6家高校合作，利用学校机关单位食堂建立起共享性的长者饭堂，解决了社区长者吃饭难的问题。截至目前，五山街社区智慧养老综合服务项目已累计服务长者超过228.3万人次，其中智慧平台的助餐配餐服务共计惠及226万多人次。

（六）广州社工在解决社会难点、热点问题方面的作用显著提升

近10年来广州社工先后介入了“5·12”汶川大地震、“4·20”雅安地震、广州建业大厦火灾、广州“7·15”公交车爆炸事件、“婴儿岛处置”等10余件大型社会突发事件及自然灾害，在协助政府介入社会热点、难点问题方面表现越来越好。另据统计显示，2017—2019年，广州社工每年服务人数

平均超300万人次，累计解决了820多个社区公共应急、救灾等难点问题，广州社工在介入社会热点难点问题方面的能力明显提升。如广州市北达博雅社会工作资源中心、广州市洋城社会工作服务中心等社工机构更是在策划实施项目，整合链接社会资源、解决社会问题等方面表现突出。2014年3月，广州市北达博雅社会工作资源中心敏锐发现了重症儿童的社会救助服务需求，此后他们精心策划实施了针对重症患病儿童的救助服务——“生命通道”项目，并获得了爱佑慈善基金会、广东省人民医院、广州市妇女儿童医疗中心、广州军区广州总医院等诸多单位的支持，截至2019年，“生命通道”项目已救助各类重病困境儿童1950人，链接社会资金超过4000万元，取得了良好的社会效应和反响。广州市洋城社会工作服务中心致力于解决社区残障人士和困境女性就业问题，于2016年开始启动和实施了洋城特惠店项目，该项目以特惠店实体为载体将岗位训练、经济增收、社会倡导三者相结合，搭建社区资源整合和就业援助服务平台，目前已帮助18名残障人士和困境妇女成功就业，有效创新了促进社区困境人士就业的社会服务机制。为进一步提升服务，2017年底，广州市洋城社会工作服务中心又适时启动了“洋城社区基金”项目，经过两年多的服务实践，积极筹建了社区企业（洋城特惠店、文慧家政服务店），拓展了收费服务（收费课程、长洲五色旅游路线），通过市场化手段实现了社区基金的持续运作和壮大发展。截至2020年6月，“洋城社区基金”共计筹款326678.6元，救助社区各类生活困境人士57人次，并利用社区基金先后为43名残障人士和困难家庭妇女提供了就业援助服务。在持续的服务探索中，洋城社会工作服务机构逐渐探索出“社工+服务实体+社区基金”的社工助困服务模式和机制，有效调动了社会参与，整合了社会资源，成为广州社工有效参与扶贫帮困和社区治理的典型代表。

五、面临挑战

广州市社会工作服务历经10多年发展，以政府购买服务为核心驱动，以专业化、职业化和法制化的社会工作政策规范为保障机制，构建了“社区综合+专项服务”的社会工作服务平台，形成了“党委领导、政府主导、社会协同、项目运作、专业服务、法治保障”具有广州地方特色的社会工作本土化发展模式，走在了全国前列。但作为一项新生事物，社会工作在广州的本土化实践也才短短10多年，当前我国的社会工作本土化、专业化、职业化进程仍处于初期发展阶段，各项发展的政策机制仍有待进一步探索完善。广州社会工作发展仍然面临着一系列困难和挑战，需要继续在探索实践中予以应对和解决。

（一）转型发展挑战

近年来广州市社会工作服务行业发展所面临的社会环境、政策法规、行业生态等发生巨大变化，行业发展走向新的阶段，面临新的转型。广州市委市政府围绕推动全市社会工作服务高质量发展目标，深入贯彻落实习总书记在全国第十四次民政工作会议上的讲话精神，持续推动“社工+”战略，全面落实“聚焦脱贫攻坚，聚焦特殊群体，聚焦群众关切”的工作要求，对全市社会工作服务进行了一系列新的改革部署，出台了一系列新的政策。家庭综合服务中心转型为社会工作服务站，全面实施“113X 模式”，强化和清晰了社会工作在服务困境群体、参与社区治理、参与公共应急和促进社区公益发展方面的主业和作用，对社会工作服务机构在党建引领、内部管理、专业服务、项目创新、跨界合作等方面提出了更高要求，随着《广州市社会工作服务条例》及其系列配套政策文件的出台，更是对社会工作服务和机构的规范化发展提出了新的要求。这些必然会对今后的社会工作服务发展带来一系列新的挑战，全市社会工作服务机构和社会工作者需要跟随新的形势、新的政策，积极转变惯有思维和观念，及时调整内部战略，创新内部管理和服务，做好同步转型，以便适应行业新的变化和发展。

（二）内外部竞争挑战

当前广州市作为一线城市，其发展社会工作既面临先发优势，但也应看到广州的房价高、物价高、生活成本高，吸引人才和发展社会工作的投入成本相对更高。因此，一方面，就来自外部的竞争挑战而言，在当前社会工作已在全国兴起和推广的背景下，地区之间的竞争已自然形成，尤其是对社会工作人才的竞争日益加剧，人才流动、流失的问题将可能更加突出，需要广州适时创新和提高针对社会工作人才的待遇和激励政策；另一方面，就内部而言，广州市社会工作服务机构数量众多，但政府购买服务项目和投入不可能无限快速增长，在政府购买服务项目的政策驱动下，参与项目竞标已成为常态化，行业内部的服务竞争日趋激烈，机构间的人才、服务竞争也日趋加剧。在优胜劣汰竞争机制下，机构发展的竞争压力越来越大，一些新成立的机构和服务能力较弱的机构将面临突出的生存发展问题。因此，如何确保行业形成公平的、良性的和高质量的服务竞争机制，克服同质化竞争、非良性竞争问题，仍需要在政策方面有进一步的探索和完善。

（三）专业服务挑战

社会工作服务本质上是一种相对复杂的，讲求运用科学方法服务的助人活动，对从业者的专业服务能力和综合服务素质要求高。因此，社会工作者的专业服务能力和水平，需要在长期、持续的服务实践中提升。对社会工作服务而言，专业服务实践过程不仅具有复杂性和专业性，更兼具伦理价值实践困境和各种困难挑战，专业服务的提升就更是一个长期的过程。因此，要推动广州社会工作服务的高质量发展，就必须全方位提升广州社会工作服务的品质。当前，社会各界对广州社工服务的期望和要求提升，广州社工更需要靠高品质的专业服务安身立命。因此，全行业必须总结和反映服务实践中的问题，从人才、项目、管理、品牌、方法和服务质量等各方面进一步探索创新，完善相关政策和机制，不断克服专业服务中的困难和薄弱环节，构建高效、安全的本土化专业服务体系，提升全行业专业服务能力和水平。

（四）本土化实践挑战

社会工作服务源于西方，是舶来品，现阶段在我国仍处于本土化发展的初级阶段，在实践和推动社会工作发展的过程中，往往面临着顶层设计不足、人才不足、服务质量瓶颈、跨界合作难等诸多挑战和困难。社会工作服务的高质量发展，必须要有良好的本土化政策、本土化人才和本土化公益文化等支撑，而构建社工服务高质量发展的本土化政策、人才、文化等支撑体系，更需要在实践探索中确立，是一个长期的过程，其面临的挑战和难度不小。广州市社会工作服务历经 10 多年发展，虽然拥有了较好的基础和优势，但也在发展中面临诸多困难和挑战，如行业高素质人才紧缺、从业人员流动性大、同质化竞争问题突出、服务质量短期提升难等一系列困难和问题。这些挑战和困难，需要进一步关注和深入研究，有的涉及职业化问题，需要国家从政策层面进行改革创新和提供支持。

（五）服务风险挑战

任何服务行业都有风险，社会工作服务行业概莫能外。在社会工作服务发展中也面临着各种各样的风险，从社会工作专业服务本身而言，其注重伦理价值规范的实践，在实务中社会工作者的服务活动会伴生伦理困境，容易带来道德、法律和舆论风险；从社会工作服务机构内部而言，其承接的服务项目越多，管理的风险和责任就越大，且内部组织运作过程中面临着包括来自员工、服务对象、合作、财务、安全等各方面的风险；从行业的竞争而言，一个行业发展的规模越大，参与竞争的成员越多，其行业内部的情况就越复杂，面临的行业管理难度和风险加大，若行业竞争激烈，则行业竞争带给成员的风险和压力也随之可能增大。广州市社会工作服务行业已形成较为庞大的规模，行业从业人员过万，社会工作服务机构数量多，行业竞争日益加剧，总体呈现日益多元化、复杂化的趋势。因此，如何规范行业发展，预防和控制行业发展中的风险问题，构建规范、安全、专业、高效、有序的行业发展新格局，是广州社会工作服务业界需要在实践中完成的新课题和新任务。

六、未来展望

新时代背景下，社会治理蓬勃兴起，《粤港澳大湾区发展规划纲要》落地实施，广州已成为国家重要中心城市和国际商贸中心，其未来必然要在今后的新一轮改革开放和国际化发展中继续当好排头兵。因此，广州必须着眼国家对外开放的发展需要和提升城市管理服务的国际化水平，继续深化社会管理体制改革和社会治理创新，全方位构建高质量的社会治理、社会服务和民生保障体系是大势所趋，这必将为广州市社会工作服务发展带来新的机遇。随着《广州市社会工作服务条例》的实施和“社工+”战略的持续推进，今后5—10年将是广州社会工作服务谋求高质量发展的攻坚期和转型期，广州市社会工作服务必将在转型升级中迎来新的发展。

（一）广州市潜在社会服务需求持续增长，广州社会工作服务未来仍有较大增长潜力和发展空间

据《2019年广州市国民经济和社会发展统计公报》的数据显示，截至2019年末广州市常住人口1530.59万，且近年来人口呈现持续流入增长趋势，其意味着广州在社会服务方面的潜在需求量不仅巨大而且在持续增长。另据广州市老龄委、广州市民政局和广州市统计局联合发布的《2018年广州老龄事业发展报告和老年人口数据手册》显示：截至2018年底，广州市户籍老年人口数169.27万，占户籍人口的18.25%；2018年广州市“纯老家庭”（空巢家庭）人口为20.93万，总量比2017年增加1.78万人，老年人群的空巢化

问题日益突出。此外，根据第二次全国残疾人抽样调查数据显示，广州市残疾人比例为5.26%，残疾总人口为52.12万人。以上关于人口方面的统计数据折射出，随着广州市人口总量、老年人口数量、残疾人口数量等持续增长，广州市的社会服务需求总量仍将在未来呈现增长趋势。因此，对于社会工作服务而言，广州市目前从业社会工作者仅有1万人左右，社会工作者人员数量与常住人口总量之比约为1∶1530。而据有关统计数据显示，截至2020年8月，中国香港人口总量为7428887人，注册社工25211人，其社会工作者总量与人口总量之比约为1∶295。与香港相比，广州的人口总量是香港的2倍多，显然社会工作服务的需求量更大，所需要的社会工作者应该更多，但目前广州市从业的社会工作者总量仅为香港的39.67%，若要追上香港的标准，广州市的社会工作服务仍有较大的增量空间。另外，就实际情况而言，广州市目前在医务社工、企业社工、学校社工等领域的社会工作服务才刚刚试点起步，有的甚至还没有开展试点，专项领域的服务仍有较大拓展空间。未来随着社会经济的持续发展，广州市社会工作服务仍有持续增长的潜力和提升空间。

（二）谋求高质量发展成为行业共识，社会工作服务将趋向多元化、精细化发展

历经过去12年的发展，广州市社会工作服务在政策体系、财政投入、服务机制和人才队伍建设等方面取得了一系列阶段性成效，社会各界对社会工作服务的认知度日益提升，对社会工作服务的期待和要求同步提升，谋求高质量发展顺应广州市社会经济转型升级的客观要求，已成为行业发展的共识和新的目标。随着“社工+”战略的持续推进，广州市社会工作服务日益向更广的领域拓展，禁毒、医务、司法矫正、青少年、妇儿、流浪救助、工会职工服务等领域的社会工作服务持续兴起，广州市社会工作服务逐渐向更多的专项服务领域纵深发展，社会工作服务内容日益多元化，在谋求高质量发展的过程中，必然要求提供更加深入、精细、精准的专业服务。

（三）行业生态将迎来新的变化，谋求差异化竞争将成为社工机构未来选择的最优战略

过去很长时间以来，广州市社会工作服务主要以街（镇）社工服务站项目为主，导致绝大部分社工服务机构以承接社工服务站项目为主，行业从事社区综合服务的机构占据绝大多数，行业呈现高度的同质化竞争——即以竞

争社区综合服务项目为主。但近年来，随着专项服务领域的政府购买社工服务兴起后，部分机构已逐渐转型主攻专项领域的服务，逐渐涌现出一批专长型的社会工作服务机构，这些机构只做本机构擅长的专业细分领域的服务，并致力于培养机构自身独特、鲜明的专长型服务，走差异化竞争战略，其不失为明智的选择。未来，随着广州市社会工作服务体系的日益多元化、精细化发展，显然差异化竞争符合行业高质量发展的要求，可能会有越来越多的社会工作服务机构将转型专、精、尖的差异化竞争战略，行业的竞争格局和生态必将进一步得到优化。

（四）社会工作服务主业更加聚焦，广州社工在服务特殊困境群体方面的积极作用将进一步显现

近年来，广州市民政局积极贯彻落实党中央、国务院关于做好特殊困境群体服务工作的指示精神，高度重视发挥社会工作在服务民生兜底和保障工作中的积极作用，为推动社会工作服务聚焦服务特殊困境群体主业，发挥专业、高效、精准服务的作用，2019 年以来广州市民政局出台了《广州市社工服务站服务清单》和《广州市社工服务站（家庭综合服务中心）评估指标体系》，积极为社工服务站减负，引导和支持社工服务站聚焦兜底性特困群体服务，在扶贫帮困、公共应急、社区治理和公益慈善等方面发挥积极作用，这使得广州市社工服务站社工服务的主业更加明确，服务重点更加突出，有助于广州社工集中有限的人力、物力、财力等资源，优先做好面向各类特殊困境群体的服务。未来，随着广州市支持和鼓励社会工作参与扶贫帮困、社区治理等方面的政策出台，广州社工将在服务特殊困境群体方面具有更大空间，展现更大作为。

（五）“社工+”跨界合作服务成为常态化，广州社工服务的社会影响力将进一步提升

随着“社工+”战略的持续推进，广州市社会工作服务日益向禁毒、司法矫正、社会救助、残障服务等领域拓展，跨界合作日益成为广州社工服务的常态，“社工+慈善”“社工+志愿者”“社工+流浪救助”“社工+企业+志愿者”等多元、跨界服务的业态和机制不断涌现，已成为广州社工参与扶贫帮困、应急救灾和社区治理等服务的常用策略和手段。据统计，2019 年，广州市民政局积极推动“社工+慈善+志愿者”融合发展，支持社工服务机构积极依托街（镇）社工服务站设立社区慈善募捐站点和社区公益时间银行服务站

点，并支持和鼓励市、区慈善会与社会工作服务机构合作，在街道试点培育了22个社区基金，全年共计募集善款2140万元，救助各类困境群体超50万人次，“社工+慈善”合作初显服务成效，赢得了良好反响。广州社工通过多元化跨界合作，积极整合链接社会资源，调动社会参与，为特殊困境群体构建社会支持网络，有效提升扶贫帮困工作的成效和质量，也扩大了社工服务的影响力。

（六）高素质专业人才依然紧缺，行业的人才驱动发展机制将日益重要

经过12年发展，广州市社工人才队伍持续发展壮大，目前全市持证社会工作者总量已突破2.1万人，社会工作人才总量稳居全省前列，这一局面固然喜人，但还应看到广州市社会工作行业的高素质专业人才仍然不足。据统计，截至2019年12月，广州市累计培养的本土督导人才共计448名，累计培训的中高端项目管理人才786名，行业可选、可用的中高端人才依然不足。作为新兴的社会工作行业，但培养一支数量充足、素质过硬的中高端社工人才队伍，显然需要一个更长的时间和过程，短期内不可能一蹴而就。未来，转型高质量发展离不开高素质专业人才队伍的支撑和驱动，随着行业迈向高质量发展的进程加快，行业内对于中高端社工人才的需求将日益提升，机构间对于中高端人才的竞争也将进一步加剧，如何培养一批高素质人才，用好和留住高素质人才将必然将成为行业的一个焦点。未来的社会工作服务机构间的核心竞争，必将是对高素质专业社工人才的竞争，拥有一支专业素质过硬的社工人才队伍，行业和机构才能走得更远。

参考文献

［1］民政专题“社会工作这十年”：交流资料：广州市社会工作十年发展报告，2016年11月7日．http：//mzzt. mca. gov. cn/article/sggzzsn/jlcl/201611/20161100887281. shtml.

［2］中共广州市委办公厅、广州市人民政府办公厅关于加快街道家庭综合服务中心建设的实施办法（穗办〔2011〕22号），2011.

［3］总结公报：政府工作报告：2017年广州市政府工作报告，2017年1月17日．http：//zwgk. gd. gov. cn/007482532/201701/t20170118_ 690427. html.

［4］统计公报：全市统计公报：2017年广州市国民经济和社会发展统计公报，2017年3月31日．http：//www. gzstats. gov. cn/tjgb/qstjgb/.

［5］2016广州年鉴目录：司法行政：司法社工项目体系建设实施方案通过，2016年12月1日．http：//www. guangzhou. gov. cn/node_ 450/node_ 724/2016nj/html/0439. htm.

[6] 雷杰，罗观翠，段鹏飞，蔡天．广州市政府购买家庭综合服务分析研究［M］．北京：社会科学文献出版社，2015.

[7] 信息动态：联合会动态．广州社会组织年度发展报告（2016），2017-01-09. http://www.gzfso.org.cn/html/news/events/011210S2017.html.

[8] 新闻频道：广参政务大厅．全市长者饭堂已经345个，附详细地址电话，拿走不谢，2017年7月25日．http://news.dayoo.com/guangzhou/201707/25/152263_51560234.htm.

Ⅱ

分报告

“青年地带”努力打造具有广州特色的预防青少年违法犯罪工作模式

共青团广州市委员会　金　珊　林　莉[1]

摘　要：“青年地带”是在广州市委综治委的指导下，由市预防青少年违法犯罪专项组（团市委）牵头推动实施的“预防青少年违法犯罪服务站”建设项目。目前在广州市建设了23个社区预防青少年违法犯罪服务站点，每个站点配备专职青少年事务社工，为广州市6—25岁青少年特别是重点青少年群体提供超前预防、临界预防和矫正预防社会服务，构建形成“三级站点、三支队伍、三套机制、三位一体”的预防青少年违法犯罪工作格局，加强广州市预防青少年违法犯罪工作，提升全市青少年社工服务专业化水平，探索建立为八类重点青少年及三类涉案未成年人群体提供服务帮教的广州模式。本文主要围绕广州市“青年地带”项目展开，通过基本思路及亮点介绍、项目概况、项目成效、项目面临的问题、对策及建议这五个板块的内容，梳理项目情况，明晰项目发展方向。

关键词：“青年地带”　预防青少年违法犯罪　青少年事务社工

一、“青年地带”项目背景

“青年地带”是在广州市委综治委的指导下，由市预防青少年违法犯罪专项组（团市委）牵头推动实施的“预防青少年违法犯罪服务站”建设项目。自2015年起，市区两级财政配比投入1460万元，在全市建设了23个社区预防青少年违法犯罪服务站点，每个站点配备专职青少年事务社工，为全市6—25岁青少年特别是重点青少年群体提供超前预防、临界预防和矫正预防社会服务，构建形成“三级站点、三支队伍、三套机制、三位一体”的预防青少

---

[1] 金珊，广州市团市委“青年地带”行政督导主管，社会工作师；林莉，广州市团市委“青年地带”行政督导，助理社会工作师。

年违法犯罪工作格局。

二、项目模式及概况

经过多年的实践探索，秉承“提升专业服务能力、承接政府部分职能转移、补充基层工作力量”青少年社工发展思路，探索构建了“三级站点、三支队伍、三套机制、三类服务、三位一体”的预防青少年违法犯罪工作格局，创新了社会治理格局，践行了共建共治共享理念。

（一）建设“三级站点”，打造覆盖全市的预防青少年违法犯罪阵地体系

1. 一个“青年地带”总站

依托市青年文化宫的“青年之家”总部和12355广州青少年服务台共建“青年地带”总站，通过“培力计划”“协同行动”“内部督导检视”等，开展项目研讨、政策解读、专题沙龙、个案会议、主题分享、技能实操等各类培训共175场次，“青年地带”总站成为全市“青年地带”社工的“专业能量加油站”。

2. 23个“青年地带”社区站点

自2015年10月起，各区根据“青年地带”标准化建站要求，挑选辖内条件成熟的街（镇），在社区、商务楼宇、外来务工人员密集地区等五类重点青少年聚集的重点区域进行选址布局，23个社区“青年地带”预防青少年违法犯罪站点全面投入运营，覆盖全市11个区，成为共青团开展预防青少年违法犯罪的重要阵地载体。

3. 14个“青年地带”延伸派驻学校（园区）站点

为进一步扩大服务覆盖面，“青年地带”探索在学校和产业园区延伸建立派驻站点，直接把项目和服务送到需要的青少年群体中去。目前，全市共建有驻校社工站13个、园区站1个。

（二）培育三支队伍，凝聚“专家+社工+志愿者”预防青少年违法犯罪专业人才

1. 督导团队

“青年地带”在试点推广过程中，通过组建第三方“考核评估团队”、日

常运营的“行政督导队伍”及指导专业服务发展的“内部督导团队”，邀请高校教师、资深社会工作者、法律界人士等专家学者指导项目实施和日常运作。3年来，“青年地带”共开展第三方考核评估144次，日常行政督导1236次，共有90多名专家学者和资深督导参与“青年地带”项目发展的“问诊把脉”。

2. 社工团队

通过项目的运营发展，培养了一批熟悉青少年司法体制、懂得青少年心理、素质综合全面的青少年事务专业社工。截至2019年12月，全市11个区、23个“青年地带”站点共有社工100人；持中级社工师证16人，持助理社工师证45人；具备大学学历所占比例达到98%。

3. 志愿者团队

目前，组建了400余人的“合适成年人”、350人的法治童行普法团队、100多人的禁毒防艾志愿服务队伍，“青年地带”登记并持续维系志愿者12000余人。

（三）建立三套机制，搭建五类重点青少年群体服务管理的信息化平台

1. 信息共享机制

开展五类重点青少年群体排查摸底行动，探索建立“青年地带”服务对象信息共享的数据平台。目前已经掌握并跟踪3899名重点青少年，其中不在学青少年266名，不良和严重不良行为青少年501名，流浪乞讨未成年人16名，社区矫正未成年人210名，服刑人员未成年子女1969名，涉毒未成年人64名，农村留守儿童185名。

2. 分级分类机制

对五类重点青少年群体的危险因素和需求因素评估量表进行科学全面的调查、统计、分析，并在充分研判下对服务对象进行分级分类跟进，提供超前预防、临界预防、矫正预防专业服务。

3. 项目协同机制

在明确五类青少年群体危险因素和需求因素的基础上，设计、推广针对性的干预和矫治项目，对相关项目在改变重点青少年群体的心理和行为、预防犯罪方面的实际效果进行科学测量，建立有效项目清单，并建立有效项目推广和无效项目淘汰制度。2019年，“青年地带”以“冬日暖阳”“花城有爱

拒绝欺凌”“花城有爱 无毒青春”“花城有爱 同在广州”“花城有爱 阳光普法”五大主题，开展协同行动交流会4次，23个“青年地带”站点围绕五大主题参与开展协同行动活动102场。

（四）构建“三位一体”运营模式，打造具有广州特色的预防青少年违法犯罪社会工作格局

“青年地带”项目的试点和推广已经初步构建起党委（政府）委托共青团项目化购买青少年事务社会工作服务的工作格局。

1. 市预防青少年违法犯罪专项组（团市委）统筹实施

一是负责统筹“青年地带”的实施和运营，针对承接服务的社会组织和青少年事务社工制定科学的考核评估体系，明确服务目标、服务对象和服务标准，推动“青年地带”与公、检、法、司、教育等各职能部门建立个案转介联动机制；二是通过建立日常行政督导体系和组建内部督导团队，形成总督导、实训督导、见习督导三级体系，重点培养青少年事务社工优秀人才，提高“青年地带”项目社工事务能力、专业水平；三是定期开展“青年地带”项目评优表彰活动及意识形态工作培训，加强广州市青少年事务社工人才队伍建设及人才培养，增强“青年地带”项目社工团队凝聚力，选树典型，扩大品牌影响力，强化“青年地带”作为共青团社工的青少年思想引领作用。

2. 各区预青专项组（团区委）以政府购买社工服务的形式，自主引入

公开招投标引入一批具备项目运行资质的专业社会组织，并作为项目购买方，链接辖区内的党政部门、社会资源等支持“青年地带”社工开展服务。

3. 承接“青年地带”的社会组织独立开展服务

社会组织能够在保持相对独立性的基础上，根据重点青少年的特点，利用“秘密信箱”、防范剧场、历奇辅导等各类形式、载体，创新服务模式及宣教形式，服务中融入意识形态教育，加强青少年思想政治引领。

三、项目亮点介绍

“青年地带”是在广州市委综治委的指导下，由市预防青少年违法犯罪专项组（团市委）牵头推动实施的“预防青少年违法犯罪服务站”建设项目。自2015年起，市区两级财政配比投入1460万元，在全市建设了23个社区预防青少年违法犯罪服务站点，每个站点配备专职青少年事务社工，为全市6—25岁青少年特别是重点青少年群体提供超前预防、临界预防和矫正预防社会

服务，构建形成“三级站点、三支队伍、三套机制、三位一体”的预防青少年违法犯罪工作格局。

目前全市共建设23个市级、6个区级社区“青年地带”预防青少年违法犯罪站点及13个驻校社工站点。2015—2019年，全市“青年地带”服务站自开展预青服务以来，累计开启个案3049个，开展服务小组2575节，组织社区活动2962场，探访家庭户6493户，登记及持续维系志愿者12422人，累计服务青少年498727人次，成为共青团开展预防青少年违法犯罪的重要阵地和载体。

四、项目成效

（一）打造共青团服务重点青少年群体“专科医院”的品牌

“青年地带”积极发挥为青少年提供预防青少年违法犯罪专业化服务的平台作用，坚持以青少年为中心，调动家庭、学校、社区等系统间的协调配合，重点针对五类重点青少年群体开展预防性、发展性及治疗性不同层面的服务工作，逐步打造“一区一特色”的预青工作品牌。“青年地带”作为解决青少年问题的“专科医院”，不隶属于街道社区的行政体系，确保了“青年地带”承接机构的专业性与独立性，为重点青少年群体解决最现实、最迫切的问题，进一步夯实了共青团组织的青少年群众基础。

（二）拓宽共青团参与社会治理的渠道

“青年地带”作为广州市首个政府购买社工服务的项目，摸索出政府“掌权”与“放权”的界限，主要发挥了“筹集资金、投放资源、政策支持、服务把关”的角色，并与非政府组织建立开放、真诚的对话关系，营造社会工作的专业空间，发挥社会工作的专业功能与社会价值。

（三）建立青少年事务社工人才队伍建设体制

充分发挥市团校、市青宫分别作为培训总部基地和实训总部基地的作用，定期开展意识形态主题教育培训及专业能力提升培训，并通过实训提升实务能力。强化思想政治引领，培养了一批政治正确、作风优良且熟悉青少年司法体制、懂得青少年心理、素质综合全面的青少年事务专业社工。

（四）践行社会治理格局共建共治共享的理念

“青年地带”不仅推动了全市社会工作人才队伍的建设和发展，更提升了广大青少年的志愿服务意识，并以“社工+志愿者”的理念和模式，营造了参与、贡献的社会氛围，组织了一批立足属地社区需求的志愿者服务队，构筑了科学高效的志愿服务网络，为广州营造共建共治共享的社会治理格局贡献力量。

五、“青年地带”项目面临的问题

（一）经费保障不足

2015 年“青年地带”项目按照市级财政 800 万元、市区两级财政 1460 万元测算并运营。2018 年，该项目市级划拨区级的经费核减 10%，2019 年再次核减 10%。作为政府购买社工服务的专项经费保障大幅度递减，造成一线社工薪酬保障不足、项目实施和个案推进缺乏保障等一系列困难。

（二）站点数量不均

部分行政区域地域辽阔且项目站点分散，服务覆盖范围小，影响力弱，特色不足。如花都区、从化区、增城区、南沙区，其行政区域管辖范围广，却仅有 1 个“青年地带”服务站在开展预青工作。

（三）协同机制有待建立

目前各预青专项组成员单位参与“青年地带”项目建设主动性不强，各区站点服务难以向公、检、法、司及教育部门深度延伸，重点青少年数据尚未建立动态的数据搜集、更新、联络机制。

2019年度广州市医务社会工作服务发展报告

马 骁[①]

摘 要：为贯彻落实党的十九大报告及习近平总书记提出的“健康中国战略”，落实国家卫健委（原国家卫计委）和国家中医药局共同制定印发的《进一步改善医疗服务行动计划（2018-2020）》要求，2019年，广州市医务社工在市民政局、市卫健委等部门的指导之下、在医院和社会各界的大力支持下继续稳步发展。广州的医务社工服务起步相对较早，经过几年的发展，逐渐形成了“多点开花”的行业现状，医务社工人数稳步提升，服务覆盖面也逐渐扩大。发展医务社会工作是贯彻落实健康中国战略的客观要求，是适应医学模式转变的现实需要，是彰显医学人文关怀的重要举措。为不断适应人民群众日益增长的卫生健康服务需求，加快推进医务社会工作机制建设是政府、医疗机构及社工行业需要共同关注和努力的方向。

关键词：医务社工　行业发展　试点经验　推广策略

一、广州市医务社工服务发展背景

我国的医务社会工作起始于1921年的北京协和医院，但由于种种历史原因，近代医务社会工作在一段时间内经历了“真空期”，直至20世纪80年代中后期社会工作在我国恢复重建，医务社会工作才得以较快速发展。2006年，党的十六届六中全会首次明确指出“建设一支宏大的社会工作人才队伍”，将社会工作者正式纳入国家专业技术人员范畴。与此同时，越来越多的社会工作专业毕业生及医护在职人员开始加入医务社会工作领域，上海、北京、广州、深圳、山东临沂和广东江门等地探索开展不同的医务社会工作实务工作模式，医务社会工作开始大规模地“走出”高校，“走进”医疗卫生机构中。目前，医务社会工作基本覆盖了中国20多个省、自

---

① 马骁，中山大学社会工作硕士，社会工作师，广州市同心社会工作服务中心广州市医务社会工作服务项目副主任，从事医务社会工作4年。

治区、直辖市。

广州市医务社工专科服务起步于1998年，由广州市残疾人联合会借鉴中国香港利民会的精神康复服务经验，合作开办家属资源中心，为精神病康复者及家属提供协助、咨询及支援性服务。但此后近10年间，广州医务社工发展仍以“小规模专科化探索”为主要特点。2012年，“全国医院社会工作工作会议”在青海召开，医务社会工作首次被纳入卫生部医政管理与医院管理政策议程。为贯彻落实中共中央、国务院政策和卫生部全国医院社会工作会议精神，尤其是适应广州市社会工作实务蓬勃发展和深化医药卫生体制改革需要，全面推动地方政府制度创新，2013年12月，在广州市委市政府的正确领导下，广州市民政局与市卫计委领导高瞻远瞩，战略合作，正式启动全国首个省会城市政府购买服务项目形式的医务社会工作试点服务。试点项目设在具备一定社会服务基础的广州市红十字会医院，由广州市同心社会工作服务中心承接，目标是向有需要的住院患者及家属提供宣传政府医疗救助政策、链接社会公益帮扶资源、心理情绪辅导、家庭关系协调、医患关系沟通等专业服务，创新开展出院患者的照顾服务，建立与市内社工服务站（家庭综合服务中心）的相互转介机制，推行救助前置理念。2013年成为“广州市医务社会工作元年”，拉开广州市医务社会工作时代历史序幕，标志广州市社会工作实务体系建设进入全面性、综合性、体系化、专业化和本土化时代。

2017年，习总书记在党的十九大报告中提出要“实施健康中国战略”，为全面建设小康社会、把我国建成富强民主文明和谐美丽的社会主义现代化强国打下坚实的健康根基。2019年2月18日，中共中央、国务院印发《粤港澳大湾区发展规划纲要》中提出，“要塑造健康湾区，推动优质医疗卫生资源紧密合作，支持港澳医疗卫生服务提供主体在珠三角九市按规定以独资、合资或合作等方式设置医疗机构，发展区域医疗联合体和区域性医疗中心”。《广东省进一步改善医疗服务行动计划实施方案（2018—2020年）》中指出，“医疗机构要推广医务社工服务，完善医务社工岗位及管理的相关制度，到2020年底，全省至少90%的三级医院设立医务社工岗位，30%的三级医院设立医务社工部门，配备专职医务社工”。相关战略、政策和实施方案为促进社会工作和卫生与健康事业的全面、有效融合提出了要求，也为医务社工在广州的发展带来了契机。广州医务社工服务以稳健的步伐继续向前发展，从整体性的服务规模和覆盖范围，到个别化的专业程度和服务水平，都有了长足的进步与发展。

二、广州市医务社工服务基本概况

（一）财政投入及项目概况

广州市医务社工服务按经费来源大致可分为3种形式：政府购买（政府财政投入）、医疗机构主导（医疗机构经费投入和吸纳社会公益资金）以及项目合作。

表1 广州市医务社工服务类型（按经费来源）

项目模式	医疗机构名称
政府购买服务	广州市红十字会医院
医疗机构自设内部岗位	广东省工伤康复医院 广东省第一荣军医院 广东省第二荣军医院 广东省第三荣军医院 中山大学附属第一医院
医疗机构自筹经费购买	广东省人民医院 广东省第二人民医院 广东省中医院 广东省江南医院 广州市第一人民医院 广州医科大学附属第一医院
多种形式相结合的方式	中山大学附属第六医院
项目进驻	广州市惠爱医院 广州市民政局精神病院

其中，政府购买医务社工服务目前只有广州市医务社会工作服务项目一个，项目自2013年12月开始实施，由广州市民政局和市卫健委联合推出，2013—2016年每年投入财政资金60万元，驻点社工4人；2017—2020年每年投入财政资金180万元，配备社工12人。

近几年来，在政策的大力推动和医疗机构领导意识的不断提升之下，越来越多的医疗机构开始自主开展医务社工服务。主要发展方式为自设内部岗位社工和医疗机构自筹经费购买社工项目。

其中，自设内部岗位社工的医疗机构有广东省工伤康复医院、广东省第一荣军医院、中山大学附属第一医院、中山大学附属第六医院、广州市儿童医院等。以广东省工伤康复医院为例，医院内设岗位社工 12 名，为全院患者提供社会康复等服务，是医院整体性康复服务的重要一环。医院自筹经费购买社工项目是近几年来多家医院推进医务社工服务的主要方式，开展医院有广东省第二人民医院、广东省人民医院、广州市花都区人民医院、广州医科大学附属第一医院、广东省中医院、广东省江南医院、广州医科大学附属第三医院、广州市第一人民医院、中山大学附属第六医院等。其中，广东省中医院于 2018 年开始，以医院自筹的形式向广州市启创社会工作服务中心购买医务社工项目，目前在院医务社工 3 名。

值得一提的是，在医务社工的逐渐发展之中，一些医院采取了多种形式相结合的方式发展医务社工。例如中山大学附属第六医院，既有自设岗位的医务社工，又有第三方购买的医务社工项目。通过二者相结合，方便了院内医务社工的管理，使医务社工服务项目与院内系统结合得更加紧密。

项目合作的主导者并不是政府部门或者医院，而是采取合作的形式，利用政府资金、公益创投资金或者共同筹资的形式建立项目，社工机构与医院是相对松散的合作形式，社工机构以项目进驻的方式在医院开展服务，项目结束即停止。

目前来说，广州市惠爱医院、广州市民政局精神病院等均以这种形式开展服务。

（二）医务社工人才队伍建设情况

据不完全统计，目前广州市的医务社工已经超过 80 名。其中，广州市医务社会工作服务项目配备专业社工 12 名，是目前全国由单体运作的医务社工规模最大的政府购买医务社工服务项目；广东省工伤康复医院配备专业社工 12 名，大部分为自设岗位社工；市内配备医务社工规模较大的还有广东省第二人民医院（10 名）、广东省人民医院（8 名）、广东省第一荣军医院（5 名）等。

经过几年的发展，目前广州市的医务社工人才储备较前几年有了一定的增加，无论从专业社工的服务经验，还是从专业构成和持证比例方面，都有提升。然而，需要注意的是，目前的医务社工团队服务相对于全市的医务社工服务需求仍是供不应求，医务社工人才需要进一步的培育和储备。

（三）服务开展形式——项目制与岗位制并存

在具体服务内容方面，不同的医务社工项目及岗位社工提供的服务有一定的差别。广州市医务社会工作服务项目在6年的试点服务基础上，逐渐探索出了“医院-社区-家庭间连续性和一体化”的工作模式，并将服务内容总结成3项主要服务：紧急介入服务、支持性服务和发展性服务。“医院-社区-家庭间连续性和一体化”的工作模式从整体的角度将大型综合医院医务社工的服务门类全部囊括其中，对于广州其他项目及其他地区的医务社工项目具有一定的借鉴作用。广东省第二人民医院将健康资源中心和社工服务相结合，建立全国首个“爱心驿站”，让医务社工、志愿者、公益项目紧密结合在一起，联合病友会服务，共同探索医院的“大健康服务”管理模式。广东省中医院引入第三方医务社工，创新建立“医-患-社”互动模式，搭建医社融合的健康管理平台，联合多方力量共同构建医学人文新环境。

三、广州市医务社工服务总结与建议

（一）成效亮点

1. 党政主导，医社融合的体系先进性

广州市率先启动了全国首个省会城市政府购买服务项目形式的医务社会工作试点服务，该项目形式与配套政策的制度建设可作为政府购买医务社工服务的典型案例，为中国特色健康社会工作实务体系建设奠定了制度性基础。众所周知，在政府购买服务范围与项目清单中，医疗卫生服务体系是最错综复杂和专业性要求最高的服务领域，相关政策设计要求也最高。广州市民政局与卫健委成功实现了制度建设战略合作，这种跨部门、跨行业领域、跨专业学科的行政协调、专业服务合作，对中国特色现代社会福利制度建设的意义是广泛、全面、系统和深远的。

以党建引领，政府购买服务为载体，以医疗机构为基础，以广州市社工服务站（家庭综合服务中心）网络为依托，广州市医务社会工作服务并不局限于医院有限的地理空间，而是走出医院，面向社区，深入家庭。项目首次在中国社会建立“医院-社区-家庭间连续性和一体化”的社会服务体系框架，真正实现了全方位、全生命周期、全人、全家、全社会的关怀服务。这是广州市医务社会工作最具创新性和历史性的制度创新之处，指明了卫生保

健与福利服务体系的发展方向。

2. 多点开花，医社融合的发展势态

广州市医务社会工作起步较晚于北京、上海等一线城市，但起点高、发展快、规模大、多点开花。广州市红十字会医院、广东省工伤康复医院、广东省第二人民医院等均配备了较大比例的医务社工，基本达到发达国家和地区“100张床位配备1名医务社工”的比例要求，为国内其他综合性及专科性医院开展医务社会工作提供了宝贵的本土化经典范例。

广州市医务社工服务以医院为组织化载体，以专业性社会工作实务为介入点，以医疗机构和社会工作机构全面战略合作为开放性、社会性合作平台，以医生、护士、社会工作者、志愿者和其他专业人员的多学科专业合作团队为途径，成功实现了“社会工作化改造”的专业行动策略，将社会工作理念、专业价值观、人文关怀和社会福利服务、社会工作专业方法、社会工作专业服务和现代社会福利制度引入医疗卫生系统，在医院层面实现健康与福利整合。

3. “研究性实务”与本土化服务模式的总结

广州医务社工始终将“研究性实务”作为工作基础，以实证为本，从事专业性助人服务，成功探索和总结出了“医社合作、全人关怀”的医务社工服务模式及一套医院社会工作实务流程，打造了本土化与专业化的医务社会工作实务指南，撰写了《医务社会工作实务手册》，从整体到局部、从全面到具体、从政策到专业全方位地总结了医务社工的发展经验，起到了示范性、先驱性和引领性的行业标杆作用。

“医社合作”是医务社会工作项目得以顺利开展的前提。社工进入医院环境中提供嵌入式服务，需要多层次的“医社合作”，才能够顺利适应在医院中的工作，并利用这一环境，提供切合患者需求的服务。“全人关怀”以实现患者身、心、社三个维度的康复为目标，医务社工以系统理论为基础，全面分析影响患者康复的“个人”与“环境”的互动因素，着眼于患者个人处于与康复环境中的各种系统不断的相互作用，致力于为患者打造“全人关怀”服务系统，促进患者康复。该服务模式借鉴了中国香港医务社会工作先进的经验，在实际工作中进行了本土化改良和创新，为其他省份的医务社工服务提供了本土化范本。

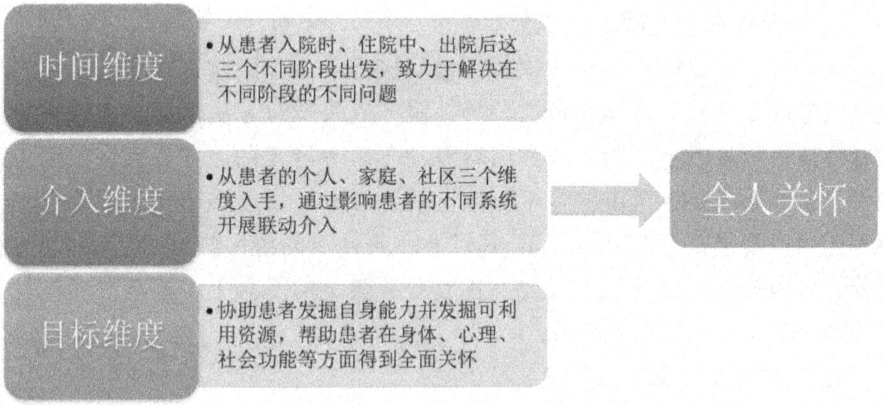

图1 广州市医务社工打造“全人关怀”服务系统

（二）问题挑战

1. 社会福利服务资源相对短缺

党的十九大报告中提出，我国社会矛盾已经转化为人民日益增长的美好生活需要和不平衡不充分的发展之间的矛盾。广州市医务社工经过几年的探索发现，患者在治疗与康复的不同阶段存在着生理、心理及社会等多方面的需求。近几年，《广州市医疗救助办法》《广州市慈善医疗救助和应急救助实施办法》《广州市长期护理保险办法》及《广州市高龄重度失能老年人照护商业保险》等政策法规陆续出台，减轻了患者的治疗及护理经济负担；社区卫生服务中心与护理站的逐步发展，也很好地补充了居家照顾与康复的空白，但服务资源发展的速度难以赶上患者日益增长的各类复杂需求。

2. 服务的全面铺开尚待时日

2019 年，我们欣喜地看到，越来越多的医院开始重视医务社工，开始通过各种形式推进医务社工服务，而经过几年的积累，专业医务社工的数量也在稳步增加。然而，我们仍需要看到，医务社工服务仍然是以“点”的形式出现在广州市，尚未连接成“面”，一个个的医务社工项目和岗位就像是一个独立的个体，每一个个体都在所在医院中相对孤单地奋战，尚未联结成真正成体系、成规模的社会福利力量，融入医疗体系中。无论是从患者需求、医疗服务质量提升，还是政策倡导方面来看，广州市医务社工服务的发展都是刻不容缓的。全市性的医务社工服务标准尚未建立，在一定程度上导致医务社工服务规模难以扩大，服务全面铺开尚待时日。

3. 行业标准尚待确定

医务社工行业标准的相对缺失，也间接导致各个医院百花齐放，不同医院的医务社工服务形式存在较大差异，服务效果暂时无法形成合力获得更大的社会认可。虽然不同的形式和内容有助于医务社工的服务探索，然而也需要看到，如果想要在全市统一推行医务社工服务，过于多样化的服务形式既不利于服务规模的迅速扩大，也不利于医务社工的统一规划和管理。因此，想要更好地推行医务社工，需要在现有服务尝试的基础上，逐渐探索出具有本土特色的统一化的行业标准。

4. 医务社工人才储备不足

虽然目前广州的医务社工已经超过 80 人，然而这个数量对于整个广州市而言，是远远不够的。根据广州市政府办公厅印发实施的《广州市医疗卫生设施布局规划（2011—2020 年）》来看，根据规划，到 2020 年，医院共 305 家（含分院），综合医院 169 家，中医医院 40 家，专科医院 96 家。目前，医务社工尚不足百人。医务社工的人数是远远不能覆盖广州整体的医疗系统的，对于患者需求的响应，也仅能在少数提供医务社工服务的医院中进行。

与此同时，医务社工的人才储备也远远不足。目前，广州市内尚未有任何一所大专院校开设“医务社工”专业，提供医务社工专业课程的学校也是寥寥无几，高校输送的社工人才中接受过医务社工专业训练的社工更是少之又少，从根本上阻碍了医务社工服务的全面推广与发展。人才的储备对一个行业的发展具有重要的战略意义，一定程度上影响着行业发展的未来，因此，想要在广州大力发展专业医务社工服务，需要重视人才短缺和人才储备严重不足的问题，未雨绸缪，多多储备专项人才，才能够为医务社工的发展铺平道路。

（三）对策建议

1. 政府部门牵头，全面铺开医务社工服务

加快推进医务社会工作机制建设、全面铺开医务社会工作服务，需要政府部门清晰的顶层设计，明确医务社会工作的服务内容、岗位设置、人才来源、专业人才的晋升渠道、专业人才培养方向以及其发展的保障机制等重点内容。

目前，广州市唯一的政府购买医务社工服务项目是由广州市民政局牵头和市卫健委联合推出的服务项目，由广州市民政局牵头开展。广州市医务社工服务项目是一次成功的医务社工尝试，同时也是医务社工服务在广州市全面铺开的先头兵。为贯彻落实健康中国战略的客观要求，适应医学模式转变的现实需要，彰显医学人文的关怀精神，广州市政协委员杨海清同志提出了

“关于在我市医院推广医务社工的建议”。

第一阶段：试点推广至 5 家不同类型的医院，3 年培育和储备不少于 100 名医务社工。出台规范性文件、服务素质标准、工作指引等。

第二阶段：推广至 10 所医院，3 年培育和储备不少于 300 名医务社工。

第三阶段：覆盖广州市所有市级和区级医院。

2. 边发展边总结，共同促进医务社工服务标准成型和制度落地

每个行业的服务标准都是促进行业专业化的有效手段，因此，想要进一步推进医务社工的发展，需要在发展过程中善于总结，并通过多方的努力，共同形成医务社工服务的行业统一标准，并基于实际情况，明确参与各方的责权利，建立相关管理制度，用标准和规章规范医务社工行业的发展，促进医务社工服务在广州的有序、健康推进。

3. 教育+培训，从各个方面扩大人才储备

人才是行业的基础，是医务社工服务能否落到实处的关键所在。目前，医务社工的培养缺乏完善的规章和流程，医务社工队伍综合素质良莠不齐，经验不足，专业知识不完备。针对这一问题，应实施健全教育培训机制，加快培养一批适合卫生健康需要的医务社会工作专业人才队伍，鼓励高等院校在医疗机构建立实习基地、健全联合培养机制等改革措施。

大力发展医务社会工作，构建和谐医患关系是党中央、国务院的战略决策，是健康中国战略的客观要求，是医学模式转变的现实需要。当前，中国卫生系统面临的主要问题已不是要不要开展医务社工服务，而是如何全面推广，如何使社会工作者和社会工作服务成为现代医疗卫生服务不可或缺的重要组成部分，如何搞好本土化医务社会工作服务。我们坚信，尤其是全国卫生和健康大会传递的强烈信息，过度的医院化、畸形的医疗化，单纯的生理疾病治疗的理念，不是现代医疗卫生服务，更不是健康中国和福利中国的正确发展方向。加快推进医务社会工作机制建设，是多方共同实现“以病人为中心”的医疗模式的需要，是促进医疗服务质量提高和实现中国特色福利社会的有效途径。

2019年度广州市禁毒社会工作服务发展报告

梁浩贤①

摘　要：广州市禁毒办根据国家禁毒办及省禁毒办的工作要求，结合全市禁毒形势，2019年度在禁毒社会工作方面主要落实3项措施：加大禁毒社工队伍的资源投入、加强禁毒队伍的专业素质培训、加强禁毒社会服务组织的建设，保证全市禁毒社会工作能顺利开展，对全市禁毒管控工作起到有效补充作用。在下一步工作推进中，市禁毒办将加强完善广州市的禁毒社会工作体系，继续加强禁毒社会工作服务人才培养机制，增加广州市省级、市级社区戒毒社区康复工作站示范点引领作用以及进一步完善全民毒品预防教育体系，建立适合广州市禁毒工作情况的禁毒社会工作服务模式。

关键词：禁毒　禁毒社会工作服务　社会组织　社区戒毒　社区康复

一、广州市禁毒社会工作服务的背景

近年来，广州市禁毒办按照国家禁毒办及省禁毒办的工作要求，认真贯彻落实《中共中央、国务院关于加强禁毒工作的意见》及国家禁毒办联合相关部门发布的《关于加强禁毒社会工作者队伍建设的意见》，在广州市实施多项措施。广州市禁毒办始终认为广州市禁毒社会工作发展是全市禁毒资源建设的重要一环。针对广州市的毒情有吸戒毒人员数量庞大（广州市吸戒毒人员数量占广东省吸戒毒人员总数的9.6%）、市内各区吸戒毒人员分布不均匀、外地户籍吸戒毒人员数量多、流动性强的特点，联动各职能部门开始探索广州市的禁毒社会工作服务。

---

① 梁浩贤，广州市禁毒专业社工，从事戒毒工作超过3年，现任广州市社区戒毒及康复社工服务项目主任、广州市花都区社区戒毒及社区康复社工服务项目督导；曾获2018年广州市社区戒毒社区康复优秀工作者称号。

二、广州市禁毒社会工作服务组织的发展概况

广州市禁毒办依托市民政局和市社协，加大对禁毒社工机构服务购买力度，市、区禁毒办，市司法局，市卫生健康委，团市委，各镇街等，均按需购买了禁毒社工服务。目前，全市服务禁毒工作的社工机构已超过 18 家，禁毒社工超过 1200 人。

2019 年，根据省委、省政府实施全民禁毒工程的统一部署，按照省、市全民禁毒工程实施方案要求，广州市继续推进禁毒社会组织发展，进一步发挥社会组织作用推动禁毒公益事业健康发展。在各级政府的支持下，全市各区陆续成立禁毒协会，目前已有花都区、白云区、黄埔区、南沙区、越秀区、荔湾区、增城区、从化区成立区级禁毒协会，其余三区也在积极筹备中。禁毒协会在实际禁毒社会工作中也积极发挥其功能，如黄埔区禁毒协会全年开展各类禁毒宣传活动 17 场次，禁毒工作者走访慰问戒毒困难家庭 15 人次，并成功帮助辖区内 1 名吸毒困难家庭子女成功就业。白云区禁毒协会积极协调协会理事单位（企业）参与禁毒工作，其中某快递公司在广州国际龙舟赛事上投放禁毒公益广告，另一家理事单位为镇街捐赠价值 100 多万元的毛发检测设备。在 2019 年 6 月 25 日，白云区京溪街道成立首家街镇级禁毒协会，标志着基层街镇禁毒事业有了发展的新载体，从过去单纯的国家、政府禁毒向政府和社会联合、全民禁毒转变。

据统计，截至 2019 年 11 月底，广州市已注册各类禁毒社会组织共 30 家，其中已成立市级禁毒基金会 1 家、易制毒行业管理协会 1 家，区级禁毒协会 8 家，黄埔区成立易制毒行业协会 1 家；全市现有禁毒社工组织 18 家；其他类型的社会组织 1 家。已初步形成了以禁毒基金会、禁毒协会、禁毒社工组织、禁毒志愿者队伍为骨干，覆盖全市的禁毒社会化工作体系。

三、广州市禁毒社会工作服务的经验

广州市禁毒办将禁毒社会工作与禁毒人员管控查处进行有机结合，落实三项基本措施以保证广州市禁毒社会工作能全面、健康地发展，同时能对广州市禁毒管控工作起到很好的互补作用，做到管控、打击、帮扶三管齐下。主要经验有以下两点。

（一）加大禁毒社工队伍的资源投入

通过政府购买服务的方式，2017—2019 年广州市购买禁毒服务超过 2.1 亿元，服务购买范围包括毒品预防教育和禁毒宣传服务、培训服务、社工服务、公益服务、基础建设服务、科研服务等，在全市形成了比较完善的禁毒公共服务体系。

吸毒人员网格化管理服务工作是广州市对吸毒人员社会化管控的基本要求，吸毒人员网格化有利于落实社会面吸毒人员管理服务工作能下沉到具体街道具体社区。广州市通过政府购买服务的方式，创新禁毒管理服务体制机制，按照广州市管控吸毒人员 30∶1 的比例，通过购买服务与镇街配备人员相结合的方式，组建吸毒人员管理服务队伍，将吸毒人员管理队伍分配到广州市各个网格，将禁毒社会服务普及到每一名广州市的吸戒毒康复者身上。同时，在财政投入上，市财政每年拨款 2470 万元，通过转移支付的方式，由各区购买服务配备禁毒专业社工管理服务广州市外地户籍吸毒人员，让市内的外地户籍吸毒人员都能接受禁毒社工服务；广州市每年投入 7400 万元，通过购买服务为各镇街配备禁毒专业社工 754 名，对广州市户籍的吸毒人员开展帮扶及管控工作，将社会工作的概念引入每一名接受帮扶的戒毒人员心中，真正做到专业禁毒社工与专干是街镇帮扶戒毒人员的主要力量；此外，市司法局、市卫生健康委等禁毒委成员单位，投入 1200 万元购买禁毒社工服务为全市各强制隔离戒毒所、美沙酮药物维持治疗点的戒毒康复人员提供帮扶救助等服务，补全禁毒社会服务的服务链条，做到吸戒毒人员可能涉及的卫生、司法领域都有禁毒社会服务的身影。

通过购买服务，增强了禁毒工作专业力量、禁毒工作队伍，有效推进了禁毒工作社会化，健全和完善了禁毒社会服务体系，提升了广州市禁毒社会服务水平。

（二）加强禁毒队伍的专业素质培训

禁毒社会工作作为一项综合性强的科目，需要参与禁毒工作的工作人员拥有跨学科的知识体系，对于广州市较为复杂的毒情，广州市的禁毒社会工作者更是需要将社会工作知识与禁毒知识、地缘因素有机结合在一起，才能做好禁毒工作。广州市禁毒办为了切实提高禁毒社会工作服务的多学科知识水平，在 2019 年主持建设了三项培育支持机制。

一是建立禁毒专业知识支持机制。广州市禁毒办编印了《吸毒人员管理服务队伍应知应会手册》与《广州禁毒政策及法规汇编》等资料，将基本的禁毒类知识及广州市与戒毒康复人员相关的法律法规包括其中，为市内专业禁毒社工开展实地服务建立了资料支持。目前，全广州市 183 个社区戒毒社区康复工作站都配备了各类支持性材料，禁毒工作人员可随时参阅。

二是建立禁毒社会工作人才孵化机制。广州市禁毒办与广州城市职业学院合作，联合成立了广东省首个社区禁毒学院，社区禁毒学院旨在建立“人才培育+力量储备+课题研发”禁毒社会服务人才培育模式，成为提升广州市禁毒专业社工综合素质的摇篮及平台，为禁毒社会服务提供长期、坚实的人才支撑和智力支持。广州市现有禁毒专职人员、禁毒专业社工两支队伍，共 1427 人，社区禁毒学院成立后，全市禁毒专职人员、禁毒专业社工将成为首批入学学生，通过线上线下的课程结合，提升其禁毒工作综合业务素质。在建设广州市禁毒学院的同时，市禁毒办也鼓励和支持高等学校开设禁毒社会工作相关专业课程，培养禁毒社会工作专业人才。目前，广州市华南农业大学、广东工业大学、广州城市职业学院等高校均设立了社工专业，并由部分院校开发禁毒社会工作教材，培育禁毒讲师团，加强禁毒社会工作师资队伍和实习基地建设。

广州市禁毒办也运用信息化手段，开通了广州禁毒 e 课堂和考试平台，构建“互联网+培训”模式，令禁毒学院的师资与学员能以更紧密的方式结合在一起。禁毒学院与广州市禁毒办开发吸毒人员管控服务工作基础课程，邀请国内知名专家教授通过网络平台开展禁毒社工队伍业务技能培训，将禁毒学院的师资辐射到整个广州市禁毒队伍中。2019 年以来，已经进行线上直播或授课 24 次，辐射人群超过 3500 人次。

三是建立禁毒工作业务及禁毒社会工作轮训体系。广州市禁毒办及各区禁毒办联动，每年定期开展业务技能培训。为加强队伍业务培训，从 2017 年开始，市、区禁毒办，市社协，各镇街以及禁毒社工机构均因地制宜举办禁毒社工队伍业务培训工作，对禁毒专干及禁毒专业社工开展禁毒工作业务与禁毒社会工作知识两个方面的培训，在提高禁毒工作质量的同时，也有效提升了广州市禁毒社工的禁毒服务素质。例如，广州市禁毒办在 2019 年社工资格考试前，组织禁毒领域内报考的禁毒专干与禁毒专业社工近 600 人次进行考前专题轮训，有效提升了参与人员的考试通过率。据统计，仅 2019 年以来，全市就开展各类业务培训 164 期，其中，市一级业务单位开展业务轮训 5 期；全市 11 个区均开展了业务培训工作，共计开展培训 159 期。

四、广州市禁毒社会工作服务展望

一是加强完善广州市的禁毒社会工作体系，加大对禁毒社会组织的扶持力量，促进广州市禁毒社会组织的数量与专业性，打造广州市禁毒社会工作的明星品牌。同时加快建设区一级的禁毒协会，推进有条件的街道建设街镇一级的禁毒协会，完善基层禁毒力量整合与建设，进一步健全和完善了禁毒社会服务体系，提升了全市禁毒社会服务水平。

二是继续加强禁毒社会服务人才培养机制，深化与广州市禁毒学院的合作，进一步增加广州市高等学校开设禁毒社会工作相关专业课程，着重培养综合素质较高的禁毒社会工作专业人才。同时将广州市禁毒知识轮训系列化、常态化，系统地提升社工的禁毒知识水平，引导广州市禁毒社会服务往实用化、专业化、素质化方面发展。

三是增加广州市省级、市级社区戒毒社区康复工作站示范点引领作用。广州市省级、市级社区戒毒社区康复工作站示范点作为广州市禁毒康复工作的示范性模板，在工作场地建设、工作规范制定、戒毒康复人员管控，禁毒社会工作力量培育与发展，社区禁毒环境营造等方面在市内都处于领先地位。市禁毒办计划将以“示范点”为模范，鼓励各区各街镇建设具有禁毒社会工作服务特色的社区戒毒及康复工作站。

四是进一步完善全民毒品预防教育体系。禁毒社会宣传作为禁毒社会工作不可或缺的一环，市禁毒办也将着力推进全民毒品预防教育的体系。运用市禁毒办及市内禁毒社会工作力量，围绕创建150所省级示范学校、“学生、家长禁毒知晓率两个100%”、落实青骄平台两课时等目标，继续扩大毒品预防教育师资培训规模和禁毒公益宣讲团队阵容，持续推进青少年毒品预防教育工作。推动市、区禁毒宣传教育基地和禁毒文化设施建设、禁毒志愿者试点建设，加大禁毒公益广告宣传力度，“广州禁毒”微博、微信、抖音、B站等系列禁毒新媒体平台。

在2019年年底和2020年的工作中，广州市继续着重发展禁毒社会工作队伍与相关措施。将禁毒社会工作作为广州市禁毒工作的重要补充，提升广州市禁毒服务队伍的工作能力，加强禁毒社会工作的基层建设，巩固常态长效机制、固化发展成效，建立适合广州市禁毒管控情况的禁毒社会工作服务模式。

2019年度广州市司法社会工作项目发展报告

广州市司法局社区矫正执法处　白冬红　陈菊竹[①]

摘　要： 广州市司法局认真贯彻落实党的十八届三中、四中全会关于“健全社区矫正制度”以及党的十九大关于“打造共建共治共享的社会治理格局”的要求，积极推动“社工+”战略，将社会工作的理念和方法引入社区矫正工作之中，根据社区矫正对象的需求，为他们提供相应的心理疏导及危机干预、技能培训、社会适应性帮扶等司法矫治服务。广州市司法社会工作从2009年开始探索，经过10年的实践，取得了显著的成效，实现了社区矫正机构刚性执法和司法社工柔性服务的有机结合，初步形成了“党委引领、政府主导、社工参与、社会协同”的司法社会工作广州模式。广州市社区矫正对象再犯罪率长期保持较低水平，社区矫正监管秩序持续安全稳定，司法社工为建设平安、法治广州作出了积极贡献。

关键词： 社区矫正　社会工作　司法社工

一、广州市司法社工服务项目的背景

社区矫正是完善刑罚执行、推进国家治理体系和治理能力现代化的一项重要制度。社会力量的参与则是健全社区矫正制度、落实社区矫正任务的内在要求。为认真贯彻落实党的十八届三中、四中全会关于“健全社区矫正制度”以及党的十九大关于“打造共建共治共享的社会治理格局”的要求，依据《社区矫正实施办法》（司发通〔2012〕12号）、《关于组织社会力量参与社区矫正工作的意见》（司发〔2014〕14号）、《广州市司法社会工作项目体系建设实施方案》（穗司发〔2015〕17号）以及市委、市政府《关于学习借鉴香港先进经验推进社会管理改革创新先行先试的意见》（穗字〔2014〕13号）等文件精神，广州市司法局加快推进司法社会工作项目体系建设，以政

① 白冬红，广州市司法局社区矫正执法处副处长，中山大学法律硕士，公职律师、社会工作师；陈菊竹，广州市司法局社区矫正执法处四级主任科员，西南政法大学法律硕士。

府购买服务项目的方式，培育专业的司法社会工作组织，建立专门的司法社会工作者队伍，承接对社区矫正对象的教育矫正、社会适应性帮扶等司法矫治服务，完善特殊人群管理服务工作，促进法治广州、平安广州建设。

二、广州市司法社工服务项目概况

2009 年，广州市委市政府出台《关于学习借鉴香港先进经验推进社会管理先行先试的意见》，要求建立新型社会管理服务体制，加快司法社工队伍的建设。广州市司法局积极响应，先后两次组织团队前往中国香港学习交流，探索将社会工作的理念和方法引入社区矫正工作之中，并于同年指导建立了全省首个非营利性司法社工组织——广州市尚善社会服务中心。2015 年推动广州市政府出台全省首个司法社会工作发展的政策性文件——《广州市司法社会工作项目体系建设实施方案》（以下简称《实施方案》）。2016 年指导成立全国首个司法社工行业协会——广州市司法矫治协会，并统筹指导全市全面落实政府购买司法社工项目工作，逐步形成了市区两级互为补充的司法社工项目体系。2019 年度，市、区两级共购买 17 个司法社工项目，年购买资金达 2800 余万元。14 家社工机构，275 名司法社工参与社区矫正工作，协助完成判前调查 1422 份，初始评估 11332 份，组织社会公益服务 87481 人次，适应性帮扶 5995 人次，心理矫治 5319 人次，未成年社区矫正服务 1759 人次，特困社区矫正对象帮扶 147 户，为加强社会治理体制建设、提高社会治理水平、打造共建共治共享的社会治理格局作出了积极贡献。

三、项目主要做法及亮点

（一）充分落实经费保障

司法社工项目体系建设离不开财政资金的支持和保障。市、区两级司法行政机关积极与财政等部门沟通，保证财政资金预算的稳定性，并根据实际情况加大政府购买服务力度，为项目发展提供资金保障，确保司法社会工作项目的可持续发展。2019 年，黄埔区司法社工购买经费由原来的 170 万元提高到 370 万元；增城区由原来的 360 万元提高到 510 万元；从化区由原来 80 万元提高至 100 万元。

（二）严格规范政府购买服务流程

为确保引入高质量的社工机构参与社区矫正，广州市、区两级司法社会工作项目均严格按照《中华人民共和国政府采购法》的相关规定，规范司法社工服务政府采购文件和评分标准等，公开招标，确定项目承接机构，确保引入服务能力强、管理严格、满足项目要求的社工机构。同时为平衡好市场竞争与服务团队稳定之间的关系，设立了尽量长的服务期限，避免每年招标，每年更换承接机构的现象发生，使机构的服务具有连续性。

（三）积极培育行业组织

一个行业的发展离不开行业组织的指导和引领，2016 年广州市司法局指导成立了广州市司法矫治协会，为推动行业规范发展，加强行业自律提供了保障。作为司法社工行业组织，司法矫治协会始终坚持党建引领，严格抓好司法社工行业党组织建设，组织全体司法社工党员开展“不忘初心、牢记使命”主题教育，全面提升司法社工的政治站位和服务能力。其次积极回应承接机构和司法社工的多元需要，搭建沟通交流平台，建立分级分类的培训制度，制定服务指南、评估标准，为司法社工开展专业服务提供规范清晰的指引，推进行业规范管理，推动行业自律。

（四）大力培养专业队伍

1. 实行分级培训，提高培训质量

建立了岗前培训—全员培训—专业培训—考前培训为一体的培训体系，在培养通才的基础上培训专才，满足服务需求。依托行业协会，每年举办两期全员培训，培训内容既包括社工的专业知识和手法，又包括社区矫正的基本程序和内容。2019 年已开展两期培训班，共计 131 人次参加。为提升队伍的专业化水平，鼓励司法社工参加社会工作职业水平考试并组织考前动员和培训，提高社工参加考试的积极性和通过率，2019 年共有 13 名司法社工通过考试。为了培养本土内部督导人才，确保项目服务水平，市司法局组织了第一期司法社工内部督导培训班，通过 6 个多月的理论和实务学习，18 名学员顺利通过考核答辩，首批本土培养的内部督导人才诞生。目前第二期司法社工内部督导培训班也已顺利开班，共有 25 名学员参加。

2. 链接资源，创新人才培养机制

链接多方资源，创新人才培养机制。2019 年与广东警官学院合作建设校外实践教学基地，接收高校学生到司法局、司法所及司法社工机构进行实习，为司法社工队伍提供新鲜血液，同时增强司法社会工作的行业认同感和社会知晓度。

（五）不断完善服务内容

如何将社会工作的理念和方法，科学地引入社区矫正工作之中，是一个需要不断探索和积累的过程。社区矫正对象的需求决定了司法社工的服务内容。从个体、家庭和社会层面认真分析了社区矫正对象的需求，结合社会工作的特点，设定了全市统一的司法社会工作八大项服务内容：判前社会调查、集中教育、社区公益服务、社会适应性帮扶、就业指导服务、心理矫治、未成年人矫正帮扶服务（包括未成年社区矫正对象、服刑人员未成年子女、边缘青少年）、社会工作专业服务。同时为贯彻落实党中央关于完善刑罚执行制度、统一刑罚执行体制的决策部署，积极扩大服务范围，组织引导社会力量参与刑罚执行一体化相关工作，为监狱服刑人员提供认知辅导、职业培训、家庭关系辅导等专业服务，帮助他们在被释放之后顺利回归社会。做好监狱服刑、社区服刑与刑满释放之间的衔接，建立和完善监禁刑和非监禁刑中社会力量参与的长效机制，推动刑罚与教育、管理与矫正、回归与帮扶环节的相互贯通、衔接顺畅，构建科学、规范、统一、高效的司法行政刑罚执行体制。

（六）建立健全项目监督评估机制

监督评估是把控司法社会工作发展方向、保障司法社工项目成效、规范司法社工服务标准的关键一环。为了客观评价项目成效及财政资金使用绩效，一是制定了全市统一的司法社工项目评估标准，并起草《广州市司法社会工作服务项目评估办法（公开征求意见稿）》，委托第三方对全市司法社工项目进行中、末期评估，及时发现问题，督促整改；同时把评估结果与评先评优及承接服务资格挂钩；二是每年两次对全市司法社工项目进行督导巡查，了解派驻司法所的司法社工的服务开展情况，督促区级购买方履行对项目的管理指导职责并全面落实《广州市司法社会工作项目体系建设实施方案》《广州市司法社会工作项目购买服务实施细则》的规定，同时总结和推广司法社会工作经验和做法，发现和解决存在的困难和问题，确保司法社会工作项目的专业化、规范化发展。

四、项目取得的成效

（一）服务能力持续提升

2019 年，全市司法社工协助完成判前调查 1422 份，初始评估 11332 份，组织社会公益服务 87481 人次，适应性帮扶 5995 人次，心理矫治 5319 人次，未成年社区矫正服务 1759 人次，特困社区矫正对象帮扶 147 户。此外，为认真贯彻落实党的十九大报告提出的“加强社会心理服务体系建设，培育自尊自信、理性平和、积极向上的社会心态”的要求，市司法局依托司法社工项目积极开展全市社区矫正对象的心理健康服务体系建设，开展专业的心理测评筛查，按一人一档的原则，为社区矫正对象建立心理健康档案；对高危对象进行重点跟踪，进行专业心理疏导和危机干预。目前已建立心理健康档案 5503 份，重点跟踪个案 44 个。未发生因心理问题而导致的违法犯罪及公共安全事件。

（二）社会影响日益增强

广州市司法社会工作不断拓宽宣传渠道，总结服务过程中的经验和做法、撰写经典案例。目前已有 1 篇案例入选司法部案例库，18 篇案例/论文获得省、市级大奖；媒体报道 780 余篇，一名司法社工被推选为司法部“最美法律服务人”候选人。2017 年、2019 年成功举办了两届穗港澳社区矫正社会工作研讨会，就如何借鉴港澳先进经验，实现司法社会工作本土化进行了深入研究和探讨。两届研讨会均受到主流媒体的广泛关注，大大提升了广州司法社会工作在全国的知名度。浙江、宁夏、河北、武汉等省市同行纷纷前来调研交流。广州的司法社会工作也受到了广东省司法厅的充分肯定和认可，将其作为全省 2019 年固强补弱创新创先示范项目。

（三）教育矫正效果明显

司法社工针对社区矫正对象在认知、心理、行为、家庭关系、社会交往、就业谋生等方面存在的问题和需求，运用危险性与需求要素评估方法、认知行为疗法、动机式晤谈法等专业的方法，采取有针对性的解决方案，改变社区矫正对象的思维和行为模式，有效减少和预防违法犯罪行为的发生。同时修复社区矫正对象的社会功能，使其顺利回归社会。长期以来，广州市社区矫正对象再犯罪率长期保持在较低水平，社区矫正监管秩序持续安全稳定，为平安广州、法治广州、幸福广州建设作出了积极的贡献。

五、项目面临的问题及相应对策

广州市司法社会工作项目经过10年的发展取得了明显成效，但还面临着诸多困难，与新形势下社区矫正工作的要求相比尚不适应。

（一）面临的问题

一是社区矫正对象与司法社工的配比不足。根据《实施方案》的规定，社区服刑人员与司法社工按照20∶1的比例配置。由于司法社工的服务对象是被判处管制、缓刑、假释、暂予监外执行的罪犯，他们均存在较为严重的心理和行为偏差，需要投入更多的时间、精力，运用更多的专业知识和技巧进行教育矫治和社会适应性帮扶工作，从而使他们更好地改过自新，顺利回归社会。目前1名司法社工服务20名社区矫正对象明显力不从心，特别是对重点管理的社区服刑人员和未成年社区服刑人员无法做到一对一的跟踪服务，影响了服务质量和教育矫正效果。

二是司法社工薪酬标准过低。根据《实施方案》的规定，每名社工的经费标准为每年10万元。该经费除了人员经费，还包括督导培训费、机构运营管理费、服务保障费用。每名司法社工实际薪酬在扣除个人所得税、五险一金后，为每年5万—6万元。随着社会平均工资、物价水平的增长，司法社工现有的薪酬水平已经不能满足他们的实际生活需要，再加上社会大众对社工行业认识不足，行业的社会地位不高，年轻的社工们缺乏职业的自豪感、满足感。因此社工行业人才流失严重，司法社工也不例外。尚善、友善等多个司法社工机构的项目负责人、业务骨干纷纷离职，严重影响了司法社工项目的可持续发展。

（二）相应对策

为了吸引司法社工人才，稳定司法社工队伍，市司法局根据广州市司法社会工作实际需要，并参考上海、深圳的相关政策规定，起草了《广州市司法社会工作项目体系建设实施方案（修正草案）（征求意见稿）》，拟将广州市司法社工项目经费标准提高到每人每年16万元，将司法社工人员配比提高到10∶1。目前已经第一次公开征求意见，现正在收集汇总意见和建议，并与各职能部门积极沟通。

六、小结

党的十九届四中全会提出："必须加强和创新社会治理，完善党委领导、政府负责、民主协商、社会协同、公众参与、法治保障、科技支撑的社会治理体系，建设人人有责、人人尽责、人人享有的社会治理共同体，确保人民安居乐业、社会安定有序，建设更高水平的平安中国。"新形势下，鼓励和引导社会力量参与社区矫正，是健全社区矫正制度、提高教育矫正质量、维护社会和谐稳定的客观需要。我们将进一步借鉴先进经验，加快制度创新和先行先试，提高服务水平、提升司法社工职业认同感，将司法社会工作"广州模式"锻造成为一种可复制、可推广的模式，为打造共建共治共享的社会治理格局贡献广州智慧。

城市流浪乞讨人员442救助模式探索
——基于广州市鼎和社会工作服务中心的实践

王连权　袁娟娟[1]

摘　要：为了满足不同流浪乞讨人员的多层次、多类型且复杂多变的需求，广州市社会救助领域探索了一种适合流浪乞讨人员救助服务的模式，有效缓解了目前流浪乞讨人员救助服务中存在的问题。这一模式简称为“442服务模式”，它包括四大内容、四大联动和两个中心。四大内容具体怎么去实现，四大联动具体怎么去执行，两个中心又如何运作，需要与实务板块相结合才具有可操作性，文章基于广州鼎和社工的实践总结，以期给予社会救助服务创新带来一定的启发。

关键词：流浪乞讨　流浪乞讨人员　救助　442 服务模式

一、政府购买城市流浪乞讨人员救助服务的内涵与意义

（一）政府部门对流浪乞讨人员救助服务整体情况

民政部于2003年颁发《城市生活无着的流浪乞讨人员救助管理办法》和《城市生活无着的流浪乞讨人员救助管理办法实施细则》，标志着中国对城市流浪乞讨人员管理从强制性收容向自愿性救助的转变。随后陆续出台相关政策文件，进一步细化了对流浪乞讨人员救助服务的工作。民政部又于2012年颁发了《民政部关于促进社会力量参与流浪乞讨人员救助服务的指导意见》。引导和支持社会力量参与救助服务，充分发挥社会力量在流浪乞讨人员救助服务中的积极作用。

目前，全国救助保护网络体系基本形成，有省、市、县（区）三级救助

---

① 王连权，广州市鼎和社会工作服务中心总干事，社会工作师，2015年起从事流浪乞讨人员社会工作介入服务；袁娟娟，广州市鼎和社会工作服务中心主任，社会工作师，2015年起从事流浪乞讨人员社会工作介入服务。

管理机构，各大城市还根据各自的城市特色设定流浪救助服务队、购买社会工作服务等。

（二）广东省社会工作介入流浪乞讨人员救助服务的发展情况

广东省在社会工作介入流浪乞讨人员救助服务方面，比较早就开始试点购买专业社会工作服务。深圳市于2007年开始在救助管理站内引入社会工作服务，与深圳市鹏星社会工作服务社、深圳市日月社会工作服务社等多家社工机构合作，开展了“暖流计划”“情暖鹏城”“救急难”“大鹏安置点”等项目，涵盖了外展服务、站内服务、异地安置等方面。东莞市和广州市在2014年也分别试点引入了专业社会工作服务。东莞市的“街角曙光”项目由东莞市大众社会工作服务中心承接，实施至今，从一开始的街面流浪乞讨人员社会工作介入服务到现在的街面、站内服务全覆盖。广州市从“福彩有爱弃讨返乡”试点项目，发展到如今的“广州市流浪乞讨人员社会工作介入服务项目”和每个救助站独自购买社会工作服务项目；有广州市鼎和社会工作服务中心、广州市尚丙辉社会工作服务中心等多个机构参与其中。汕尾市、中山市于2018年开始购买社会工作服务引入流浪乞讨人员救助服务当中。

总体而言，社会工作介入流浪乞讨人员救助服务的发展主要集中在经济较为发达的珠三角地区。依赖于政府财政资金购买服务。其中深圳市的服务更为成熟和完善，而广州市的服务则发展更快和覆盖面更广。

政府购买城市流浪乞讨人员救助服务的目的是充分调动社会力量参与流浪乞讨人员救助服务，补充当前救助力量的不足，发挥社会工作专业优势，运用社工专业手法，为流浪乞讨人员提供个性化、多元化和专业化救助服务。购买方式主要是通过公开招投标方式选定最终承接机构，并委托第三方机构进行评估以保障服务质量。根据服务内容的不同分为“岗位购买”和“项目购买”两种模式。

（三）鼎和社工参与流浪乞讨人员救助服务情况

广州市鼎和社会工作服务中心于2015年开始参与流浪乞讨人员救助服务，先后承接了“广州市流浪乞讨人员社会工作介入服务项目”“广州市救助管理站社会工作服务项目”“流浪乞讨露宿人员‘社工+义工’街头驻点及巡查劝导项目”“促进社会力量参与生活无着的流浪乞讨人员救助服务联动机制服务项目”等。

服务分为“街面”和“站内”两大类型。街面服务主要包括：巡查劝导、外展夜展（深宵夜展）、建立档案、个案帮扶、转介援助、跟踪回访、社区倡导等。站内服务主要包括：站内接待、咨询面谈、寻亲返乡、成长教学、政策倡导等。例如，“广州市流浪乞讨人员社会工作介入服务项目”，由广州市民政局通过公开招投标的方式购买，由广州市鼎和社会工作服务中心承接。目的是发挥社会工作专业优势，运用社工专业手法，为街友提供个性化、多元化和专业化救助服务，保障他们的基本生存需要，帮助他们克服人格障碍，纾解心结、重塑信心，引导其弃讨返乡、自食其力。

（四）促进社会力量参与流浪乞讨人员救助服务

近年来，党中央、国务院高度重视流浪乞讨人员救助工作，形成了政府主导、民政牵头、部门负责、社会参与的良好局面。社会力量参与救助服务为维护流浪乞讨人员合法权益，促进社会和谐稳定作出了积极贡献。为了充分发挥社会力量在流浪乞讨人员救助服务中的积极作用，引导和支持社会力量参与救助服务，制定了《民政部关于促进社会力量参与流浪乞讨人员救助服务的指导意见》。

指导意见指出要充分调动社会力量参与开展主动救助、提供专业救助、做好预防帮扶三个方面的服务。例如，动员引导支持社会工作者、志愿者和社会热心人士及时报告流浪乞讨人员线索，为流浪乞讨人员提供必要的应急救助服务；通过与社会工作机构、心理咨询机构、康复治疗机构、教育培训机构和社会组织开展项目合作的方式为流浪乞讨人员提供心理疏导、教育矫治、行为干预、康复训练和技能培训等专业救助服务；积极引导支持村（居）委会、社会组织、志愿服务团队等社会力量参与流浪乞讨人员源头预防工作等。

二、鼎和社工流浪乞讨人员442救助模式及其运行特点

（一）442 救助模式

广州市鼎和社会工作服务中心经过近 5 年的服务/实践，为了满足不同流浪乞讨人员的多层次、多类型且复杂多变的需求，探索了一种适合流浪乞讨人员救助服务的模式，有效缓解了目前流浪乞讨人员救助服务中存在的问题。这一模式，简称为 442 服务模式，它包括四大内容、四大联动和两个中心。四大内容包括建立档案、个案帮扶、转介援助、跟踪回访，是服务的内容和

基础；四大联动包括政社联动、社志联动、社企联动、社研联动，为服务的介入提供具体行动方法的思考；而两个中心包括资源中心和服务中心，为整个服务提供支援。

1. 四大内容

（1）建立档案。为每名流浪乞讨人员建立档案，了解其性别、年龄、籍贯、健康状况、生存方式、生存现状、现状成因等，便于进行进一步的个案帮扶服务；同时，也能够根据建档数据进行分析，了解流浪乞讨人员的整体状况和需求，形成调研报告，便于之后的服务设计和调整。

（2）个案帮扶。根据流浪乞讨人员个人档案资料，进行需求评估，决定是否进行个案跟进并制订跟进方案。进行情绪疏导、感情抚慰、心理辅导等服务，摸清其真实情况及需求，视情况进行针对性关爱帮扶，提高其生存能力，继而转为返乡教育，逐渐改变认知，树立信心，最终放弃乞讨，返回家乡或上岗就业。

（3）转介援助。针对部分流浪乞讨人员属个人权益受侵、赌气流浪乞讨的问题，按照相关政策法规，协助流浪乞讨人员循正确渠道、按正常方式维权，有针对性地将其向司法、就业等部门转介，帮助其回归自我、回归家庭、回归社会。

（4）跟踪回访。对返回原籍的“职业”流浪乞讨人员进行跟踪回访，发挥流出地社会支持网络作用，促成流出地社会工作机构及时对返乡的“职业”流浪乞讨人员进行主动干预，帮助其弃讨返乡后能回归正常的、稳定的家庭和社会生活，不再重复乞讨。

2. 四大联动

（1）政社联动。与救助站以及流动救助服务队建立恒常沟通机制和长期合作；与街道、居委会，源头地的救助站、民政部门等多方联动，全面提供服务。为流浪乞讨人员提供返乡安置、返乡养老、医疗支持、临终服务、危机介入、就地安置等服务，有效满足流浪乞讨人员的复杂多元的需求，解决潜在风险的发生，缓解了“反复救、救反复”的问题。

（2）社志联动。与关注流浪乞讨人员的志愿者团队、街坊志愿者、高校志愿者以及源头地的志愿者团队等的多方联动，为流浪乞讨人员提供贴心与温馨的服务。通过社志联动，能最大限度发挥社会力量、社会资源的优势，通过社工与志愿者的优势结合和互补，使流浪乞讨人员能接受更多方面的服务。

（3）社企联动。充分调动爱心企业的资源，为有劳动能力、有就业意愿的流浪乞讨人员提供就业安置、就业支持。通过与爱心企业的联动，使爱心企业有一个合适的途径承担社会责任，去帮助有需要的流浪乞讨人员。

（4）社研联动。联手专家学者，撰写项目专著、论文，提炼与总结项目模式，同时出版流浪乞讨人员服务的案例集、故事集等，旨在为参与流浪乞讨人员救助服务的相关工作人员提供参考。

3. 两个中心

（1）资源中心。建立“简·爱街友关怀爱心超市”，打造物资+服务+支持的社会支持网络；与广州市慈善会、腾讯乐捐建立联合募捐平台，整合公益资源与跨界资源。目前爱心超市已募捐了超过价值10万元的物资，为有需要的流浪乞讨人员提供衣物、毛巾、洗漱套装、食品、收音机、书籍等物质的帮助，使流浪乞讨人员获得全面的关注与服务。

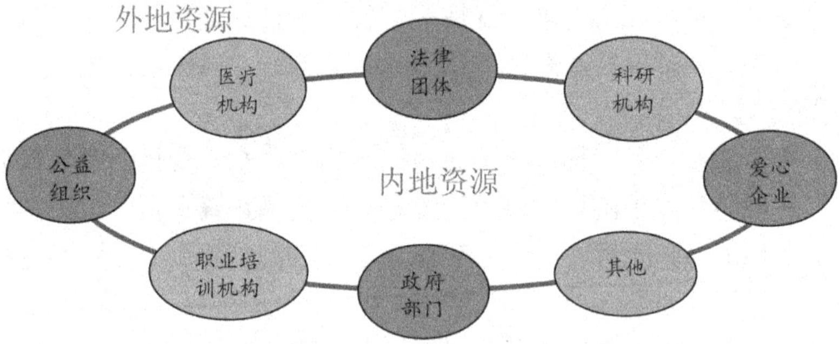

图1 流浪乞讨人员社会工作介入服务项目资源中心架构图

（2）服务中心。通过跨地域、跨行业整合服务资源，加强源头治理，与公益组织、医疗机构、法律团体、职业培训机构组建街友服务联盟。并通过规范服务指引，完善服务标准，使流浪乞讨人员在法律、医疗、职业技能、社会保障等获得服务支持，优化社会资源，从而保障其合理的权益，进一步改善其生活方面，有效缓解“复讨问题”。

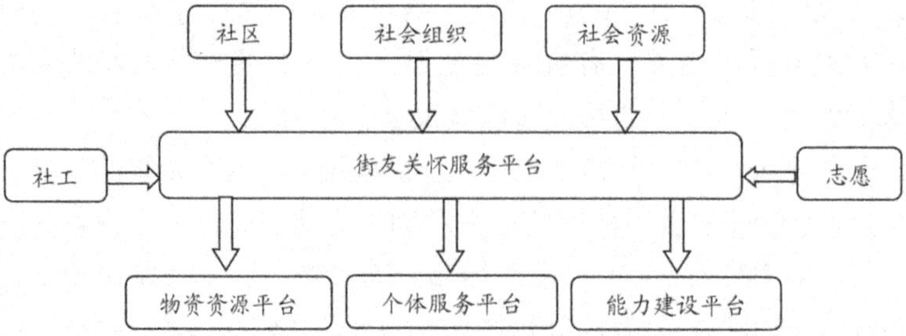

图2 流浪乞讨人员社会工作介入服务项目服务中心架构图

（二）442服务模式作为框架与实务板块相结合/对应

1. 442服务模式体现服务框架与服务内容

442服务模式更多的只是从宏观的角度去体现一个项目在服务框架和服务内容上的设置，对一个全新的项目在设计自身服务框架和服务内容时具有一定的指导意义。四大内容包括建立档案、个案帮扶、转介援助、跟踪回访，是服务的内容和基础；四大联动包括政社联动、社志联动、社企联动、社研联动，为服务的介入提供具体行动方法的思考；而两个中心包括资源中心和服务中心，为整个服务提供支援。

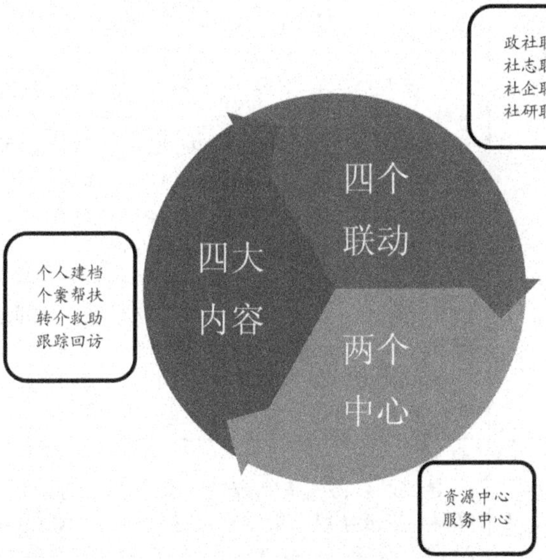

图3 流浪乞讨人员社会工作介入服务项目442服务模式架构图

2. 442服务模式需与实务板块相结合才具有可操作性

四大内容具体怎么去实现，四大联动具体怎么去执行，两个中心又如何运作，在442服务模式中并没有体现，需要与实务板块相结合才具有可操作性。例如“流浪乞讨人员社会工作介入服务项目”将实务分为“爱在街角”“寻亲返乡”“一般辅导”“服务支持”4大板块，分别关注生存保障、个案转介、返乡帮扶、咨询辅导、就业支援、志愿者服务、服务调研、爱心超市和专项基金等，从不同的角度为服务对象提供帮助并保障服务的顺利开展。

爱在街角服务板块主要提供生存保障和个案转介服务，对应了442服务模式里的建立档案、转介援助、政社联动和社志联动；寻亲返乡服务板块主要提供寻亲返乡、送站返乡、护送返乡、返乡安置服务，对应了442服务模式里的建立档案、个案帮扶、跟踪回访、政社联动、社志联动；一般辅导服务板块主要提供政策咨询、生活辅导、家庭辅导、就业帮扶、创业孵化服务，对应了442服务模式里的建立档案、个案帮扶、社企联动；服务支持板块则主要提供志愿者队伍组建、服务调研、资源链接、爱心募捐、研究学习、政策倡导等服务，对应了442服务模式的社志联动、社研联动、资源中心、服务中心。

表1 流浪乞讨人员社会工作介入服务项目服务板块分类

服务板块	个案/支持类型	具体说明
爱在街角	生存保障	1. 重点人群生存支援：给高龄、病残街友提供衣物、食物等物资支持 2. 特殊情况生存支援：在寒潮、酷暑、台风等特殊天气，或者流行性疾病暴发等特殊环境下，对街友及时支援 3. 危机介入：街友产子介入、突发意外介入、危重病介入 4. 服务热线：服务热线24小时开通
	个案转介	1. 个案转介：联动救助队或救助站等相关职能部门，根据街友的需要转介至救助站、精神病院、医院 2. 接收转介：接收救助队、街道、居委、社工站等转介至项目组的个案
寻亲返乡	返乡帮扶	1. 寻亲返乡：收集街友的家庭信息，协助智力障碍、精神障碍、未成年或高龄等街友寻找亲人以促成其返乡 2. 送站返乡：联动救助站，协助街友购票返乡 3. 护送返乡：与救助站、救助队与源头地多方联动，为乞讨家庭、高龄长者、精神病患等特殊街友提供护送返乡服务 4. 返乡安置：政社联动，为高龄长者提供返乡养老安置服务
一般辅导	咨询辅导	1. 政策咨询：提供身份证办理、户籍办理、低保五保补助、残疾补助、医疗救助、教育救助等社会保障政策及实施办法的咨询服务 2. 生活辅导：通过面谈辅导，激发街友改善生活现状的动机，推动街友规划并改善生活现状（包括广州流浪管理现状普及和劝离服务） 3. 家庭辅导：对街友及其家人进行辅导，促进家庭关系，提升家庭对街友的支持

续表

服务板块	个案/支持类型	具体说明
一般辅导	就业支援	1. 就业帮扶：提升有就业能力的街友的就业动机；为有就业意愿的街友提供招聘信息、就业岗位、就业培训等相关资源；为街友链接职业生涯规划、就业适应辅导等服务 2. 创业孵化：为有意愿创业的街友提供创业信息，链接创业技能培训、创业资金等支持
服务支持	街友关怀专项志愿服务队	1. 志愿者管理：志愿者分类分层、志愿者培训、志愿者自我管理 2. 服务建档：在驻点服务过程中，为新出现的街友建立档案 3. 参与调研：协助社工开展调研服务 4. 心灵陪伴：与社工一起陪伴街友，为街友提供心理辅导 5. 方言沟通：来自不同地区的志愿者，利用自身的方言与来自不同地区的街友沟通，打破语言的壁垒 6. 协助寻亲：利用自身资源，与社工一起为有需要的街友寻找亲人 7. 社区倡导：在服务的过程中，向街友、市民派发宣传资料，宣传当前政府救助政策、项目服务内容、如何求助等
	服务调研	1. 广州市流浪乞讨人员基本情况 2. 广州市流浪乞讨人员价值观和心理健康状况 3. 广州本地民众、媒体、管理部门、企业、高校等对流浪乞讨人员的看法 4. 流浪乞讨人员主要户籍地经济、文化状况
	街友关怀爱心超市	1. 接受物资捐赠并派发给有需要的服务对象 2. 向社会募捐资金，资助有需要的服务对象 3. 与其他资源平台合作，整合利用物资资源
	街友关怀专项基金	1. 与广州市慈善会合作，联合创立基金并接受社会捐赠 2. 专注于流浪救助社会工作服务研究与倡导 3. 个案返乡帮扶与源头地治理

（三）442服务模式具有一定的开放性

442服务模式并不是一个封闭式的模式，反而具有一定的开放性。四大内容确定了项目为流浪乞讨人员所提供的服务内容，四大联动则为政、社、志、企、研等部门和组织提供一个开放性的平台参与流浪乞讨人员的救助服务。最能体现其开放性的则是模式中的“服务中心”。通过服务中心，社会资源可以与项目组商议其参与流浪乞讨人员救助服务的内容、方式、频次等，可以进行调整，甚至设立专门的子项目。

三、鼎和社工流浪乞讨人员救助的442服务模式运行效果及启示

（一）鼎和社工流浪乞讨人员救助的442服务模式运行效果

经过长期的实践和总结，442服务模式在鼎和社工流浪乞讨人员救助服务中的运行效果明显，能够给项目提供明确的指导方向，整合项目服务、项目资源，创建平台吸引其他更多的资源参与流浪乞讨人员的救助服务。

1. 整合项目服务

流浪乞讨人员救助服务项目通过运行442服务模式，可以系统性地、具有逻辑性地梳理自身服务内容、加强与政社各方的联动并创造不同的平台吸引各方资源参与项目服务，使得项目整体具有条理性，项目整体服务可覆盖到更多的层面。442服务模式在整合了项目服务之后，也使得项目在宣传、倡导、未来规划等方面具有更大的可操作空间，针对四大内容、四大联动和两个中心可进行或整体或单独的宣传设计、政策倡导、未来规划。

2. 整合项目资源

通过政社联动、社志联动、社企联动、社研联动，项目组能够将政府资源、社区资源、志愿者资源、企业资源、高校资源等进行链接、整合；通过资源中心和服务中心，项目组能够很好地将志愿者资源（本土、户籍地）、物质资源、资金资源等进行倡导、整合。

以鼎和社工的流浪乞讨人员社会工作介入服务项目为例。广州市中心城区有众多志愿者队伍在关注流浪乞讨人员；政府背景、非政府背景，宗教背景、非宗教背景，高校背景、社会大众等。这些志愿者队伍大多为自发性形成，缺乏指引，所提供的服务也较为单一。项目组通过设置服务中心将这些志愿者资源链接起来，进行整合，形成了“广州市街友关怀服务联盟”，使得资源聚集最大化。

3. 创建平台吸引其他资源

除了现有资源，还有许多潜在资源可挖掘。例如，各企业党组织、工会、

慈善基金会、学校学生志愿者队伍、医院、律师事务所等，他们当中有许多人想参加但是尚未参加流浪乞讨人员的救助服务，需要有一个平台给予指引和提供参与。

442 服务模式中的“服务中心”给这些潜在资源创造了一个开放性的平台供其参与。潜在资源可通过与鼎和社工商谈其具体参与哪一项服务，或者是在服务中心设立专门的子项目供其参与。例如设立“街友关怀专项基金”，企业和个人都可以通过这个专项基金进行捐助，也可以参与基金的实际服务。例如设立“携子流浪返乡帮扶”子项目，潜在资源可以资助该子项目的服务对象或者是发挥自身专长，也可以为该子项目的服务对象提供咨询、生活辅导、培训、回访等服务。

4. 适宜街面流浪乞讨人员救助服务项目

流浪乞讨人员救助服务项目一般分为街面服务和站内服务两种，侧重点有所差异。442 服务模式更适用于街面服务项目，例如“广州市流浪乞讨人员社会工作介入服务项目”“海珠区流浪乞讨人员社会工作介入服务项目”；直接按照 442 服务模式设置服务内容、服务策略、执行方案等。如果要运用到站内服务项目中，需要对服务内容进行调整或者重新规划。

（二）鼎和社工流浪乞讨人员救助的 442 救助模式运行启示

鼎和社工为了保障项目能够顺利开展和保证服务质量，在运行 442 服务模式的同时，也积极调动政府资源、高校科研资源等参与服务，从更高的层面去关注服务和调整服务策略。

1. 调动政府资源积极参与

流浪乞讨人员的现状成因复杂，在广州的生存现状也各异，牵涉的面较广。若要达到个案帮扶的目标，需要调动政府资源积极参与。例如在极端天气要保障流浪乞讨人员的生存健康，项目组需要积极联动救助站、救助队、警察、城管、医院等共同上街巡查，互相转介。例如在个案帮扶中要帮助流浪乞讨人员返乡安置，项目组除了广州本土政府部门，还需积极调动户籍地政府部门资源参与接收、安置、生活保障等后续服务，保证服务对象成功摆脱困境。

2. 服务视角需更具开放性，不可只关注眼前的服务

项目服务不可仅关注于四大服务内容——建立档案、个案帮扶、转介援助、跟踪回访中，需根据流浪乞讨人员的实际需求和项目长远发展进行调整。达到个案帮扶指标量只是一个方面，关注后续服务、关注社会倡导、关注政策倡导、关注社会参与等才能使项目服务更完善和长远。主动交流学习，将新的服务补充到项目中，以一个开放性的视角吸收新的知识和设置服务，保证服务模式与时俱进并能切合实际需求。

3. 理论与实践相结合

一味投身于实务工作中只能保证眼前的服务指标，并不能保证项目的服务质量和长远发展。在运行 442 服务模式时需关注社研联动，积极与高校科研资源联动，为项目的服务提供理论支持，将理论与实践相结合。例如鼎和社工，除了与救助站共同出版案例集供社工参考之外，也与高校老师共同研究服务模式、介入手法等，并运用于实践服务当中。

4. 建立政社联动的服务指引

在运用 442 救助模式中，需坚持与救助管理站和流动救助队的恒常沟通机制，发掘更多政府资源，通过组织利益相关方的共同商讨，建立一套关于流浪乞讨人员救助服务的政社联动方案及指引，使政社联动更为规范，服务更有效率、更有成效。

5. 社工与全民志愿者的服务网络构建

“社工+全民志愿者”将是未来社会服务的发展趋势，通过将服务和宣传延伸到社区，使社区居民了解流浪乞讨人员真实的需求，从而用更正确的态度对待他们，也能更理性地去关爱他们。

增强与街道、居委会和社工站等的合作。运用社区志愿者资源，逐步开展全民志愿者的建设，通过社区志愿者在社区的影响力，使更多居民关注、理解流浪乞讨人员，并参与救助服务。通过宣讲与培训，也能让社工站社工与志愿者掌握初步甄别的方法，以及提供协助的途径，从而提升救助服务的成效。

运用“社工+全民志愿者”的网络，有利于对流浪乞讨人员进行更全面、更综合的调研，使不同的救助管理部门、社会服务机构、志愿者团队等更能精准地针对流浪乞讨人员的需求设计不同的服务内容。

6. 服务内容的扩展

在现阶段的流浪乞讨人员服务中，因受服务对象的流动性和习惯影响，目前开展的小组、活动、工作坊等均受限制，成效难以评估和持续，也让流浪乞讨人员对该服务项目的归属感难以评价。为使服务多元化，可考虑通过开设固定地点的服务中心，为流浪乞讨人员提供例如上网、看电影、手工制作、读书读报、个人卫生清洁等能吸引其需求的服务，增强他们对服务项目的归属感。同时也有利于保障社工开展服务的安全性，也容易发掘流浪乞讨人员的兴趣特长，以开展认知行为、就业辅导、行为纠正、志愿者参与等各类型的小组和工作坊，通过小组和志愿者服务，使其与社会建立联系、收获自信、实现价值，并逐步回归社会正常生活秩序。

7. 资源平台的优化

针对流浪乞讨人员服务需求的复杂性和多样性，需要建立流浪乞讨人员服务网络体系，从而完善服务链条，提升服务的有效性，并将目前的配套项目“简·爱”街友爱心超市由物资捐赠平台升级完善到资源整合平台。

组建流浪乞讨人员救助服务的宣传策划志愿者团队，运用新媒体将服务的理念和内容通过轻松有趣的方式发布及传播。加强与爱心企业的沟通，促进爱心企业的进一步参与，在物资、资金、人力、服务、医疗、养老、精神文化等方面提供资源，组建需求供应服务库，以满足流浪乞讨人员的个别化需求。另外与不同领域的社工、公益、专业机构建立合作，以保障专业服务的提供。

参考文献

［1］中华人民共和国国务院令第 381 号．城市生活无着的流浪乞讨人员救助管理办法，2013.

［2］侯民旭．社会工作介入流浪乞讨人员救助研究——以深圳市救助管理站为例［D］．武汉：中南民族大学，2014.

社会工作在促进流动人口增能的服务实践
——以广州市增城区X镇外来人员社会工作服务为例

赖绮云[①]

摘　要：在中国，流动人口是人数较多的困难群体之一。把流动人口的社会服务纳入公共政策，发展促进流动人口的社会工作，是建设“共建共治共享”社会的一个重要举措。本文以广州市增城区X镇外来务工人员社会工作服务为例，探索社会工作在介入促进流动人口在城市可持续发展的途径和方法。

关键词：社会工作　增能　流动人口

一、问题的提出

改革开放40年来，我国流动人口规模不断增加，大量人口从农村转向城市，为城市发展带来劳动力。过去10年，流动人口不断迁往城市，更多流动人口选择相对固定的务工居住地点，但其自身在城市身份归属不明确，甚至很多外来人员处于社会困难群体的行列中，在就学就医资源上有所缺乏，给城市管理和服务带来新的挑战。

在中国，流动人口普遍在流入地的政策资源的分配上处于弱势，特别是流动人口中的农民工普遍从事着社会地位较低的工作，生活所承载的压力大，生活质量相对低，他们无疑是人数较多的困难群体。因此，把流动人口的社会服务纳入公共政策，发展促进流动人口的社会工作，是建设“共建共治共享”社会的一个重要举措。本文以广州市增城区X镇外来务工人员社会工作服务为例，通过多方位帮助外来人员中的困难群体，预防和解决部分因经济困难或不良生活方式而造成的社会问题。同时开展社区服务，完善社会功能，提高社会福利水平，探索社会工作促进流动人口在城市发展的途径和方法。

---

① 赖绮云，社会工作师，广州市增城区乐众社会工作服务中心项目主任。

二、X 镇外来务工人员能力建设的实践探索

（一）以增能理论为指导构建服务框架

增能（empowerment），国内也有学者称之为“赋权”。增能取向的社会工作基本假设是，个人的无力感是由于环境的排挤和压迫，社会环境中存在的障碍使其无法发挥能力，但障碍可以改变，服务对象是有能力、有价值的，社会工作者与服务对象之间是一种合作关系。因此，我们相信流动人口作为社会中的困难群体之所以处于弱势地位，并非他们自身有缺陷，而是由于他们长期缺乏社会参与的机会；每个人都不缺少能力，个人的能力可以通过社会互动不断增加。

增能可以实践的三个层次：个人层次，个人感觉有能力去影响或解决；人际层次，个人与他人合作促成问题解决的经验；环境层次，能够改变那些不利于实现自主的制度和规则。增能取向的社会工作者的核心工作是协助服务对象认识自己并非“缺乏能力”，而是有能力的，且服务对象本身是积极解决问题的主体，他们自己是改变自己的媒介。也就是说，增能是一个能力建设的过程，而这种能力并非依赖外界而获得的，而是来源于自己本身的努力。

之所以采取增能理论指导 X 镇的外来务工人员社会服务，是因为目前 X 镇的外来务工人员约 28 万，大部分外来务工人员是来自相对贫困的农村，在家庭作坊或小工厂从事着纺织业，外部的工作环境恶劣，且普遍学历偏低，在就业竞争之中处于劣势；社会资源相对缺乏，特别是他们的下一代大部分是就读于 X 镇周边师资比较差的私立学校；主观失权感强，X 镇属于城中村，外来务工人员在文化意识形态上与当地居民有着很大差别，他们难以在较短的时间内建立人与环境的平衡，甚至会认为自己是二等公民。增能视觉下的社会工作会以个人、人际、环境三个层次构建服务框架，协助 X 镇的外来务工人员提升自己的能力，应对各种挑战，社会工作者的角色是协助者、倡导者和同行者。

（二）X 镇外来务工人员能力建设服务项目实施

X 镇是广州市增城区的工商业重镇，地处广州东向交通咽喉地带，是广佛都市圈和深莞都市圈的交集区域。随着 X 镇经济不断发展以及交通枢纽的建设，X 镇吸引了 28 万的外来务工人员前来打拼、生活。在快节奏的现代化城市生活中，外来务工人员将会承担来自经济、生活、融合等多重问题与压

力。根据X镇外来务工人员的文化偏低、以中青年居多、家庭居多的特征，2017年外来人员社会工作服务组（以下简称项目）开始在X镇以年龄段划分，从家庭与学校、企业、社区这几个维度来进行增能服务探索和实施。

1. 个人层面：以年龄阶段划分，主要为儿童、青少年、在职人士人群的个人层面的能力提升

（1）6—12岁儿童学业辅导、自信心提升以及建立同辈支持网络能力建设。

6—12岁儿童是发展个人兴趣爱好、培养良好学习习惯的重要时期。作为双职工的异地务工家庭，学业成绩首先为家长的重要关注点，社工通过整合辖区内的志愿者资源，开展学业辅导班，重点探讨学习方法的应用和提升。同时通过开展专题的自信心提升小组、社区探索活动等，让儿童对现居住地的人际关系以及社区资源有新的认识，通过整合社区一些篮球场等公共空间，为6—12岁外来工孩子提供多元智能的课外活动、寒暑假培力训练营等服务。

（2）13—18岁青少年的青春期成长和学业规划能力提升。

13—18岁青少年正处于青春期，全面认识自己所处的青春期阶段问题，并习得解决问题的方法。作为“00后”的青少年，其思想观念很开放，自我期望值较高，在X镇内成长的青少年，更期望能够留在城市发展。为了让青少年能够正确认识自我，找准方向，项目尝试与辖区内的学校开展专题服务，为青少年提供青春教育、学业生涯规划等服务，以预防他们因自动辍学而过早踏入社会等问题。

（3）在职人士的个人规划、职业技能能力建设。

X镇异地务工人员教育水平偏低，从事中等偏低的行业，更多的是在工厂打工，因此，工厂是异地务工人员会集地之一。该群体多从事流水线工作，工作性质简单，无须职业培训。异地务工人员还是期望能够从就业单位习得更多技能，在工作中实现自我，寻找就业单位的归属感。项目与企业联动，建立工友之家，给予企业职工提供个人职业规划的服务，并在社区开展“筑梦计划”，让待业人员增强其就业技能，实现再就业。

2. 人际层面：以外来务工人员的亲子教育为切入点，以家庭为单位促进家庭成员间的沟通，促进家庭邻里互助

X镇异地务工人员的学历水平相对较低，以初中、小学学历为主，在教育孩子的时候惯用传统的家庭教育模式，且不清楚孩子每个成长阶段都会面临不同的需求与困境。异地务工家庭普遍面临家庭成员多、居住空间狭小、工作繁忙等问题，在家庭关系处理上承担着更大的压力，家庭成员间缺乏沟通时间和技巧。与此同时，因为时间、文化、缺乏机会等原因，外来务工人员很少有邻里互动。项目以外来务工人员的亲子教育为切入点，聚焦家庭的亲子教育沟通，为他们提供正面管教的能力建设、举办亲子运动会、社区共融亲子游等服务，让家庭收获亲子教育的技能，同时提供人际互动的机会，促进外来务工人员家庭之间的互动互助。

3. S 社区层面：培育自互助组织，为外来务工人员参与社区建设创造平台

X 镇异地务工人员的闲暇时间互动均是以个人、朋友为主，缺少群体性娱乐互动。在参与社会活动的身份上，其更多的是观众身份。项目在社区层面，以组建自互助组织的方式对社区的公共事务进行介入，开展公共空间改造计划、志愿者义演团、社区文化导赏团等自互助组织，给他们在 X 镇内逐渐建立自己的生活圈、以城市谋生为基本方式的生活空间。除了围绕他们家庭所建立的生活圈以及谋生方式，也提供了新的平台参与和享受社区服务，从中获得文化生活及日常支持的需求，增加外来人员参与社区建设的机会。

三、总结与思考

经过 3 年的服务实践，项目在探索流动人口能力建设方面获得如下经验。

（一）梳理流动人口社会服务的分层分类，建立流动人口的能力建设的服务模型

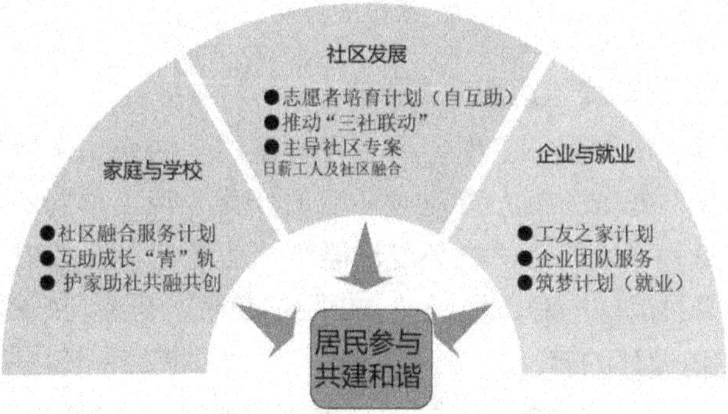

图 1　流动人口能力建设社工服务模型图

项目以人群的能力建设为核心任务，以建设“共建共治共享”的社会治理格局为终极目标，依据增能理论的三个层次，从聚焦个人的不同阶段的主要需求，在家庭与学校、社区、企业三个主要活动场域，以项目化的形式运

作，为不同年龄阶段的外来务工人员家庭和个人提供服务。以社区服务为聚焦点，以家庭、学校、企业为纽带，针对不同年龄阶段提供能力建设服务。

（二）能力建设服务实施的重点内容：挖掘流动人口个人本身的潜能，促进互动机会，提高对生活的掌控能力

增能是个人在与他人在环境的积极互动的过程中，获得更大的对生活空间的掌控能力和自信心，以促进环境资源和机会的运用，从而进一步帮助个人获得更多能力的过程。因此，项目的服务设计需要充分挖掘外来务工人员的个人潜能，培养他们的能力。例如在企业就业服务中搭建就业信息获取平台，让外来务工人员在拓宽就业信息来源之前，需要思考自己的职业规划，以获取符合自己能力的职业，同时告知其可以通过自我进修、参加培训班等方式增加自我价值，而非单纯的职业转介。同时，在过往服务之中，由于社会资源有限，尤其是教育资源，项目通过群体互助的方式让外来务工人员自我组成互助团队，社工以陪同者的角色参与协助他们集体学习积分制并交流经验。项目社工发现在每个服务之中，外来务工人员的自身能力在不断提升，他们能够通过服务平台，展现自己的潜能和提高自信心，并通过互动促进相互学习。

（三）关于流动人口社会工作服务的反思

1. 以流动人口的需求为导向

增能服务依然是围绕着流动人口在城市化的过程中产生的需求为导向，应尊重服务对象本身的意愿为基础，社会工作者应鼓励服务对象自主决定，实现平等的讨论和决定。

2. 注重“人与环境”这两个工作焦点

社会工作者在增能服务之中容易忽视环境对人的作用，项目在过往的服务之中容易发现，外来务工人员应对环境的变化表现出不同的适应能力。社会工作者应在每一项服务之中把环境因素列入考虑之中，在鼓励外来务工人员积极面对自身挑战的同时，做好社会倡导的角色，营造友好的社会氛围。

3. 尝试把问题外归因

外来务工人员的社会问题是一个社会的群体性问题，不能简单归因于个人。在个案工作之中，社工往往发现服务对象会采取“认命”或者消极态度应对问题，这就是对自身权利和能力忽视的表现，社会工作者应该帮助服务对象尝试把问题外归因，灌注希望与能力，支持服务对象自我增值，积极面对生活。

广州市社会工作专项项目评估工作报告

——基于第三方评估的实践与反思

林伟锋　甘燕娴　王　静[1]

摘　要： 随着政府购买社会工作服务的发展，第三方评估制度的兴起也随之而来。以项目化进行的政府购买社会工作服务的评估考核是否合格成为政府部门对项目拨款的重要依据，尤其是政府购买服务的成效问题得到政府部门和社会公众越来越多的关注。本研究基于笔者多年参与广州市社会工作专项项目评估的实践，以广州市社会工作专项项目评估实践为例，反思评估现状存在的问题，并提出聚焦专项需求和特色，发挥引导作用、优化专项评估活动，提升评估影响力、推动专项评估制度出台和完善的建议。

关键词： 社会工作项目　政府购买服务　评估实践

随着政府购买社会工作服务的发展，社会工作项目评估考核是否合格也成为政府部门对项目资助的重要依据。政府购买社会工作项目实行评估考核的重要性及意义不言而喻。关于社会工作服务项目的评估和研究，尤其是政府购买服务的成效问题得到政府部门和社会工作越来越多的关注。目前学者们对于政府购买社会工作服务的研究越来越多，有以项目为依托总结探索出一套模式的，有从行政管理、经济学、政治学视角去进行研究的，评估视角的研究也有一些，但是涉及专项的评估体系研究，从评估主体出发探讨评估实践与反思涉及的层面较少，大多是模式探讨、试点经验总结和点明困境之处。因此，笔者结合广州市社会工作者近年来的专项项目评估实践，研究探讨政府购买社会工作专项项目评估存在的问题，提出一些对策建议，以期提高社会工作专项项目的评估水平，进一步深化政府购买社会工作项目的规范指引、专业发展和评估平台。

---

① 林伟锋，广州市司法矫治协会秘书长，社会工作师、二级心理咨询师、二级企业人力资源管理师；甘燕娴，广州市广大社会工作服务中心评估与研究部副主任；王静，广州市团校（广州志愿者学院）志愿者工作部副部长，讲师、社会工作师。

一、广州市社会工作专项项目的发展历程

广州市社会工作兴起于20世纪90年代中期，历经10多年的快速发展，项目从试点探索到全面覆盖、机制从推进运行到规范提升，建立了项目化市场化规范化的“综合+专项”的专业服务平台，探索形成了“党委领导、政府主导、社会协同、项目运作、专业服务”的广州社工本土模式。2008年，海珠区投入200万元购买“青年地带”社会工作服务项目，荔湾区投入230万元购买8个社会工作试点项目。2009年，广州市社会工作经费被纳入公共财政预算，当年投入2344万元开展社会工作试点项目33个，涉及养老、青少年、社会救助、残障康复等领域，开启广州市项目化购买社会工作服务的序幕。随后的发展更是基本实现覆盖，每一个区有一个特色专项服务。试点至今，广州市社会工作专项项目有社工义工联动对接服务、企业社会工作服务、青少年社会工作服务（含青少年专项服务和驻校社工服务）、空巢老人介入服务、医务社会工作服务、司法社会工作服务、农村社会工作服务、精神康复及家属服务、长者综合服务、特大镇外来人员社会工作服务、新塘镇外来人员社会工作服务、社会工作督导培训、外国人社会工作服务、失独家庭社会工作服务、婚姻及家庭社会工作服务、流浪乞讨人员社会工作介入服务、志愿服务指导项目、政府资金支持社会工作人才培训项目等。在服务群体上，项目领域涉及多种特殊人群；在工作内容上，既有以直接服务为主的，也有以间接服务为主的，也有两者相结合的社工服务。

2016年11月，广州市民政局在内部手册“政府主导 社会协同 项目运作 专业服务”，社会工作本土化的“广州模式”中提出广州市社会工作专项服务项目的定义是：在家庭综合服务中心之外，以专业社工为引领，以个案服务为主要方法，提供深层次、特殊领域、具有特色的专项服务。

广州市社会工作专项项目作为广州市政府购买社会工作项目的重要组成部分，是在结合区域特色和需求下，以专项服务为平台，有别于社工站提供的以社区居民为对象的一般性、综合性的服务，是针对特定群体提供的社工深层次服务项目。因此，鉴于研究，笔者在基于自身工作情况对社会工作专项的认识上，提出一个假设性的定义：社会工作专项是通过政府购买方式，精准于某一特定群体，区分于一般性、综合性服务，开展专业、深入的社会工作服务的项目。

二、广州市社会工作专项评估体系的应用实践

广州市社会工作专项项目实行第三方评估制度，以项目化的方式进行。2014 年起由广州市广大社会工作服务中心作为评估主体承接着广州市社会工作专项服务项目的评估项目，所应用的评估体系也持续在更新。本文呈现的评估体系是由该评估主体作主导，笔者参与的 2019 年修订的版本内容。

（一）评估目的

2019—2020 年度，针对专项评估，提出了以下的评估总目标：通过制定专项监督及成效评估机制，进一步促进社会工作专项服务在制度建设、运营管理、总体服务内容、绩效产出、服务产出及成效等方面的完善；通过对服务资源的投入、配置和效益等方面的监督，规范财务管理，增强运营机构的成本效率和效益意识，加强公信力建设；通过评估访谈、问卷调查等方式，对项目进行总体评价，并提出需要改善的地方，制定并完善沟通机制；通过收集、整理、分析与反馈有关信息，帮助运营机构审视当前服务水平，实施合理决策。评估工作做到以评促建，以评促改的目的。

（二）评估原则

评估原则是在遵守相关法律法规和社会工作伦理道德的基础之上，每个评估主体都会提出评估原则供参与评估的人员知悉，甚至还需要建立评估人员的数据库并且签署保密协议。广州市社会工作专项项目的评估遵循以下 6 个原则。

客观及以证据为本的原则：评估要求项目运营方提供的项目运营状况及成效相关材料客观真实，评委要对相关资料给出客观、中肯的评价意见或结论。

项目公共属性原则：突出社会工作服务的公共性及福利性，社会工作专项承接机构的非营利性、公益性特点，遵循社会工作价值观及理念，结合目前广州市社会工作发展阶段及现行的法律法规、会计制度及管理规范，制定评估体系。

公平公正公开原则：评估项目坚持公平公正公开原则，制定回避制度及公开机制，坚持第三方的原则，确保该项目公平公正公开。评估要求评委在评估前与被评估方有单独接触、有利益关系或冲突的，均应回避；被评估方

有权监督评估团队的评估工作，并有权提出合理异议或回避要求，以免评估失去公正性和可信度。

专业规范原则：组建专业顾问委员会，按照科学的评估体系及流程，坚持社会工作的价值及理念，确保项目的专业规范运作。

以评促进原则：评估都是社会工作实务的一个重要内容，而且它能以系统、可靠的科学方式来改善服务，并提高公信力，帮助社会工作专项服务更符合要求及高效。

保密尊重原则：评估要求评委应尊重和保护其工作中所接触的涉及服务对象隐私权等所有受法律保护的事项，并依法负有保密职责；评估要求评委在评估过程中应尊重被评估方的所有原创性专业技术、方法等成果，并依法负有保密职责。

（三）评估内容

评估内容是项目评估的“血液”，关系着评估的方方面面。广州市社会工作专项项目发展至今，主要是由广州大学社会学系、广州市社会工作研究中心及广州市广大社会工作服务中心根据《广州市政府购买社会服务考核评估实施办法》《广州市社会工作服务条例》，结合社会工作评估特点及广州市社会工作实践情况，以服务协议及服务满意度为参照，定性指标与定量指标相结合，制定的项目评估指标体系。2019 年最新修改完善后，广州市社会工作专项评估内容是：在确保中、末期评估和实地走访的基础上，专项评估具体内容包括项目运营情况、项目建设情况、项目成效情况［含相关方评价（服务对象、购买方、合作方、员工等）满意度评价］、财务管理能力，相对应的（百分制）权重分别是 15%、30%、45%、20%。

整套评估体系（专业服务部分+财务管理）一级指标共 22 个，二级指标共 59 个。其中专业服务部分项目运营中一级指标有项目服务所需硬件设备、人力资源投入、一致性情况、扣分项、上次评估整改情况共 5 个，二级指标有服务环境、办公环境、服务设施、宣传服务、人员数量、人员符合性情况、团队稳定性情况、志愿者活跃情况、督导配备情况、员工专业成长、人员到岗严重不足 11 个；项目建设中一级指标有党建引领、制度保障及建设状况、服务成效呈现相关制度、项目沟通、工作流程、志愿者工作、扣分项、上次评估整改情况共 8 个，二级指标有党建引领团队建设、党建引领团队服务、人力资源制度及运营状况、工作规范制度及运营状况、全面质量管理制度及状况、服务对象权益保障制度及状况、档案制度及执行状况、意见反馈与投诉处理机制、风险管理制度及状况、重点对象全覆盖制度及实施状况、一般服务均等化制度及实施状况、个案成效制度、小组成效制度、社区工作成效制度、项目内部沟通、项目外部沟通、工作安排管理、服务流程管理、服务行政管理、志愿者制度及执行、志愿者能力建设、有效投诉共22个；项目成效中一级指标有服务需求（期望）分析及逻辑、目标及方案情况、服务指标完成情况、服务指标完成成效情况、社会影响力、项目整体目标达到及分析、扣分项、上次评估未评估时段项目成效开展情况、上次评估整改情况共9个，二级指标有服务需求（期望）分析及逻辑、需求结论能符合服务群体情况、方案及内容内在逻辑性、服务进度计划、服务策略情况、特色服务、方案内容与协议的符合性情况、社会工作价值及伦理执行情况、资源链接与整合、媒体报道、获奖情况、分析项目目标达到的分析、服务指标完成严重不足、量化情况、质量情况共15个。

项目财务管理能力中一级指标有服务承办机构各项支出在文件或协议规定的范围内、服务承办机构具备基本非营利组织财务管理的能力、项目工作人员购买社保情况共3个。二级指标有服务承办机构正确使用会计准则；服务承办机构分项目核算；服务承办机构专项经费没有用于不当用途；服务承办机构备有管理及监察财政资金使用的规定及程序；服务承办机构具备完整有效的财务管理制度；服务承办机构设有专职人员负责财务管理、财务管理规范，票据完整翔实，审批流程规范、会计档案整理符合规范，账表清晰、一致，财务周期完整；承办机构经费支出符合预算安排；项目经费整体收支平衡；项目经费溢出部分主要用于机构再发展；月平均社保购买人数；月平均到岗人数；服务承办机构具备完整有效的财务管理制度。

（四）评估对象

广州市社会工作专项服务项目。项目数量在15个左右，每年度根据实际情况会有所变动。本文所指的广州市社会工作专项服务项目是指在广州市民政局出资（全额或部分）和由广州市民政局统筹，各区相关主管部门部分出资或作为监管方报备的广州市社会工作专项服务项目，不包含各区或其他单位自行购买的社会工作专项服务项目。

（五）评估执行主体

广州市广大社会工作服务中心。

（六）评估方法

评估方法是项目评估的脉络所在。如何更好地把握评估方法，用好评估工具，是良好评估的开端。在过往的实践中，广州市社会工作专项项目评估主要运用的3种评估方法如下。

定性方法与定量方法：以服务协议及服务满意度为参照，定性指标与定量指标相结合，尽量减少主观因素干扰。

满意度调查方法：满意度调查是最经常用的评估形式之一，满意度调查有多种方法，包括满意度调查表、结构性访谈等。

综合性方法：现场考察法、资料查看法、问卷调查法、知识合成法等多种综合方法同时进行。

（七）评估流程

广州市社会工作专项评估流程经历评估对接会、分工查阅评估、评估小组碰头会和总结反馈四大环节，详情如图1所示。

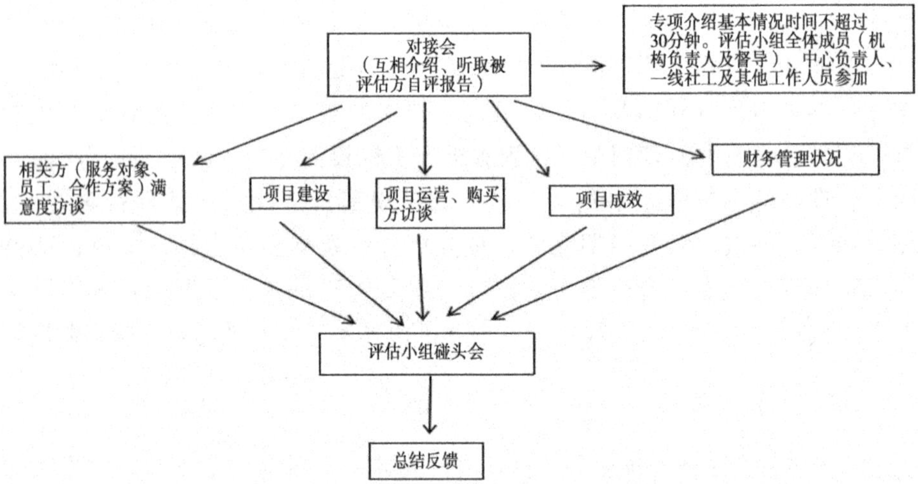

图1　广州市社会工作专项评估流程图

（八）评估组成员配置

根据专项实际情况，评估组成员人数在6人左右，其中包含社会工作评估专家3—5人，财务审计评估专家1—2人，评估干事1人。

（九）评估结果应用

评估等级参照《广州市社工服务站（家庭综合服务中心）项目评估办法》分为优秀、良好、合格、不合格4个等级。评估分值90分以上为优秀，80分以上至90分以下为良好，60分以上至80分以下为合格，60分以下为不合格（“以上”包含本数，“以下”不包含本数）。

三、关于广州市社会工作专项评估实践的反思

（一）评估回应时代需要和项目的定位问题

社会工作服务发展需要回应和顺应时代的需要，与发展相对应的，对社会工作专项的评估同样需要考虑时代需要。与此同时，每一个专项都是独立的项目，定位也因需要服务的群体的重点需求不同而不同。广州市社会工作专项中偏重于直接服务的有针对长者、青少年等常见群体，也有介入流浪乞讨人员、失独家庭、进驻工业园、医院等特定群体；在间接服务项目中有社会工作督导培训项目、社会工作人才培训项目、志愿者指导等督导培训、平台转介类的项目，其评估的本质是引导项目活动对发展方向、实施策略与时俱进、了解得更深、做得更好。对评估主体来说，社会工作的评估除了专业性、规范性之外应当具备时代性、发展性等特点。

（二）评估指标统一性与特别性的权衡问题

评估指标作为评估主体实施评估活动的重要工具，其指标的设定不仅仅要做到科学合理，考虑到被评估的对象也是有着发展需求的，可操作层面之外笔者认为还需具备弹性指标。评估指标的设置需要兼顾统一性和特别性的问题，统一性是指社会工作专项项目的本质是政府购买社会工作项目，所实施的活动也是基于社会工作伦理道德和社会工作手法来实施开展的，因此其评估是不可或缺的因素，因此，广州市社会工作专项项目的评估指标中在“服务成效”这块内容中设置了“社会工作价值及伦理执行情况”这一指标。但是针对个别非一线直接服务项目来讲，例如督导人才培训项目、农村社会工作项目，其对于个案、小组类的指标需求及考核设置需要作针对性的调整，不能一概而论地用完全一模一样的评估指标去要求。督导经常会在面对一线社工，尤其是新入职社工时提到“社会工作元素”

体现在哪里、如何权衡评估指标统一性和特别性的权衡问题，笔者认为，正如朱静君老师所讲，通过评估促进社会工作服务机构、服务品质的发展，达到以评促建的目标，还有很长的路要走①。笔者也期待，通过对广州市社会工作专项评估实践的一些反思，能够为项目的发展和促进评估活动更好地开展提供一些经验。

（三）评估结果评价和有效程度的应用问题

第三方评估结果毫无疑问在政府购买社会工作专项方面来说是重要的，因为考核不合格就意味着项目的下一笔款项拨不下来。但是在评估活动中，确实有着协议内容年年不变、购买方满意度评价过高/过低、项目承接机构跟评估主体争论不休的问题。此外，由于购买服务合同中有的提出了特别细致的要求，有的要求过于宽泛和简单，也给评估带来了一些不便。同样的指标得分，有的项目可能协议未作要求只能等同于满分或者是将最终得分按百分制折算来统计评估分数，也因此对评估主体出具的评价等级带来“信任”的危机。而在实际的政府购买项目中，第三方评估结果取得“优秀”或者说年年得“优”是否能对下一年度该项目承接方在招投标环节取得加分项或者助力争到项目呢？答案是不尽然。笔者认为，评估主体应取得自己的影响力，在政府购买公共服务和职能转移、体制改革中有一定话语权，真正发挥社会工作评估的专业作用，其所认定的评价结果能够在行业内具有“口碑”和“效力”。

四、关于完善广州市社会工作专项评估的对策建议

（一）聚焦专项需求和特色，发挥评估引导作用

专项项目在试点之初，大多数的购买需求在于打造特色品牌服务，补充社工服务站提供的综合性服务。因此评估也需要聚焦于专项需求，加大对精准化服务的引导，引导项目进行分类分层多种方式把握服务对象需求，并加强需求-内容-服务-成效的方案设计逻辑；引导项目承接方对协议目标达到情况进行自我评估和检查，包括量化指标及非量化指标；还需获得利益相关方的认可，加强对于服务效果的动态跟踪，做好购买方评价、监管方评价、服

① 朱静君．政府购买社会服务评估的思考——以广州市“家综”评估为例［J］．广州社会工作评论，2016（1）：181-182.

务对象评价及服务对象家属、服务合作伙伴等满意度反馈和评价工作，发挥第三方评估的引导作用。

“社会工作专项，究竟‘专’在哪里”？曾广源提到专项的核心是“专”，而社会工作的“专”在于精准，由于精准才能把项目运用“专”的方法，呈现“专”的效果①。笔者认为，专项因不同领域的特殊性、精准性、需求性不同，评估主体要做到从内部、外部检视项目服务产出，做到科学合理的因“专”而专，即要做到科学合理的测量服务（专业服务+财务管理）的有效性。

（二）优化专项评估工作，提升评估影响力

专项评估活动包含评估人员团队、评估指标、评估方法、评估机制等。在评估方法上做到尽可能客观、科学、合理，注重可操作性，保留弹性；在评估人员上也需要尽可能地留住和匹配熟悉的评估人员（评委专家和专职评估员）；在评估体制上建立长效稳定的评估机制；在出具评估报告和核定评估结果时要做好管理等，不断提升评估影响力，打造评估口碑。专项评估的发展也需要历经来自购买方、被评估方等的评价和考验，从内部外部不断完善自身评估体制。

（三）推动专项项目评估政策的出台和完善

广州市社会工作服务项目十几年来的发展和实践也对政府购买服务的法律法规的完善提供了参考。以近年的法律法规为例，《广州市政府购买社会服务考核评估实施办法（试行）》《关于政府购买社会工作服务的指导意见》《广州市社会工作服务指导性规范》《广州市社会工作服务条例》《广州市人民政府关于加强社会工作的意见》《广州市政府资金支持社会工作发展实施办法》等政策依据纷纷出台，对广州市政府购买社会工作项目的规范指引、专业发展和评估提供了政策依据。广州对社工服务站（家庭综合服务中心）的管理办法、评估办法已有相对规范的地方政策指引，从2003年荔湾区《街道家庭综合服务中心相关服务指标参照标准（试行）》到2010年《广州市街道社区综合服务中心相关参照标准（试行）》再到如今的《广州市社工服务站（家庭综合服务中心）管理办法》《广州市社工服务站（家庭综合服务中心）项目评估办法》，但无论是省级还是市级层面的

---

① 曾广源．社会工作专项，究竟“专”在哪里？［EB/OL］．［2020-8-24］．https：//mp.weixin.qq.com/s/b_NtJKYqsbnx7cLYWxPRVg.

关于社会工作专项项目的管理标准、评估标准等还未有具体明确的指导意见可用于参考。笔者认为，虽然广州市社会工作者专项属于社会工作服务范围，但是在专项评估制度、规范指引等方面也应出台和完善相关的政策法规或指导意见，做到有法可依。

广州市荔湾区失独家庭社会工作服务项目发展情况报告

郭　巧①

摘　要： 新跨越社工围绕“重塑”“互助”和“养老”三大方向，通过“暖心”系列服务、“多位一体”等服务策略，为失独家庭提供危机介入、情绪疏导、政策咨询、健康关爱、休闲娱乐、社会支持、老年教育、社会参与、权益保障等服务，帮助失独家庭面对并处理因丧失子女产生的失落、悲伤等情绪问题，促进失独群体的互动和互助，增强失独家庭的社会支持网络，建立失独家庭的“个人—群体—社区”三级支持网络体系，实现失独家庭的心灵重塑和解决失独家庭在疾病、养老方面的后顾之忧。

关键词： 失独家庭　社会工作服务

一、项目服务背景

“失独家庭”是指独生子女死亡，其父母不再生育、不能再生育和不愿意收养子女的家庭。我国20世纪70年代实施的计划生育独生子女政策是失独家庭形成的重要促成因素。独生子女死亡给其家庭带来了多维度的巨大冲击，失独家庭在家庭功能、人际关系、身心健康与养老保障方面存在着多重脆弱。为了纾解失独家庭的多重脆弱，荔湾区民政局在以计划生育特殊困难家庭扶助金的方式向失独家庭提供经济补偿的基础上，自2014年12月起就开始探索通过向社会工作机构购买服务的方式为失独家庭提供专业的社会工作服务。广州市新跨越社会工作综合服务中心（以下称新跨越社工）自2014年12月成为项目承接方，截至2019年12月31日已运营项目5年。考虑到失独家庭对“失独家庭”这一称谓的接受度与心理舒适度，以及希望向失独家庭更形

① 郭巧，广州市新跨越社会工作综合服务中心服务总督导，社会工作师，广州市第四届社会工作督导人才培训（研修）班毕业学员，广州市社会组织联合会专家委员会成员。

象地传递出项目“温暖人心”的服务宗旨，新跨越社工将该项目命名为“暖心行动”，将失独家庭称呼为“暖心家庭”。

二、荔湾区失独家庭基本情况

截至2019年12月31日，项目累计收集荔湾区22条街道失独家庭资料641户，共1025人，其中独居212人（含离异、丧偶），低保低收32人。年龄分布方面，有将近70%的失独群体为60岁以上长者。而失独长者中，又以61—70岁的低龄长者最多，占52%；其次为71—80岁的中龄长者，占15%；80岁以上高龄长者占2%。失独阶段方面，在已知子女离世时间的588名失独群体当中，大多数群体失独期为中后期，其中在5年以上，占87%。失独原因方面，在已了解到子女离世原因的570名失独群体中，大多数失独群体的子女是因为疾病离世的，占63%；而因为意外（包括交通意外、他杀及自杀等突发情况）去世的占37%。根据以往的服务经验，相对于子女因疾病去世的失独家庭，子女因意外去世的服务对象在接受事实方面缺乏适应过程，容易出现更多负面情绪及相关问题。

三、荔湾区失独家庭存在的突出问题

通过调研发现，失独家庭普遍存在的问题和面临的困难，荔湾区失独家庭也普遍存在，具体体现在以下几个方面。

（一）在情绪问题方面

根据项目对荔湾区失独群体的抑郁程度评测，38%的失独群体呈现轻度抑郁症状，更有13%的失独群体存在重度抑郁。有超过70%的失独家庭近半年有出现担心、不安等情绪，更有近20%的失独家庭有高频率（大部分、所有时间）的负面情绪。

（二）在身体健康方面

随着年龄的增长，失独群体的身体机能逐渐退化，荔湾区90%的失独群体患有糖尿病、高血压、心脑血管等慢性病，50%的失独群体更患有多种慢性病，而其中有22.82%的失独群体表示是因为情绪而影响身体健康。只有31.95%的失独群体表示近半年没有就医，其余，就医频率为1—3次的占

19.09%，4—6次的占18.26%，而10次以上的也有17.84%。

（三）在养老问题方面

担忧体弱无人照顾养老的人数占比达到58.51%，而表示暂无考虑养老计划的人数占比达到56.85%。

（四）在社会交往方面

失独群体存在社交退缩的状况，根据访谈显示：超过50%的失独群体提及在丧失子女后，当看到其他父母与子女亲近互动的画面时，会感到伤心难过；有48.55%的失独群体表示最近一年除了与亲戚、邻里、朋友的互动外，没有参与任何组织活动。

四、服务目标及介入方向

针对失独家庭的情绪、健康、养老和社交几个方面的突出问题，新跨越社工以社会支持网络和正向心理学为理论指导，围绕“重塑”“互助”和“养老”三大方向（见图1），通过“暖心”系列服务、“多位一体”等服务策略，为失独家庭提供危机介入、情绪疏导、政策咨询、健康关爱、休闲娱乐、社会支持、老年教育、社会参与、权益保障等服务，帮助失独家庭面对并处理因丧失子女产生的失落、悲伤等情绪问题，促进失独群体的互动和互助，增强失独家庭的社会支持网络，建立失独家庭的“个人—群体—社区”三级支持网络体系，实现失独家庭的心灵重塑和解决失独家庭在疾病、养老方面的后顾之忧。项目立足于荔湾失独家庭需求，整合社会资源，发展了暖心热线、暖心速递、暖心瑜伽、暖心舞蹈、暖心走秀队、暖心歌唱班、暖心乐园、暖心到家、暖心医疗健康服务9个特色常规服务。

（一）重塑

1. 负面情绪释放，缓解失独家庭失落、悲伤等负面情绪

失独家庭往往经历悲伤、无人倾诉等复杂的心理过程，更需要及时疏导和释放负面情绪，协助失独家庭走出悲伤，通过压力释放、情绪管理、情感支持、沟通分享等内容，缓解失独家庭失落、悲伤等负面情绪，以促进失独家庭身心状况有所改善。

2. 整合多方资源，巩固家庭关系，建设和恢复社会功能

家庭关系是影响失独家庭情绪状况的重要方面，整合多方资源，促进家

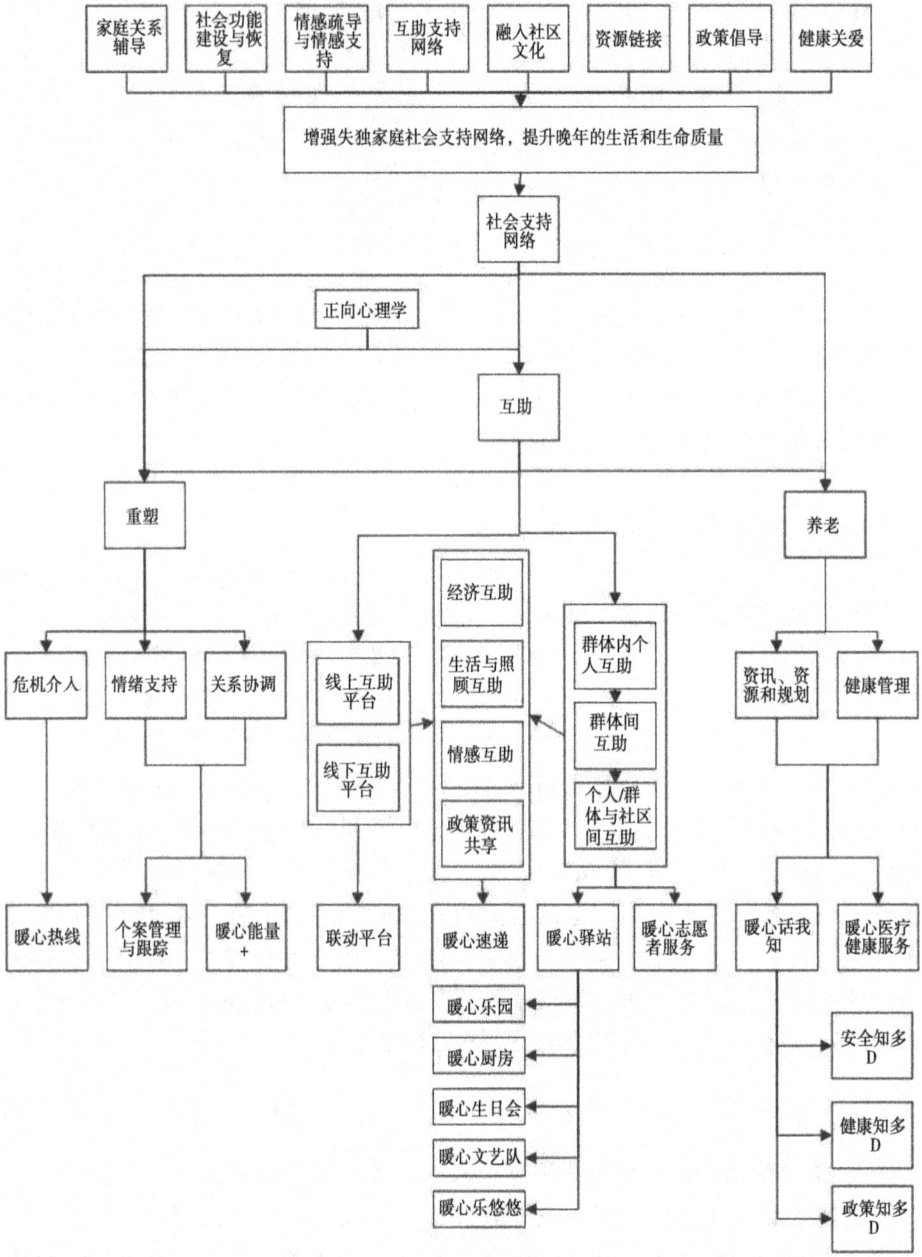

图1　失独项目"重塑、互助、养老"服务架构

庭系统内部运行顺畅，改善家庭沟通，缓解家庭照顾者压力，从而巩固家庭关系，同时通过能力提升、资源整合，扩大资源网，挖掘失独家庭自身能力

和优势，以促进失独家庭社会功能恢复和发展。

（二）互助

1. 积极推动服务对象由受助者发展为互助者

通过项目专业服务过程，社工积极改善服务对象状况，推动服务对象由受助者发展为互助者，形成失独群体互帮互助模式，通过资讯分享、资源共享、互相鼓励和支持，以促进更多服务对象参与项目服务中，让失独家庭能感受来自同类人的关爱和支持，发挥互帮互助积极作用。

黄姨，58 岁，2014 年，孩子因病去世，2019 年 4 月，丈夫又因心脏衰竭抢救无效离世，丈夫去世后，黄姨的精神状态急剧下滑，经常流泪，睡眠紊乱。项目社工在电访中了解到黄姨的情况后，定期上门家访，给予陪伴与倾听，同时邀请黄姨参加项目的暖心瑜伽、暖心厨房等恒常服务，引导黄姨在参与的过程中，放松身心，积极主动地与新的朋友沟通交流。慢慢地，黄姨的心情逐渐明朗，睡眠也有好转，表示在暖心家园身心放松了不少，与其他失独家庭在一起做事也感觉生活有意义了。于是，在 2019 年 8 月，黄姨提出加入暖心家园的志愿者队伍。成为暖心厨房的恒常志愿者后，黄姨与社工一起开展暖心厨房活动，并和队员一起将制作的美食送给其他失独家庭，在探访过程中，黄姨会和其他失独家庭分享自己的心路历程，并鼓励他们走出家门，丰富自己的生活，充实自己，在黄姨的带动下，暖心厨房由原来的 5 个恒常队员上升到了 2019 年年底的 12 个恒常队员。

2. 积极联动社区志愿者，促进失独家庭融入社区

根据失独家庭人际交往不足，社会支持网络缺乏的特点，积极联动社区志愿者，发挥社区功能，在服务对象需要时，及时获得社区志愿服务支持，让服务对象感受来自社区及社会外界的支持，同时促进失独家庭融入社区，以改善失独家庭社会交往不足，增强社会支持网络。

（三）养老

1. 建立政策共享、医疗、保险理赔定期联动模式

根据服务调研中失独家庭具有养老照顾的需求，担忧未来年老体弱时生活照顾问题，同时失独家庭对政策信息具有敏感性，计划建立政策共享，医疗、保险理赔定期联动模式，协助失独家庭了解政府相关失独家庭的政策与福利，尤其关于养老照顾、医疗保障等与失独家庭切身利益相关的政策信息，为失独家庭对相关政策的开展、实施、执行流程的认识提供明确保障，多方

协作联动，保证政策信息执行更便捷、更高效。

2. 建立失独家庭健康档案

在过往4年服务过程中，失独长者健康每况愈下，失独家庭患慢性病比例更明显增多，需关注失独家庭的健康问题。通过家访电访等服务形式，分层分类为失独家庭黄姨建立健康档案，全面掌握服务状况及变化，形成健康信息手册，分享健康养生资讯，传递健康信息，预防慢性疾病，及时关注失独长者的健康问题，提高失独长者的机体状况。

3. 建立失独家庭机构养老+居家养老+社区养老流程指引

在服务调研中显示，失独家庭关于养老照顾的需求明显，超过五成受访失独家庭担忧未来的年老体弱时养老照顾问题，对于缺少监护人和担保人，对就医、送医、老人院养老等方面均有所影响，整合养老服务资源，结合机构养老、居家养老以及社区养老服务流程和指引，建立失独家庭机构养老+居家养老+社区养老流程指引，整合各方养老政策信息，为失独家庭提供相关养老服务参考。

五、服务成效

（一）重塑——促进失独家庭心理的改善，激发失独家庭生活的信心

1. 为失独家庭搭建紧急援助系统，失独家庭能更好地应对个人突发风险

项目建立暖心热线1条，为失独家庭提供24小时紧急援助，有45个失独家庭通过暖心热线呼入，咨询居家养老、平安通、报销（慢性病门诊和保险报销）、活动咨询、养老院等。3名失独家庭得到个别辅导跟进，获得了更多应对个人突发风险的知识和信息。

2. 失独家庭的负面情绪得到舒缓

项目在2019年度完成电访7110人次、家访692户，时时关注失独群体的生活情况，并进行记录，进行分级管理，重点关注其失落封闭、抑郁等负面情绪。99%的失独群体情绪状况得到一定改善。99%的服务对象接受社工日常家访、电访提供的情感支持后，表示情绪状况改善能在4分以上（满分为5分）。通过24个个案服务，给失独群体提供情绪支持，改善失独群体焦虑或哀伤情绪状况，缓解失独家庭因失去子女造成的失落、封闭、抑郁、悲痛等负面情绪，感受社会关爱及温暖。

通过开展竖笛小组、绘画小组，在小组中帮助失独群体抒发表达情感，缓解压力，让失独群体感受来自朋辈的支持。本年度服务成效调查数据显示，失独群体在接受社工服务后，情绪状况有明显改善，觉得比以往更乐观分数 5 分以上的失独群体占 100%，情绪更放松、觉得生活更有意义分数 5 分及以上的失独群体占 98%，觉得情绪状况更放权的分数在 3 分及以上（满分为 5 分）的失独群体占 100%。

（二）养老——缓解失独家庭的养老担忧

1. 提升失独家庭对失独政策相关政策福利的认识

通过对荔湾区失独家庭全覆盖的政策宣导服务，帮助失独家庭了解政府相关的政策与福利，同时协助失独家庭获知或办理相关福利的申办手续与程序。全年帮助 15 个个案服务对象，解答失独金扶助金、养老政策、医疗救助、长者长期护理保险、慢性病门诊、社保、遗嘱公证、人寿保险报销、居家养老等相关政策的疑问及后续办理报销相关事宜。本年度显示，被访对象接受社工服务后，掌握了更多政策资讯达到 3 分及以上的占 100%，丰富了服务对象对各类政策资讯的认识。

2. 协助失独长者获取养老资讯，缓解对养老问题的担忧

开展养老面面观小组，讨论养老相关资讯，实地考察养老院，并通过开展“老有所乐·老博会体验行”活动以及以房养老政策知识讲座，协助失独长者获取养老的新资讯，缓解对养老问题的担忧，更好地开展日常生活。

3. 建立了失独家庭相关政策库

向服务对象派发并接受自编的暖心手册，包括政策资讯、福利流程等，便于服务对象了解政策。本年度服务成效调查中，服务对象通过开展的养老服务，获取了更多社会资源，通过实地考察养老院，认识养老院环境，对养老观念有所更新，缓解对养老问题的担忧，超过九成服务对象对养老服务满意度为 3 分以上，服务对象对养老服务、养老资讯分享、资源链接等内容满意度高。

4. 建立失独家庭健康档案

开展暖心医疗健康服务，为 428 名服务对象开展健康巡诊并建立健康档案，服务对象在康复治疗师的建议下，了解自身发病的因素以及合理的饮食习惯，学习了健康操。另外 396 人接受健康汤药包，健康食疗意识得到提高；152 人次接受疼痛理疗，身体疼痛得到缓解。

5. 失独家庭的自我健康管理意识和能力得到提升，身体技能得到维护和改善

85 名失独家庭掌握了一定的健康管理知识，例如认知障碍、瑜伽放松法等。6 名服务对象基本掌握了认知障碍基础知识，包括相关征兆、发病率等，掌握了一到两种预防方法，包括运动、饮食、动脑等方面。10 名服务对象学习了瑜伽练习的技巧，身体得到了放松，压力得到了舒缓。69 名服务对象通过健康讲座、问诊、理疗等方式，服务对象对自己的身体状况和春秋养生知识和技巧有所了解，另外健康意识也有所提升。项目调查显示，通过开展各类健康义诊、健康理疗、暖心瑜伽等活动，99. 2%的服务对象认为对其健康关注、身体机能维护及改善有重要帮助的在 3 分及以上（满分为 5 分）。

（三）互助提升失独家庭的同辈、社区和社会支持

1. 改善失独家庭的社交状况

通过专业服务，加强服务对象同辈、社区、社会支持网络，鼓励经验分享、互帮互助，共同面对生活中遇到的困难。通过 6 个个案服务，直接或间接改善服务对象社交状况，鼓励服务对象走出家门，在互动交往中获得支持。

2. 促进失独家庭在互动交往中获得支持

通过美食小组、风筝小组、黏土小组等丰富了服务对象业余生活，在小组过程中互动，体验制作的乐趣，在“智在指尖”手机软件学习小组中相互帮助，共同学习智能手机知识，更在小组最后一节外出游玩互动，有的服务对象从未参与项目活动，在小组中结识了新的朋友。

3. 丰富社交圈子，搭建相互认识平台

社工组织服务对象开展了华南植物园踏青活动、“芬芳五月，与花争艳”活动、“欢乐畅游，放飞心愿”活动以及暖心同乐互助庆中秋等 12 场社区活动，丰富服务对象社交，为服务对象搭建了互相认识的平台。

4. 搭建暖心沟通平台，带动封闭及不自信的失独家庭成员走出家门

共搭建了 4 个暖心微信群，暖心驿站常规服务，为失独家庭提供沟通、信息传递与发声的平台，让更多暖心服务对象参与暖心家庭中，有服务对象由过往不接受社工服务，通过微信群互动，感受到暖心家庭的温暖后，遇到困难时，主动向社工寻求帮助。

根据项目调查，通过社工为暖心家庭提供互动交流平台，促进暖心家庭与同类人之间沟通交往，暖心家庭的社会交往程度有所提升，超过 87%的服务对象认为通过互动交流，群体间互动交往有所提升，提升程度达 4 分及以

上（满分为5分），可见促进暖心家庭间互动交流对提升暖心家庭的社会交往有着重要的影响。失独家庭通过参与志愿服务，提高个人能力，文艺队伍到社区、老人院等平台上义演，展示个人才能，互帮互助及个人能力有所提升，将近88%的失独家庭认为参与志愿服务使得暖心家庭间互帮互助程度提升达4分及以上（满分为5分），而通过搭建展能平台，超过83%的失独家庭认为展现自己的能力程度达4分及以上。99%的失独家庭接受社工服务更愿意与别人分享快乐与忧伤（满分为5分，选择3分以上），更有88%的失独家庭尝试为一个或以上的服务对象提供帮助，形成互助小团体，发挥互帮互助的积极作用。

六、服务亮点

（一）帮助失独老人建立朋辈群体，推动群体内部的互助

1. “暖心之家”，传达暖心家庭的互相牵挂

项目在4年的服务过程中逐步建立起有300多人的大微信群，还有舞蹈、瑜伽等4个主题群。社工通过每天早上在群里向暖心家庭问早安的方式，引导暖心家庭互相在群里问候，不少暖心家庭现已形成了每日问候的习惯，一声简单的早安传达的是互相之间的牵挂与关怀。在每日线上互动的过程中，一些身体不适、生活中遇到困难的暖心家庭会讲出自己的困难，群友们会支招和给予鼓励。例如，梅姨看到群友发的跳舞视频，感慨想跳舞但身体不适，群里的佩姨鼓励梅姨学习一些慢舞步、保持好心情；有一次棠叔家的网络坏了，一直联系不到人来维修，珍姨给其支招解决方法。通过“暖心群”，暖心家庭互相进行政策、资讯、信息互通和心理支持。

2. “暖心”驿站，促进暖心家庭重获“新生”

暖心驿站是以项目为载体，通过“暖心厨房”“暖心学堂”“暖心氧吧”“暖心速递”“暖心乐园”的打造，参与服务达1135人次，为失独家庭营造一个放松的线下互动交流平台。在一起学习厨艺、手工制作、手机、摄影、瑜伽和喝茶看报的过程中，放松身心、交流日常，并逐步打开心扉，在失独家庭中建立了友谊，找到了伙伴，结伴同行，互相鼓励和支持。有很多失独家庭在“暖心”驿站找到了兄弟姐妹、找到共同的兴趣爱好，相约聚餐与游玩，共同分享心路历程和鼓励坚强前行，他们称“暖心驿站”为他们的“第二个家”，在这个大家庭里有幸福和温暖。

项目推动暖心舞蹈队和暖心走秀队两支文艺队伍的发展，为文艺队伍搭建参与社区、展现个人能力的重要平台。2019 年，暖心舞蹈队参与新年活动、市二宫生日舞会的义演等活动 3 次。暖心走秀队参与了“多多益”慈善活动、广州市老人院的义演、广州广播电视台“幸福晚晴”春晚等 6 次活动，在多次外出活动中获得荣誉，在第二届“和信财富杯”文艺大赛中入围百强，在金秋艺术大赛中荣获一等奖，在 G4 信服“晚晴春晚”展演中荣获优秀节目奖。这些失独家庭走出暖心家园，站在广阔的舞台，向社会展示他们的风采，他们带着伤痕勇敢前行，积极地面对人生喜悲，他们向社会展示失独家庭也可以是阳光的、乐观的，他们的转变既改变着社会对失独家庭固有的消极、悲伤等印象，同时也影响、激励着其他失独家庭敞开心扉、走出家门。

（二）发挥项目资源枢纽平台的作用，整合链接政府部门、社工机构、企业等正式及非正式资源，为失独家庭提供服务，增强其社会支持

项目与荔湾区各街道民政、卫计部门紧密沟通，每季度向各街道卫计部门汇报失独家庭服务数据和总结，及时与各街道民政、卫计部门沟通和反馈失独家庭的动态，共同解决服务对象相关政策问题。

项目链接中国人寿保险股份有限公司广州市分公司、广州市荔湾区桐乐护理站有限公司以及招商证券股份有限公司广东分公司等企业资源，关爱失独家庭，为失独家庭提供必要保障和重要支持。项目与中国人寿保险公司合作，为失独家庭提供保险报销解答疑问，协助其办理住院理赔。与中国人寿保险股份有限公司广州市分公司、广州市荔湾区桐乐医疗护理站有限公司联合开展暖心医疗健康服务，为失独家庭进行健康巡诊，建立健康档案，提供养生汤药包、保健养生理疗、疼痛康复理疗等医疗健康服务，为维护失独家庭身体机能提供重要支持。

另外接受中国人寿保险股份有限公司广州市分公司、广州市荔湾区桐乐护理站有限公司以及招商证券股份有限公司广东分公司等企业的捐赠，为项目服务提供折合价值近 10 万元的物资支持。

（三）探索“1+1+X”失独家庭养老服务模式，专项+社工站+各养老服务平台的协同服务模式

本年度与各社工站开展紧密合作，并链接各类养老服务资源，为服务对象提供重要保障，目前与 6 个社工站签订合作协议，12 个社工站达成合作意

向。项目联合社工站为特殊服务对象开展个案、小组和活动等社会工作专业服务，并链接相关资源，增强对服务对象提供重要的支持；并相互分享活动信息，促进服务对象参与活动，推动服务对象与社区其他居民的互动。与居家养老服务平台社工共同协助服务对象解决问题，链接各类居家养老服务资源、康复资源为服务对象提供必要的生活支持，让服务对象在社区中获得社工服务，享受便利和支持。

七、面临的问题和挑战

通过4年的发展，项目取得了一定的成效，但因为失独家庭这一群体的特殊性，项目在运营过程中也面临着一定的问题和挑战。

一是项目服务点设于荔湾区龙津街，需服务全荔湾失独家庭，对于距离服务点较远的东漖街、东沙街、白鹤洞街等失独家庭较难参与。

二是随着服务拓展，失独人群数量不断增加，服务量不断增加，对项目运营和管理形成了一定的挑战。

三是各区对于失独人员计划生育特别扶助资格的认定证明未统一，使得失独群体对于资格认定比较混乱。例如，荔湾区采取在计划生育服务证（下文简称计生证）后半部分内页注明符合特扶条件的方式，而越秀区对于失独人员计划生育特别扶助资格的认定，则是采取专门办理发放特别扶助证的方式进行，每年要年审。

四是失独家庭在享受居家养老、平安通、入住养老机构等方面服务时，因缺乏监护人，而存在一定的困难。

八、对策和建议

针对项目运营过程中的问题和挑战，项目积极采取策略以寻求发展，具体如下。

第一，针对荔湾区地域较广的问题，项目开展外出活动，推动距离服务点较远的荔湾区其他街道失独家庭参与，同时也与各街道社工站、居家养老服务平台开展协同服务，紧密联系，为失独家庭提供服务。

第二，针对失独群体数量的增加，项目联同各街道社工站提供服务资源枢纽，链接荔湾区各社工服务站，让失独家庭成员需要服务的时候，在社区能及时地享受到社工服务；发掘社会力量，链接社会资源，为服务项目提供更多资源；为荔湾区失独家庭服务对象建立1人1档，设立“红—黄—蓝”三级管理，针对不同等级的服务对象提供不同的服务以及跟进频率。

对于失独家庭面临的扶助认定和监护人缺乏的问题，项目有以下几点建议。

一是加强失独家庭扶助政策的顶层设计，统一认定证明、扶助标准、流程细则，细化扶助政策，明确区分失独家庭扶助政策和其他的帮扶政策，并制定具体细则和指引。

二是为失独家庭的社会保障体系提供法律支持。完善《中华人民共和国人口和计划生育法》《中华人民共和国婚姻法》中对失独家庭养老问题的法律条款以及修订细则，将失独家庭的养老问题写进法律，制定国家扶助最低标准、地方补助制度体系，细化政府部门职权，为社会救助建设基础设施和搭建义工服务平台，与政府扶持、社会救助、家庭自主养老三大基本养老模式合理结合。

区隔到融合：广州移民社会工作的探索服务报告

——广州市越秀区外国人社会工作服务专项实践

王海戈[①]

摘　要： 因应广州市城市发展的需要和现实涉外管理的困境，越秀区外国人社会工作服务专项旨在通过专业社会工作服务，提升辖内外籍群体在语言文化、社会规范以及在地法律法规等方面的适应能力，加强不同族群之间的互动交流，从而引导外籍群体有序积极参与社区建设，共建共享和谐越秀。本文主要介绍该专项服务在上一服务年度的开展情况和成效亮点，进而反思项目存在的不足与挑战，并尝试提出应对策略和发展建议。

关键词： 越秀区　外国人　移民社会工作

一、项目服务背景

在全球化进程加快发展的背景下，随着我国经济发展水平和对外开放程度的持续上升，"一带一路" 政策的发展落实，吸引了大量外籍人士来中国发展。广州作为一个在历史上有着开放传统的城市，因其周边外向型的经济和发达的传统制造业吸引了大批外籍人士在此定居。据 2019 年广州市公安局对外公布的数据显示，全市共有在住外国人约 8. 34 万人，同比上一年增加了 1. 6%[②]。广州是现阶段我国外籍群体最活跃的工作、生活区域之一，近年已逐渐成为我国直面国际移民浪潮的前沿地带，这必将给广州带来更大的挑战和机遇。

随着在穗外国人数量的增多，广州市政府涉外管理面临的压力也越来越

① 王海戈，社会工作师，广州市开心社会工作发展中心副总干事。

② 南方日报．广州在住外国人约有 8. 34 万 ［M］．http：//epaper. southcn. com/nfdaily/html/2019-07/18/content_ 7811728. htm. 2019. 07. 18.

大。全球化的发展创造了更加开放的交流环境，但将不同文化背景的族群置于相同的社会情景中，多元文化呈现的同时，各种冲突矛盾也日益凸显。移民群体面临的问题往往涉及涉外社区建设、管理和不同族群的社区融入等方面。因此，仅靠政府刚性化的管理去解决现存的问题明显是不足的，柔性化的社会工作服务的补充则有助于提高外籍群体管理服务的实效性，同时也会增进外籍群体对我国政府的信任，从而增加其主动融入的“拉力”。因此，越秀区外国人社会工作服务专项的开展在此阶段显得尤为重要。

二、项目基本概况

越秀区外国人社会工作服务专项是中共广州市越秀区委政法委员会出资100万元/年购买，由广州市开心社会工作发展中心承接。项目旨在通过为广州市越秀区合法居住的外籍群体提供专业社会工作服务，提升其在语言文化、社会规范以及在地法律法规等方面的适应能力，加强辖区内不同族群之间的互动交流，从而引导外籍群体有序积极参与社区建设，共建共享和谐越秀。

项目根据越秀区外籍群体的分布特征和前期需求调研，提供“社会性融入服务”“政策法规融入服务”“社区共融服务”“探索倡导类融入服务”四大块融入服务来回应外籍服务对象的需求。同时项目社工在服务中不断探索和总结服务经验，在政府部门和外籍群体之间搭建沟通桥梁；开展在穗外籍群体专题研究，形成有助于政府部门更好管理和服务在穗外籍群体的提案和建议；建立辖区外籍群体数据库，为全区统一高效的涉外管理工作提供数据支持，为进一步完善越秀区外国人管理服务及多元社区治理奠定良好基础。

截至2019年服务期，项目共计线下服务外籍居民7864人次，线上服务外籍居民1331人次，完成在穗外籍群体专题调研报告5份，向相关部门提交提案4份；此外，项目社工协助项目督导王亮老师出版《非洲人在广州——跨境迁移者的口述史》《大都市涉外社区治理》两本学术专著。

三、成效亮点

项目常规开展的“中文堂”特色服务在保持原有线下服务的基础上，创新引入了“互联网+”的模式。新的服务模式给外籍服务对象带来更大的便利，让其真正实现随时随地“开心学中文”的愿望，因此深受服务对象的喜爱和肯定。

项目在服务中开展的专题调研和撰写的提案得到政府相关部门的积极肯定和批示。包括中国民主同盟广州市委员会采纳了《关于中非混血儿童（中国籍）的义务教育的建议》和《关于在穗困境外国人的紧急救助的建议》中的若干建议，形成《关于进一步完善在穗外国人服务机制的建议》提案；以及广州市国规委领导批示了项目组提交的《关于探索打造广州市特色涉外社区的建议》等。

项目孵化的社区自治组织初显成效，在社会上取得了积极的反响。登峰中外青少年足球队在参加“广州市青少年业余足球联盟——2019 暑期冠军杯”中收获冠军。项目孵化的外籍义工队实现每月恒常服务，服务累计时数为 1078 小时。同时，项目组织的外籍社区融合艺术队多次受到官方邀请参与演出，包括受邀参加了由越秀区人民政府外事办公室主办的“广府庙会”演出等。新华社、《南方日报》等主流媒体均对项目孵化的社区自治组织在社区的积极互动进行了报道。

项目的运作和成效得到了包括购买方在内的多方领导的认可、肯定以及主流媒体的宣传报道。截至目前，项目已接待了 30 余次各级领导参观、调研，包括国务院副总理孙春兰，以及中央政法委、外交部、国家移民局等领导多次到项目点进行实地调研，对项目开展的服务情况，社工发挥的专业作用等表示了充分认可和肯定。专项社工还受邀参加了外交部组织的“2019 年第四届中非青年大联欢”活动。同时中央电视台、新华社等主流媒体对项目的运作和开展、社工的专业能力进行了相关的报道。

四、问题挑战

（一）服务区域广，服务推广难度大

由于项目覆盖整个越秀区，服务区域广，出现服务对象较难聚集、居住较远的外籍服务对象未能主动寻求线下服务的现象。另外，服务对象分布分散，服务对象参与统一服务的成本较高，而社工接触服务对象的难度及成本也相应提升。基于现有的人力物力配置，专项服务推广的难度较大，服务对象的线下服务参与度也因此受到一定的影响。

（二）辖内各街道外籍群体特点及需求差异较大

通过社区外展、参与式观察，以及相关定量研究和服务对象访谈，项目

发现辖内各街道的外籍群体需求及特点差异较大。其中登峰街和洪桥街的外籍群体主要以男性商人、女性家庭主妇和学龄儿童为主，对社会性融入服务需求明显；建设街、矿泉街外籍群体散居情况较为突出且流动性大，能够深层次接触的服务对象较少；华乐街外籍群体主要以欧美、日韩籍为主，有固定职业，收入较稳定；六榕街则主要以中东、印度等穆斯林群体为主，生活水平相对较高，但社区中区隔的现象比较明显；黄花岗街主要以外籍留学生群体为主，因此在正常上课时间较难接触到服务对象。由此可见，除了中文学习，各街道外籍群体的需求存在一定的差异。

（三）项目对专业社工要求较高，社工流动性高

移民社会工作对专业社工的要求较高，社工除了要掌握专业社会工作技巧，还要求社工具有一定的文化敏感度、娴熟的外语沟通能力和开放包容的跨文化交际能力等。但现有的项目资源投入与对社工的高要求并不匹配，导致项目社工困于高强度工作而难以坚持，流动性较高，不利于项目的持续性稳定发展。

（四）“正式组织”层面的社会规范性需求与外籍人士个人需求之间存在冲突

由于我国不是一个传统移民国家，没有一套成熟完善的涉外管理服务机制，容易在服务中给外籍服务对象形成一种社工与政府管理者之间的角色边界模糊不清的错觉，导致出现“正式组织”层面的社会规范性需求与外籍人士个人需求之间存在冲突，从而加剧个别外籍服务对象对社工的不信任，不利于项目的整体推进。

五、对策及建议

（一）应对策略

项目定期到不同涉外社区开展外展服务，丰富外展形式与内容，提升项目的知晓度。社工充分发挥服务对象的主观能动性，利用现有的服务去拓展服务资源。邀请项目孵化的外籍志愿者、外籍社区领袖一起参与服务，助人自助，扩大服务的覆盖面。同时，社工评估各涉外社区需求，针对各个街道外籍群体的分布特点制定街道层面的个别化社区服务策略，比如整合登峰、

建设、洪桥、矿泉等街区的非裔服务对象，进行片区服务，以满足不同街区不同族群间的需求。

此外，项目采取“平衡与沟通”策略。平衡项目各持份者的需求，是项目规划及运行中要处理的重要任务。政府、涉外社区等对项目的期待体现了“正式组织”层面对外籍服务对象的规范性需求，而外籍服务对象的参与动机，涉及的是其个人的感觉性及表达性需求。因此，项目需要不断在规范性需求与个人需求之间取得平衡点，在服务过程中与不同利益相关者保持沟通，搭建交流平台，从而满足双方的期待和需求。

（二）发展建议

1. 培育和发展涉外社区居民形成自我服务、自我管理的社区自组织队伍，这是涉外社区居民形成社区认同的内生动力

一个社区居民的组织化程度越高，社区活力就越大，社区管理的难度就越小，涉外社区也是如此。而社区居民的参与，是培育居民对社区形成认同的直接抓手，特别是涉外社区，只有最大限度地调动涉外社区居民参与社区管理工作，使其感受到他们是社区的一分子，涉外社区才有可能达到真正的融合和和谐，这也是促进社区认同生成的落脚点。因此，项目需进一步动员、培育涉外社区领袖，孵化社区自组织，让更多的中外居民一起参与社区的建设。

2. 加强社区文化建设，通过营造涉外社区独特的社区文化，来促进居民社区认同的形成

营造涉外社区的特色文化，借助涉外社区的文化资产，可以促进本土居民和外籍居民之间的文化交流和互动，促进不同类型的文化交流和借鉴，形成兼容并蓄、丰富多彩的社区文化。通过构建特色涉外社区文化，可以极大地强化涉外社区居民的参与意识，增强外籍居民对社区的认同感。

3. 重视对移民社会工作的投入

全球化的进程不可逆，随着我国对外开放水平进一步提升，未来将会有越来越多的外籍群体涌入广州，政府应该未雨绸缪，加大对移民社会工作人才的培育和储备，以及对相关购买服务的支持和投入。涉外管理和服务是相辅相成的，不是二元对立的，社会工作在洞悉族群关系，处理群际冲突，提升跨文化交际能力等方面有其灵活性和专业性，社工可以在涉外服务中分担政府的外管压力。

4. 开展移民社会工作服务实务研究

因应国家对外开放的发展战略，项目应持续开展移民社会工作服务实务研究。移民社会工作作为我国新时代社会工作发展的重要组成部分，应不断总结归纳服务经验，发挥广州优势，探索建立一套具有广州特色以及推广意义的外国人服务模式。

当今世界已经进入了“国际移民的新时代”，随着我国对外开放的不断深入，“一带一路”政策的落实，来华外国人的数量将不断增长，而涉外社区也将日趋普遍。及早探索社会工作介入涉外社区的可能性和可行性，借助“第三部门”力量了解涉外社区的生成、发展和演进的逻辑路径及结构特点，对我国有效治理好涉外社区，弥补涉外管理刚性化的不足，维护涉外社区的和谐稳定，促进族群共融，意义重大。

参考文献

[1] 梁玉成．在广州的非洲裔移民行为的因果机制——累积因果视野下的移民行为研究［J］．社会学研究，2013（1）：134-159.

[2] 王亮．大都市外国人社区社会风险预警指标体系构建研究［J］．广州大学学报（社会科学版），2019（3）：56-63.

[3] 王亮．全球化背景下外国人社区的风险及治理［J］．湖北民族学院学报（哲学社会科学版），2018（3）：121-126.

[4] 王亮．在华外国人的现状及治理——以广州市非洲裔外国人群体为例［J］．团结，2018（4）：53-56.

[5] 王亮．断裂与重构——广州市非洲裔群体社会支持网络的现状及对策［J］．学理论，2015（6）：58-61.

[6] 王亮．全球化背景下在华非洲人社区的生成及演进路径——以广州小北非洲人社区为例［J］．青海民族研究，2017（2）：1-5.

[7] 许涛．广州地区非洲人社会支持的弱化、断裂与重构［J］．南方人口，2009（4）：34-44.

[8] 周博．在华非洲人管理新模式：广州外国人管理服务工作站［J］．广西民族大学学报（哲学社会科学版），2016（4）：129-134.

[9] Sharlin, S. A. . Soviet immigrants to Israel：Users and non-users of social work services［J］. International Social Work, 1998, 41（4）：455-469.

社工义工联动对接服务项目服务报告

广州市志愿者协会

一、项目背景

广州市目前持证社工 1.8 万人，在册社区志愿者 70 万人。如何发挥社工、志愿者的各自优势，推动形成社工和志愿者协调配合、共同开展服务的格局，是志愿服务专业化规范化的发展方向。

2011 年，广州市委、市政府出台了《关于进一步发展广州志愿服务事业的意见》，建议进一步理顺志愿服务体制，规范专业社工与志愿者管理，在招募、培训、督导、信息交流、效果评估等方面逐步建立“社工引领志愿者、志愿者支持社工”的联动模式，进一步明确社工和志愿者的角色，推动“社工+志愿者”联动发展。

2012 年，在广州市民政局、广州市社会组织服务交流中心的指导下，广州市志愿者协会（原广州市义务工作者联合会）启动“社工志愿者联动对接服务项目”，7 年来坚持多措并举、创新实干，着力探索和形成“社工+志愿者”多向联动机制，构建社区志愿服务资源网络，推动社工与志愿者资源整合、发展融合、服务提升，进一步推进了广州市志愿服务事业发展提升。

二、项目基本信息

（一）项目基本情况

项目以社区为阵地，以社区需求为导向，以“社工志愿者联动”为机制，以组织社会化、服务专业化为目标，致力于发挥统筹协调和枢纽作用，通过对全市 201 个社工服务站［含 182 个镇（街）级社工站、19 个社区社工站（以下简称社工站）］提供志愿服务（团体）发展支援、志愿服务管理支援等服务，推动市、区、街社区志愿服务形成联动机制，全面支持社工站提升志愿服务管理服务水平和整合资源能力，以提升社工站志愿服务管理服务水平，推动社工站培育和发展社区志愿者及团队，广泛发动广大市民尤其是社区居民参与志愿服务，参与社区管理服务，推动志愿服务在社区的常规化、专业化和规范化发展，从而营造社会支持和参与志愿服务的良好氛围。

（二）项目服务目标

以社区为阵地，以“社工志愿者联动”为模式，探索社工志愿者联动服务机制，支持街道社工服务站提升志愿服务管理水平和整合资源能力，组织发动广大市民参与志愿服务，推动志愿服务在社区的常规化、专业化和规范化发展。

（三）服务原则与策略

1. 按照注重专业、协同发展原则，建立并推广“社工志愿者联动”服务模式

充分发挥广州市志愿者协会及社工站近年来积累的“社工志愿者联动”经验优势，总结、梳理、提炼具有本土特色的“社工志愿者联动”经验并予以传播，发挥有效的示范作用，引导、带动更多社工站等社区服务组织引入“社工志愿者联动”机制，通过建立社工志愿者的有效互动格局提升社区志愿服务管理水平和质量。

2. 按照社会运作、深化发展原则，支持和推动社区志愿服务管理规范化

充分发挥社会组织在社会服务中的作用和能力，支持社工站以社区为阵地，以社区需求为根本，以项目为依托，整合和优化社区志愿服务资源，同时通过加强志愿服务管理研究和经验推广，促使社工站完善志愿服务组织管理，提高社区志愿服务质量，更好地满足社区居民需求。

3. 按照支持联动、合作共赢原则，建设社区志愿服务组织联动机制

充分发挥广州市志愿者协会志愿者资源丰富、社会网络广泛、管理机制完善等资源优势和枢纽作用，建立市、区、街（镇）社工服务站（社区志愿服务组织）志愿者联动机制，健全合作沟通机制，整合各方优势，强化社区志愿服务协同发展的辐射作用，同时注重服务覆盖面的平衡性，共同推动社区志愿服务常态化发展。

4. 按照政策导向、推动创新原则，不断完善和探索“社工志愿者联动模式”的内容和发展

贯彻落实《志愿服务条例》的规定要求，进一步推动社区志愿服务制度化、常态化发展，提升志愿服务的整体效能；根据《广州市社工服务站（家庭综合服务中心）管理办法》，结合社工站“113X”的模式，联动社工站共同探索党员志愿服务的发展、垃圾分类工作等方面，进一步丰富“社工志愿者联动”的内容，促进社区志愿服务的多元化发展。

（四）服务模式

以社区为阵地，以社工站为依托，以专业社会工作者为引领，以“社工志愿者联动”为模式，广州市志愿者协会积极发挥统筹协调和枢纽作用，通过对社工站提供宏观、中观、微观等方面的支援，进一步研究广州市社工志愿者联动服务机制，通过研发广州公益“时间银行”平台，支持各街（镇）社工服务站提升志愿服务管理服务水平和整合资源能力，组织发动广大市民持续参与志愿服务和社区管理服务，为社区有需要的人士提供援助，推动志愿服务在社区的常态化、专业化和规范化发展（如图1所示）。

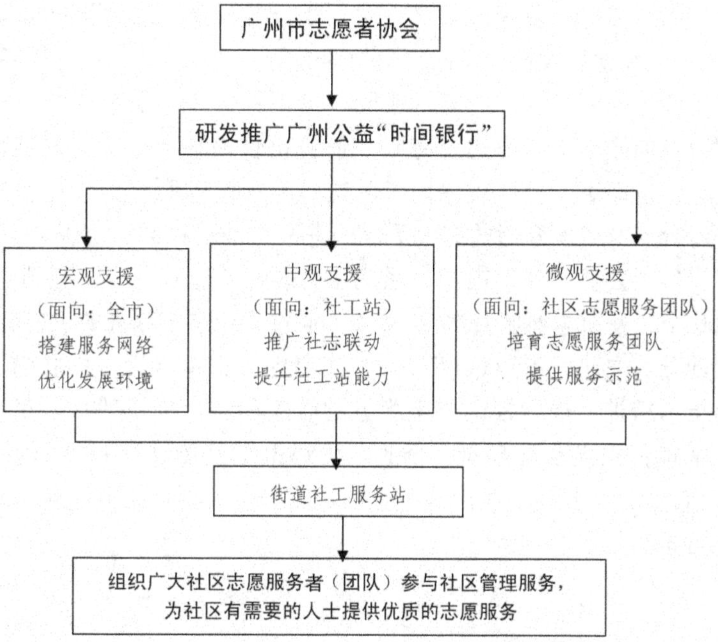

图1　社工义工联动对接服务项目服务模式

三、成效亮点

(一)着重从宏观层面进一步夯实广州社区志愿服务网络，打造社工志愿者联动对接服务的信息化平台，增强社区志愿者发展合力，倡导广州志愿者文化，营造全民参与志愿服务的良好氛围

项目通过联结多层次多领域的社会力量，营造全面参与志愿服务的良好氛围。一是注重志愿服务跨界合作，充分发挥社会各界党员志愿者的力量。项目号召近百支党员志愿服务队伍，连同社区社工站及社会服务机构共同扩大社区志愿服务网络，提供丰富多元的服务机会，鼓励党员志愿者发挥所长，积极参与社区服务。链接爱心企业等社会资源，鼓励企业志愿者发挥自身特长，参与社区志愿服务。2019 年度项目借助广州公益“时间银行”平台，联合广州市商务局、广州连锁经营协会等单位党支部开展了 60 场社区志愿服务活动，参与党员达 1506 人次，服务对象 6039 人次；培育孵化 20 支社区党员服务队伍，开展 3 期党员社区服务经验交流活动，开展党员服务团队见面会及交流会 3 场，参与人员超过 200 人次；联合各社区开展党员社区服务大行动；开展 59 场次党员大行动，调动参与的党员达 869 人次，服务对象 3405 人次。二是搭建志愿服务智能化管理平台，维系社区志愿服务联盟。如在广州公益时间银行的推动下，搭建志愿服务信息化管理平台，实现志愿服务信息的互联共享，进而维系社区志愿服务联盟，为社区志愿服务管理者提供信息交流、经验分享、资源互通的有效平台，进一步推动社区志愿服务合力发展。截至目前，广州公益“时间银行”系统注册志愿者超 10 万人，注册志愿服务团队超 700 个，发布志愿服务 7700 多项，通过平台参与服务的志愿者近 10 万人次，累计参与志愿服务近 60 万小时。三是深入贯彻习近平总书记关于志愿服务重要指示精神，倡导社区志愿服务的政策趋势、价值理念。深化新时代志愿服务精神，积极动员政府、企业等优势渠道宣传“广州志愿者”文化，打造“青苗计划”、长者心声热线、金秋送暖等七大项目服务品牌，号召全社会支持参与志愿服务。

（二）注重从中观层面打造社工志愿者联动支持和研究开发平台，集成社区志愿服务管理经验，提升全市社工站志愿服务管理能力，增强发展后劲

本项目发挥广州市志愿协会的经验和资源优势，为社工站提供多方面的支援服务，在社区层面推广社工志愿者联动机制，促使社区志愿服务蓬勃发展。一是参与《广州市志愿服务条例》调研及修订工作，通过政策研究和解读，推动社区志愿服务制度化、规范化、专业化发展。二是通过开展志愿者转介、志愿服务培训、资源链接等，完成志愿服务转介 85 次，转介志愿者 1486 人次；志愿服务培训 103 场，培训志愿者及志愿服务管理者 5658 人次；链接资源 26 次，整合资源价值 140 多万元。形成了具有特色的社工志愿者联动支援机制，并将“社工志愿者联动”渗透于与社区志愿服务网络成员具体的合作过程中，进一步实践了社工志愿者联动机制。三是重视经验分享，项目社工通过开展志愿服务团队交流活动、“青苗计划”志愿服务项目总结会，组织志愿服务交流活动 22 次，联动志愿服务管理者、团队骨干，集成社区志愿服务管理经验，破解社区志愿服务团队培育困惑，并与社工同人共享经验成果，提升全市社工站志愿服务管理能力。四是以发动主题活动为社工志愿者联动的突破口，开展“爱党爱国爱家”社区志愿服务大行动、“学雷锋”社区志愿服务大行动、垃圾分类社区志愿服务大行动等主题活动，累计开展志愿服务活动 2200 次，参与志愿者达 23000 人次。推行社工志愿者联动模式，以社工为引领、组织志愿者参与服务，调动社会资源志愿行动，引发全城效应，夯实了社区志愿服务网络，进一步激发了志愿者参与社区服务的热情。

（三）注重从微观层面强化社区志愿服务组织培育，完善社工志愿者联动机制，打造服务创新示范平台

通过项目资助、资源链接、导师转介、志愿者基地共建、志愿者队伍资源共享等形式，与各区、各社会组织、各社工站建立了良好的合作关系，形成社区志愿者发展合力。同时，项目开展“青苗计划”社区志愿服务项目培育计划，以“资金支持+专业支持”两大助推器帮助 46 个志愿服务团队成长，提升队伍综合能力，打造志愿服务品牌；开展“党员领航计划”，与 20 支党员志愿服务团队建立培育发展关系，构建全市党员志愿服务平台，动员、凝聚全市党员志愿者和服务团队，引领社工站及各级志愿服务组织开展志愿服务团队培育工作，促使志愿服务团队规范化、标准化发展，带动社工站通过

团队培育打造了社区志愿服务品牌，打造广州公益时间银行智能化管理平台，推动了社区志愿服务的常态化发展。

四、项目问题挑战及应对策略

（一）项目问题挑战

一是项目实施过程中，社工服务站的对接人员不断变更，对本社区志愿服务发展情况不了解，使得项目服务沟通及服务连贯性上存在一定困难。二是不同的承接机构或人员更替对社区志愿服务发展方面的意识及需求不同，影响了项目服务的深度推行及延展，需要根据不同的社工站情况及时调整合作方式。

（二）应对措施

1. 针对社工站沟通主体变化的问题

一是通过广州公益时间银行管理平台及时更新社工站信息，对服务对象进行定期跟踪，与服务对象重建合作关系，加强对服务对象的需求调查与分析。二是通过社工站走访，完善服务信息收集与反馈机制，实地了解服务需求的实现程度及有效性，进而有针对性地开展相关服务。三是定期与服务对象回顾过往合作成效，避免因社工站承接主体及沟通主体变化而对项目计划延续性的影响。

2. 针对社工站志愿服务发展意识不同的问题

一是通过主动与社工站建立合作关系、开展项目合作等，逐步渗透注重志愿服务发展的理念，重点通过培训推广与支持，帮助社工站提升志愿服务管理水平；通过挖掘和培育更多志愿者，深化转介服务，帮助社工站寻找更多合适的志愿者资源，也为志愿者提供更丰富的服务机会。二是加强宣传与倡导，通过宣传报道、经验文章分享、培训、交流等形式，提升社工站对志愿服务发展的认识。三是通过整合政府、各区民政部门、志愿者协会、社工协会等资源，加强与社工站的项目合作，提升社工站对志愿者发展的重视程度，并进一步理顺社区志愿者发展框架与网络。

（三）未来的发展建议

1. 通过政策倡导进一步推动社会服务机构及社工站发展志愿服务

党的十九大以来，志愿服务越来越受到社会各界的关注和肯定，政府相继出台多项有利于志愿服务发展的政策法规，如中共中央办公厅制定出台了国家层面的《关于支持和发展志愿服务组织的意见》、全国人大通过的《中华人民共和国慈善法》、国务院发布的《志愿服务条例》、广州市积分入户政策及来穗务工人员申请承租市本级公共租赁住房分配政策等，对志愿服务的发展带来新的启发，也为项目的推行带来新机遇。未来，一方面需要向广大社工站及社会组织，牵头推广国家及地区的法律、政策和法规，加强社工站对政策法规的认知和了解，提升发展社区义务工作的重视程度及力度。另一方面，积极学习各省份志愿服务发展的先进地区经验，开阔宏观视野，开阔服务眼界，提升志愿服务组织服务管理能力、服务设计能力和服务创新能力等，推动服务理念的创新，提升专业化服务水平，激发服务对象持续带动志愿者及志愿者团体参与社会服务的动力。

2. 通过组织网络搭建，促成多方合作互动，实现慈善、社工与志愿服务的推进、交流与合作

结合目前广州市慈善公益与志愿服务发展状况，推动项目与各方的跨界合作与支援。项目将以社会服务机构为依托、以社区社工站为载体、以社区志愿者为支持，持续搭建政府、企业、志愿者及志愿者组织、社工站和社会组织等多方参与的平台，构建社工志愿者持续运行的联动网络，积极探索服务对象与其他志愿服务团体、志愿服务组织之间互动协调机制，推动社会各类资源整合与流动，实现社区、社会组织、社工、志愿者深度融合，为居民提供专业化、全方位、多元化服务，共同参与社会共治与创新，争取在志愿服务中发挥更大作用。

3. 通过加大对志愿服务不成熟的地区、乡村地区的支持力度，促使全市各区志愿服务发展进一步平衡

全市志愿服务资源仍集中在经济结构稳定、公益服务氛围浓厚的城区，而从化、增城、南沙的公益服务氛围仍需培育，包括乡村的志愿服务发展相对滞后。项目依据受援区域的实际需求，拓宽资源发掘与共享渠道，引入缺乏的资源，协助社工站培养一批服务专业、甘于奉献的志愿服务团队，为社工站充实志愿服务力量。倡导其利用自身的地域优势，特别是乡村的志愿服务发展，需进一步创新服务思维，适度借鉴成熟地区的服务模式与经验。同时，协助社工站提炼总结服务特色，积极搭建其与高校、社会力量、专业机构建立关系。在恒常项目运作过程中，不断关注地区不平衡性，加大人力、物力资源的投入力度，在资源分配中做适度倾斜。在项目合作、志愿服务交流、志愿服务培训、慈善资源共享、志愿服务宣传等方面，主动寻求与该地区政府组织与非营利组织的合作，克服地域界限，以点带面，努力争取各地区的均衡发展，加大力度推动乡村志愿者力量，助力乡村振兴与发展。

4. 通过提炼和输出项目经验，更深层次地推广社工志愿者联动机制

把近年来开展的“社义联动”成熟的行动计划、特色服务引入社工站，使其形成可以展示的服务亮点，支持社工站打造一批具有示范意义的社区志愿服务品牌。发挥本项目资源优势，集结社会服务机构志愿服务管理与发展经验，通过志愿服务团队交流互访、工作坊、培训、督导等方式，推广有效管理志愿者的系统和方法，协助社工站孵化培育一批具有一定服务能力的特色志愿服务团队，凸显“社工志愿者”联动机制的重要性，提升社区建设的服务水平。

5. 发挥项目的平台作用，配合党委政府统筹安排，联动社会资源，做好重大社会事件的应对和相关工作

一是要围绕党委政府要求和服务对象期盼，发挥项目平台的资源和专业优势，引导社区志愿者积极参与开展心理疏导、情绪支持、保障支持等相关服务。二是加强相关信息报告、应急处置、安全防护、人员激励等工作，为社区志愿服务组织、志愿服务队伍开展相关志愿服务提供具体的流程指引和安全保障。三是利用合作的媒体平台深入报道社区志愿服务力量参与相关工作的好经验好做法，激发和传播社会正能量。

广州市越秀区长者综合服务中心项目报告

林群娣[①]

摘　要：越秀长者综合服务中心是为老服务的一项创新服务工程，旨在为区内长者提供一站式和综合性的养老服务平台，发挥统筹、转介、服务、培训和示范五大功能。同时，借助大湾区养老服务发展平台，借鉴中国香港社会工作专业服务手法和社会服务优质管理模式，探索穗港社区养老服务模式发展，使中心服务更具创意、专业和切合所需。

关键词：创新　一站式　综合性　大湾区

一、项目背景

据广州市老龄委、民政局、统计局联合印发的《2018 年广州老龄事业发展报告和老年人口数据手册》，越秀区是广州市老龄人口最多的城区，60 周岁及以上户籍老年人为 29.93 万人，老龄化率达 24.5%，越秀区已进入中度老龄化。

越秀区委、区政府高度重视安老服务面临的新形势，期望依托越秀长者综合服务中心，全力打造越秀区社区养老综合服务平台，采用专业的社会工作服务方法，在提供直接服务的同时，示范优质的运营管理和服务模式，统筹和链接区内为老服务资源，发展“全覆盖、多方位、立体化”综合居家养老服务体系，从而进一步促进越秀区居家养老服务工作的专业性、社会化及智慧化发展，使更多的长者享受便捷周到的一站式社区养老服务。

广州市民政局、越秀区民政局通过政府购买项目形式，委托广州恩善社会服务中心运营越秀长者综合服务中心，中心运用综合服务模式，通过跨专业合作，采取多元手法，根据服务对象的基本特征及需求，开展各项以人为本的服务，同时继续深化长者认知障碍服务。

---

① 林群娣，广州市越秀长者综合服务中心主任，社会工作师。

中心运营至今，充分发挥社会服务资源联动的效能，现已成为品牌项目，具备可持续的项目操作模式，受到服务对象、合作方、购买方及社会大众的认可。同时，中心积极参与调研及政策倡导工作，为推动社区居家养老服务发展而尽一份力。

二、项目概况

项目基于“以人为本”理念和社会资本理论，发挥统筹、转介、培训、服务与示范等功能，构建康龄、活龄、乐龄的社区，制定了以下介入策略。

协助越秀区民政局，以越秀长综作为服务平台核心，通过链接、统筹、转介不同的养老服务资源，逐步建立及优化医、养、护等居家养老模式，推动区域性长者服务合作项目协同运行，进一步完善社区层面的居家养老服务体系，强化社区照顾功能，构建居家养老服务型社区。

建立社工、护士、治疗师、护工的跨专业团队，开展社区医养结合服务，为长者提供身体、心理、社交、生活照顾等方面的社区照顾服务，提升长者的居家养老生活质量，减轻家属的照顾压力。

推动社区伙伴联盟，联动各界倡导公众敬老爱老意识，让社区人士了解长者的特征及照护特点，建立互助互惠的社区支援网络，打造邻里互助、尊重接纳的社区氛围，促进社区共融。

建立项目品牌形象，培养专业为老服务人才，探索粤港合作模式，总结提炼本土化社会创新服务经验，进一步发挥品牌效应，促进越秀区乃至大湾区养老服务发展。

三、服务内容及成效

中心通过多元化的服务内容，满足长者不同的养老需求，得到了服务对象的赞赏及认可，平均每年服务逾5万人次。

（一）党建引领服务，丰富了服务资源，提升了服务素质

1. 以党建引领为方向，设计总体服务，发挥党员先锋模范带头作用

以党建引领为方向，规划中心整体服务。首先，中心按党组织要求做好党建工作，完善党组织的管理制度。其次，利用中心宣传平台，做好党建引领服务宣传，并通过职工会议等集体活动，向同工传递党建引领的思想，学

习党建引领知识。最后，中心加强与不同党组织的共建，开展了共建活动。

2. 通过党支部共建，整合及链接社会资源，丰富中心服务内容

通过党支部共建活动，利用党支部丰富的资源，关顾有需要的社区长者及家庭，特别是孤寡、高龄长者等，增强社区资源网络建立，感受党的关怀。

（二）发挥统筹功能，建立和整合了资源网络，与各为老服务单位建立了良好的合作关系

1. 组织区域性服务项目

中心通过统筹及带领区内街道社工站、居家养老服务平台，联合开展区域性长者服务项目，如社区巡回讲座、街展活动等。

2. 组织为老服务咨询会

为进一步在社区内推广养老服务资讯，让社区长者有机会与养老服务单位面对面沟通，了解养老政策。中心链接律师、专业护理人员、政府人员等，为长者开展养老服务主题培训讲座及现场答疑。

3. 组织联席会议

为加强区内为老服务单位的沟通与合作，发挥好桥梁作用，中心定期开展越秀区为老服务单位联席会议。通过与区内各社工站、居家养老服务平台开展联席会议，商讨合作事宜及推动为老服务发展方向，共同促进服务的转介和资源共享。

（三）以优质的服务模式、环境设置，为社会服务发展发挥了示范性的作用

1. 开展参观接待和交流工作

中心通过接待各方团体，开展实地参观、经验分享、主题培训等活动，在理念构思、功能规划、装修设计、服务提供、管理模式和营运方法等方面对各地的居家养老服务发展给予一定的启示和参考。

2. 提供安全援助服务，提升长者生活及活动的安全性

中心设有社区长者家居模拟间，室内布置及设施安排充分配合长者身体逐渐衰弱而产生的各种生活需要。中心通过居家养老服务人员培训、为老服务人员参访等，宣传长者居家安全设施与相关适老化用品的使用和选购知识。

(四)提供“以人为本”的多元服务,受到长者及护老者的一致好评

1. 提供多元化的社区健康及上门照顾服务

根据服务需求,基于“个别关怀,全面照顾”的服务理念,在长者生活照料、助餐配餐、日间托管、康复护理服务方面,全力打造以人为本的社区照顾模式,提供个性化、一站式的社区照顾服务。

(1)日间托管服务。中心日托长者平均年龄超过86岁,且超八成的长者患有认知障碍症及慢性疾病,健康照顾是长者最关注的需求之一。因此,中心以预防保健及饮食营养为重点,开展健康评估、健康小组,以及提供膳食服务等,使长者获得全面的健康照顾服务,2019年度累计提供日托服务1242人次。

(2)助餐配餐。中心申领了食品经营许可证,针对不同日托长者的身体状况,在营养师的指导下制定菜谱及个性化配餐,包括碎餐、糖尿餐、痛风餐等特殊饮食,并由持证的专业厨师提供营养健康的膳食服务。

(3)康复训练。中心与广州市老人院居家养老服务项目团队合作,为社区长者提供康复训练服务,主要提供肢体训练、认知训练等,康复治疗师为长者提供个性化的康复训练,协助他们使用康复器材,观察长者的身体、训练状况,及时给予协助、指导和鼓励,并为每位日托长者建立个人照顾计划,定期重检康复训练成效及康复方案。

(4)健康管理。中心与广州市老人院合作,升级打造健康评估室,提供专业化、社区化的长者健康评估及康复护理服务,包括测量体温、血压、体重等,并为每位长者建立健康档案,提供个性化服务。

(5)个性化生活照料。通过跨专业合作模式,关注长者的身、心、社、灵全面发展,中心与广州市老人院合作,利用其医疗专业团队优势,为长者提供上门生活照料服务,主要针对高龄独居、孤寡、残疾、长期慢性疾病的长者提供上门服务。

(6)提供主题性社区健康服务。

①恩善康健社区计划——社区健康讲座。中心以预防保健为重点,与医疗机构加强合作,开展健康宣教、保健知识讲座,以及社区义诊服务等,使长者获得专业、可靠且便捷的健康咨询服务,并学习健康知识,提升自身健康管理的能力。2019年度,共开展了12场健康讲座,两场社区义诊服务,受惠长者超350人次。

② 恩善康健社区计划——康复护理服务。中心倡导“驰向健康老龄化”的理念，设置康复护理服务，护士及治疗师结合长者需要，提供健康咨询、康复指引，经过评估后，针对长者的身体机能提供适宜的器材锻炼和康复训练指导。

2. 关注长者心理及社交发展需要，促进了长者能力发展

（1）文化娱乐。中心以培养长者的不同兴趣，发掘长者的潜能，培育志愿者服务，撬动社区资源，打造长者展能及社群网络平台为重点。

①打造了长者的学习、康乐及社交平台，充实晚年的生活，收获学习和交流的乐趣。为长者提供不同内容的兴趣班组活动和工作坊，例如粤曲、手机、古诗、英文等，丰富长者日常生活，满足长者的兴趣爱好，践行老有所学、老有所为的服务宗旨。此外，中心为长者提供了社交和交流平台，开展了多元的康乐社区活动，为长者搭建沟通交流平台，增加彼此之间的交流。2019—2020 年度，开展 385 次兴趣班组及工作坊，服务 4564 人次。

②打造长者展能和服务社区的平台，提升生命的价值。中心相信提供长者发挥潜能的平台，鼓励长者的参与，就能够让他们展现生命的价值，体现生命的意义。中心通过利用活动平台及社区资源平台，为长者提供展能平台，提高长者的价值感。

③推广健康生活模式，撬动社区资源，形成社区合力，营造社区共融的良好氛围。中心通过“健步同行——健康生活模式推广计划”活动，在全区范围内联合了辖区内 18 个街道居家养老服务中心和社工站共同开展。活动每年都会大约链接 10 家企事业单位支持和资助，募集赞助资金超过 6.5 万元，参与人数逾 500 人。在一系列的推广活动中，不仅对长者推行了健康理念，还联动了政府部门、企事业单位、各街道的社工站和居养中心等。

④以党员志愿者为骨干，培育长者志愿者，挖掘团队志愿者参与服务和实践，扩大服务内容和范围。中心志愿者参与学堂教学、中心值日、电访、探访、义剪、活动协助等服务。尤其是党员志愿者，在志愿者队伍里起到了先锋模范的作用。在疫情期间，中心党员志愿者主动参与社区的值班、站岗、巡逻、捐款、上门探访送防疫物资等服务，充分体现了危难时刻党员的责任感。中心在册义工名单中长者义工有 180 人，2019—2020 年度开展服务逾 900 次，时数累计 4118.5 小时。

（2）开展了精神慰藉服务，关注长者心理及情绪健康发展。

①对越秀区的居养资助长者开展定期电话问候、探访、安全巡视服务等，与长者建立日常的友好关系。对有需要的长者上门进行关怀探访，了解长者

的居家状况，并链接社会资源，如广州市志愿者协会、李锦记公司、越秀区党校等的爱心物资捐赠，由社工和志愿者组成探访队上门对长者进行探访。尤其是越秀区的居家养老资助对象，达到了全覆盖及建档跟进。

②利用专业小组的理念及方法，为长者开展心理及情绪专业小组。小组活动包括健脑训练、生命回顾、防骗知识、社交小组、居家防疫小组等，每一小组活动不少于 6 次，每年不少于 80 节，使长者能在持续性的小组活动中，通过团体动力与互相支持，获得自我改变的力量。

③开展个案辅导工作，加强个别支援。中心通过服务接触、由其他服务机构转介等方式，开发长者服务个案，采取个案管理模式，建立个案转介制度，评估长者的需求，为其制订个性化的服务计划，包括提供情绪疏导、康复及社会支援等服务，使长者更好地适应晚年生活。

（五）发挥培训的功能，开展专业为老服务人员的培训课程，提升了不同群体认识和了解长者照顾的常识和技巧

中心通过与区民政局沟通，以及到区内 18 条街的居家养老服务平台走访，了解在居家养老服务方面的培训期望和需求，制定了面向区内居家养老服务人员、社工站的社工为主体的长者服务主体培训。培训内容涵盖了康复护理、医疗、文化娱乐、精神慰藉、临终关怀、生活照料、项目管理等不同方面。同时，中心也关注学校专业人才的培育。为广州大学、中国青年政治学院、中国社会科学院大学、华中科技大学等单位提供实习基地，以及定期提供不同的实习训练，为社会服务人才的教育实践贡献一份力量。

（六）促进适应越秀区情况的转介机制发展

1. 长者一线通服务

中心与越秀星光平安宝、区福利科、区老龄办、区法律援助处、卫生局、区残联、街道社工站等单位保持良好的沟通与合作，亦与区退管办、社区饭堂、部分养老院等建立联系，加强资源链接的功能。中心通过“长者一线通”热线，为社区内的长者提供电话慰问、日常咨询援助和资源转介服务。还定期通过每月活动通讯刊物、壁板报及与区内居家养老服务平台、社工站合作，宣传最新的养老服务政策和服务，让长者及时了解最新的养老信息。

2. 全区个案转介机制

中心与各为老服务单位保持良好的合作关系，建立适应越秀区情况的多机构合作模式和转介机制，制订完整的长者个案转介工具，并定期与越秀区

各养老服务单位开展沟通会，并建立了 QQ 及微信群，及时沟通服务转介及合作情况，以改变目前长者服务资源分散、配置不合理、转介不畅的现状。2019 年度中心开展转介服务 134 人次。

（七）打造特色服务项目，满足特殊长者的需求

1.【圆满人生】——长者生命教育社区支援推广计划

项目针对越秀区 60 岁及以上的长者开展生死教育服务，特别是关注高龄长者（80 岁及以上）群体，通过个人、家庭、社区三个层面制定服务策略，通过生死教育主题讲座、社区宣传活动、小组活动、个案跟进等形式，让长者与家属在参与服务的过程中，正面看待“死亡”，并通过链接与整合社会资源，丰富服务内容，让长者更全面地认识“生死”的意义，从容面对“生死”，活在当下。

项目对象包括长者及其家属、为老服务人员等。服务内容包括人生回顾、园艺小组、长者遗嘱订立咨询会、生命教育之旅、服务经验成果分享等。参加者由最初参与积极性不高，到后期积极投入，越来越多的长者通过讲座、小组等活动提供的平台，解禁“死亡”的话题，开始谈及和涉足“身后事”“宁养服务”等内容，与过往的“避而不谈”“恐惧”形成鲜明对比。部分长者表示通过参与服务，认识到“死亡”是生命历程中的一个阶段，而通过对自己人生故事的回顾和生命历程的整合，看到自己的能力和价值，感恩生命；也有长者表示现阶段最重要的就是开心健康，安排好自己的晚年生活，过好当下，才能有“圆满人生”。项目每年惠及的服务对象超过 3000 人次。

2.【脑友同行】——认知障碍症社区支援计划

中心目前探索了 10 年的认知障碍症服务，以社区照顾为方向，通过链接医院资源，探索“社区+医院”的合作机制，为辖区内患有轻度认知障碍及早期认知障碍的长者及家属提供服务，以期望延缓长者的认知衰退，减轻家庭及社区的照顾压力，推动社会对认知障碍症的接纳。项目每年惠及服务对象逾 3000 人次。

（1）【爱·及时】。中心利用线上线下的服务模式，通过社区活动、公众号、月讯资料等方式，向社区大众推广认知障碍症的社区教育，以达到向社区人士普及认知障碍知识，关注大脑健康问题。此外，中心积极鼓励长者参与早期认知筛查服务，提高长者及早筛查、及早介入的意识；同时也通过调动和整合社区资源，与广州市脑科医院记忆门诊部合作，搭建服务的转介机制，为有需要的长者开通绿色的服务通道，利用医院自身的专业性，为长者

提供咨询、检查、治疗等后续的支援性服务，使有需要的长者及其家属可以获得专业的支持服务。

（2）【爱·健脑】与【爱·生活】。中心服务通过融入运动、音乐、艺术、园艺、生活、感官、环境等不同元素，为轻度认知障碍长者及早期认知障碍症的长者提供大脑认知能力训练平台；同时也尝试在传统的认知训练上寻求新的突破，利用线上服务的优势，让长者在家也能参与认知训练，活动分别通过平板科技和线上直播的形式，为有需要的长者开展“智·脑友”游戏认知训练营及“脑力1分钟”大脑训练线上训练频道，服务超过300人次参与。其中“智·脑友”训练营活动中，有超过八成的长者在参与持续性训练后，在认知、情绪等测试中方面有不同程度的改善，非药物的介入训练效果显著，与医院的药物治疗形成互补，共同协作长者应对认知衰退。

（3）【爱·同行】。中心一直关注患者家属及社区在认知领域的需要，积极为他们提供多方面的服务支援。一方面，部分家属在接受服务后，情绪和照顾压力上获得一定舒缓，一定程度上促使患者可以获得更好的照顾；另一方面，中心针对辖区内为老服务人员在认知服务上存在薄弱的问题，链接社区医疗资源，为服务单位开展“认知障碍症的识别及早期筛查的转介”培训，促进工作员对认知障碍症有进一步了解，共同推进认知障碍服务水平提升。

（八）服务成效总结

综上所述，中心充分发挥社会资源联动效能，提供多元化服务，现已成为品牌项目，具备可持续的项目操作模式，受到服务对象、合作方、购买方及社会大众的赞赏及认可，从2011年2月对外服务至今，服务人次已逾30万人次。同时，中心积极参与调研及政策倡导工作，为推动居家养老服务发展而尽一份力。服务至今取得优良成绩，受到社会各界好评，被评为“全国敬老文明号”“广东省居家养老示范中心”“广东省社会创新实验基地”“广州市十佳专项”等。

四、项目存在的问题及应对策略

第一，中心运营经费有所不足，现时广州市已出台新规，规定社工站新的项目期经费为240万元/年，而长综的人员数量要求高于家综的同时，仍维持200万元/年的经费，中心的运营压力日渐加剧，中心采取开源节流的策略，在保证服务水平的情况下通过链接社会资源、收取一定的服务费用、注重环保等方面降低服务支出，同时也积极向购买方反映情况，期望能得到政府的支持。

第二，中心组建跨专业团队提供服务，包括有社工、护士、康复治疗师、护理员，由于护士及康复治疗师属于医疗专业人员，面临考证、评职称、晋升的需要，如入职社会组织，由于社会组织属于民政系统，其资质不符合医疗专业资质的要求，难以满足护士、康复治疗师的专业追求，容易造成人才流失，期望能够完善支持医疗人员在社会组织就业的配套政策。

Ⅲ

案例汇编

社区社会组织培育介入社区治理的路径探索

——以广州市C街道社工站介入旧楼加装电梯为例

王兴龙、陈建红撰写，指导：朱媛媛[①]

摘　要：社区社会组织是基层社区治理的重要参与主体之一，在参与社区治理方面起到了重要作用。广州市C街道社工站在助推社区治理的过程中，与C街道办事处紧密联动，以“旧楼宇加装电梯”为切入点，以“五个一”为介入路径，通过培育社区社会组织来推进社区治理工作，为社工站助推社区治理工作提供了明确的、实证可行的参考经验。对于实践过程中存在的一些问题，通过反思总结经验，也为后续的实践者提供前车之鉴。

关键词：社会组织　社区治理　路径　社工站

党的十九大报告中，习近平总书记提出了“打造共建共治共享的社会治理格局”的新时代中国特色社会主义社会治理现代化的总体要求。在广东省民政厅印发的《广东省推进民政领域基层社会治理体系和治理能力现代化的若干措施》中强调，通过完善基层群众自治制度、开展城乡社区治理专项行动、推进城乡社区治理创新，提高城乡社区治理水平。同时，推动贯彻落实《关于大力培育发展社区社会组织的意见》，着力构建以党建为引领、城乡社区为载体、社区社会组织为纽带、社区工作者和社会工作人才为骨干、基本民生保障和基本社会服务为主要内容的民政领域“一核四社”城乡社区治理工作机制。

在中央到地方的政策背景下，可以看到，政府对多元主体参与基层社区治理的作用越发重视，其中也肯定了社会组织参与社区治理的重要角色和作用。而社区社会组织作为更“接地气”的组织，其在基层社区治理中的作用

---

① 王兴龙，广州市广爱社会工作服务中心项目主任，社会工作师；陈建红，广州市广爱社会工作服务中心项目主任，社会工作师；朱媛媛，广东工业大学政法学院讲师、硕士生导师。

越发明显。

一、社区社会组织参与社区治理的背景

笔者整理近些年关于社区治理、社会组织参与社区（会）治理的资料发现，我国关于社会组织参与社区治理的研究资料，更多呈现如下几个特征：一是研究的对象都是较为稳定的社会组织，对于一些起步阶段，或需要培育的社会组织，特别是社区社会组织，并没有充分分析其发展对于推动社区治理的作用；二是大部分研究资料都集中在对于参与现状的分析和问题的探讨上，对于介入路径的提出和建议，也基本停留在较为宽泛的经验总结上；三是以个案为例的研究，是基于观察者的视角来作的经验总结，并非研究者本人经过实证之后的沉淀，以致并没有提出社会组织参与社区治理的明确、可行的介入路径。

根据对文献资料的梳理，结合笔者团队通过培育社区社会组织介入社区治理的实践总结，本文的价值意义主要有以下三点：

一是本文是基于实证研究，从社会工作的实务经验中总结而来，对于实践工作具有较大的参考价值和实践意义。

二是以培育社区社会组织来介入社区治理工作的做法具有创新性，能够针对社区需求，因地制宜培育组织，从而有针对性地开展服务，形成在地特色。

三是本文能够提出明确的通过社区社会组织培育推进社区治理的路径，具有较强的指引和示范作用。

二、C街道社工培育社区社会组织介入社区治理的探索

（一）C街道概况

C街道属于广州市老城区的街道之一，总面积约4.05平方千米，辖内以职工宿舍、拆迁安置房和商品房为主，属于人口密集型社区。目前辖内常住人口约5.4万，60岁以上户籍老人8030人，约占街道户籍总人数23.14%，辖内人口老龄化程度较为突出。长期以来，C街道在居住环境及人文环境方面均出现较大的变化，有着较大的改善空间。在工作人员的走访中发现，辖内的多个社区均提到无电梯上下楼不方便的问题，社区特殊人群关注及志愿

者组织培育、组织参与等问题及需求。由于缺乏有效的联动机制和组织路径，C街道内绝大多数社区无法根源性地处理社区问题，导致社区矛盾频发，尤其是在社区基本公共服务如车辆管理、垃圾处理等方面的矛盾冲突更为突出，直接影响社区居民的生活质量和社区的和谐稳定。此外，各大社区都面临人与人的联系感越来越弱，社区邻里关系逐渐疏远等问题。社区力量的参与不足以及多元主体联动的缺失，滞后了社区治理进程的推进。

针对老城区长者众多、旧楼无电梯上下楼不便等情况，C街道在全街范围内积极推进"百梯万人"旧楼宇加装电梯惠民工程，并出台了相关工作方案及财政补贴和工作指引，全方位保障加装电梯工作扎实有序开展。据社工走访了解，C街道10个社区有6个社区存在"人口老龄化趋势，旧楼无电梯，影响长者出行"的问题，有电梯加装需求的居民楼共65座，预计完成电梯加装后，共有6520名社区居民直接受益。为解决这个突出的社区需求，构建共建共治共享的社区治理格局，社工站协助C街道，以旧楼宇加装电梯为介入点，通过社区社会组织培育来介入社区问题，探索社区治理的路径，推动共建共治共享治理格局的形成。

（二）C街道H社区社会组织培育介入社区治理的实践

1. H社区社区治理背景

H社区是20世纪80年代建立的国有单位宿舍，至今已经有30余年楼龄，其中高龄老人约占全街高龄长者数的25.5%，是老龄化程度极高的社区。且居住的老人因为之前在水上工作，很多老人患有风湿疾病，行动较为不便，对于加装电梯方面的需求尤为凸显。

社工在H社区前期的社区治理工作中，结合了志愿服务、社区社会组织培育等工作，引导社区力量关注、关怀社区中的长者，通过常规探访、结对帮扶等方式开展服务。同时也结合C街道推进旧楼加装电梯工作，做了系列的民意收集和调研工作，有针对性地做了系列的政策宣传，为社区需求的回应和社区治理工作的推进打下一定的基础。在这一基础上，近年来，社工站协助C街道，以H社区为重要切入点，通过社区组织培育来介入社区治理工作，在回应社区需求的同时，建立社区治理的各项机制，探索"一社区一主题一队伍"的服务特色，逐步形成"五个一"的服务路径。"五个一"是指——"一个格局"：形成一个"五社联动"的格局；"一个平台"：建立一个社区议事会；"一个小组"：组建一个社区治理小组；"一支队伍"：建立一支专才社区社会组织的队伍；"一套机制"：构建一套社区治理的机制。

2. H 社区组织培育介入社区治理的实践路径

（1）形成一个“五社联动”的格局。为了推动多元主体共建局面的形成，C 街道社工站与社区居委会签订电梯加装共建协议，同时引入广日电梯、日立电梯等 13 家电梯公司作为合作伙伴，签订共建协议，进行深度合作。社工站还动员社区中加装电梯意愿强烈，且参与能力较强的党员、志愿者、居民等参与加装电梯的工作，并联动 C 街道城管科、物业管理公司，合力参与项目，形成了一个“五社联动”的格局。这个格局的形成，充分保证了多元主体的参与，对于社区问题的解决起到较好的推进作用，也为社区治理格局的形成提供了前提保障。

（2）建立一个社区议事会。议事会的建立，能够有效动员多元主体的参与，通过建立社区议事会，旧楼加装电梯、垃圾分类等社区治理工作得到有针对性地开展议事工作。以旧楼宇加装电梯为例，社区中各利益相关方就社区旧楼加装电梯工作的推进，开展了 10 余场居民议事会，针对电梯加装问题的解决策略、如何推进电梯加装工作等内容，进行了多层次的商议。通过议事会，各参与主体充分参与其中，发表各自的意见，通过深度讨论，达成共识，推动工作落地。

此外，社工站还通过建立议事会的规范化制度，将议事会延伸至各大楼电梯筹建小组，通过议事会，协助各大楼的电梯筹建委员会能够动员居民参与，构建公平公开透明的决策局面，并引入专业资源的参与，促进各大楼筹建工作的进程加速。通过议事会的开展，社工从各筹委会中挖掘社区积极分子，并通过召集积极分子开展深度访谈、培育转化，促使积极分子转化成加装电梯工作的核心力量（骨干），进一步推进社区治理的工作。

（3）组建一个社区治理小组。在社区议事会之下，C 街道根据 H 社区加装电梯需求大的情况，指导 H 社区组建了社区治理小组，作为社区治理工作推进的执行层。H 社区和社工站联合，以加装电梯作为切入点，将前期挖掘和培育的骨干力量，纳入旧楼加装电梯专项治理小组中。同时，社工站作为治理小组中的一员，协助治理小组制定工作制度等若干规定，保障治理小组的规范运作。

治理小组建立后，有针对性地开展了社区走访、民意收集、协调会议等工作，将议事会讨论的决定，根据实际情况，进行统筹协调，推进工作落地。例如为推进过程中有矛盾冲突的大楼居民开展协调会，通过为居民搭建平等交流的平台、政策指引、第三方建议、个别谈话等方式，协调矛盾纠纷，协助筹委会推进工作。此外，治理小组还整理政策及实践经验，在 C 街道的指导下，汇编了旧楼宇加装电梯经验分享手册，为一些刚开始筹建的大楼提供了指引和支持。此外，治理小组也有协助刚开始推进加装工作的大楼组建筹委会，并为其提供疑难问题的咨询解答，做到了“助力快速起步，协同处理疑难”。

（4）建立一支专才社区社会组织的队伍。为了进一步推动多元主体的参与，促使服务常规化运作，在治理小组的基础上，社工站协助 H 社区成立了一支 16 人的专才社区社会组织队伍。该队伍由治理小组骨干、党群志愿者、电梯公司专业志愿者等组成，由治理小组骨干担任小组长，队伍内含两支分队，一是旧楼宇电梯加装助力队，主要为居民提供咨询、资源链接、组织协调会等基础服务；二是旧楼宇加装电梯专业宣讲团，主要为社区居民免费解答旧楼宇加装电梯专业技术、消防安全问题、政策、流程指引等问题。队伍成立后，社工站协助制订年度服务计划，推动队伍服务的常规化，同时针对各项社区问题的解决开展能力培训，强化队伍的服务能力，让其逐步具备社区社会组织的规范和能力。

目前，该队伍在社工站和 H 社区分别建立服务驿站，每周三在服务驿站开展驻点工作，为社区居民免费解答专业技术问题。在已开展的 9 场驻点服务中，专才社区社会组织队伍为约 300 人次的社区居民答疑解惑，并定期组织开展电梯政策宣传活动，为约 362 人次的居民普及电梯政策等知识，以及协助社区治理小组组织召开了加装电梯协调会共 39 场次。服务驿站的建立，为电梯加装问题的解决提供议事平台，成功动员热心市民、骨干党员和第三方力量去协调居民利益冲突所带来的矛盾。例如 82 岁的黄姨家住茶滘北某栋 7 楼，每天买菜来回要爬 280 级台阶，是她“心里最大的恐惧”。两年前，黄姨动员大楼业主开始筹建加装电梯，不料一二层业主因对补偿金不满抵触情绪非常严重，甚至发话谁牵头见一次骂一次，高层业主轮番劝说却无功而返。社工站通过协调会的形式与业主们沟通协调，邀请居委会主任缓和矛盾冲突，党员宣讲团成员徐小姐解答政策指引，专才志愿者骨干榕姐耐心劝导低层业主理性解决问题，社区司法所调解矛盾纠纷，经过半年的多方努力，全楼 36 户最终全部同意加装电梯，正在申报电梯加装中。

（5）构建一套社区治理的机制。社区治理并不是通过自上而下地发号施令来达到管理目标，而是通过协商合作、协同互动、协作共建等来建立对共同目标的认同，即通过调动社区居民参与公共事务，培育社区组织，建构社区多元主体互动机制等，对社区公共事务进行良好的治理。因此建立完善的社区治理各项机制，能够为社区治理的推进提供有效的保障。

民主议事机制：社区发展模式强调的是居民的参与和合作沟通，注重居民在参与社区发展过程的个人能力、公共意识的培养，因此在解决社区问题时，要注重培养社区居民的沟通、协商和合作的能力，以提升解决问题的能力。社工站介入H社区的民主议事可总结为“六步议事法”，即提事、议事、决策、落实、评估、总结。第一步，由居民向社工站或社区居委会提出社区工作的问题或意见；第二步，由社工组织电梯筹建小组，对居民提出的意见进行审议；第三步，由社工组织民主议事会成员，包括电梯筹建小组、电梯筹委会、社区居委会代表、社区志愿者组织等，对审议的结果进行协商、讨论，并达成共识，形成决策；第四步，由社工组织各治理主体落实居民议事会的决策；第五步，由社工组织社区居民代表对落实的情况和成效进行评估；第六步，由社工组织民主议事会成员进行实践情况的总结，形成有效的、可推广的经验。

多元参与社区治理机制：“五社联动”社区治理模式的运作，需要明确各治理主体的角色和权责，建立多元主体合作共治的机制。因此，社工站在H社区的实践中，逐步建立了一个多元参与社区治理机制，确立了政府、居民、社区力量和社会资源各主体在过程中的角色、权利和责任。政府在社区治理过程中依然发挥决定性的影响作用，其他治理主体需要与政府以及彼此之间建立起协作关系，即政府力量与社区自治力量的有机结合，在街道的指导下，形成“社工+社区+社会组织+企业+社会资源”“五社联动”、分工协作的社区治理平台，并完善各项治理制度，包括参与机制、沟通机制以及各主体工作机制等。

志愿服务机制：在社区治理的过程中，社区志愿力量发挥着不可忽视的作用。作为将各项政策、决议落地执行的主力军，需要有完善的志愿服务制度来保障他们的权益，提高他们的参与积极性，增强他们的社区治理能力。因此社工站通过制定社区志愿服务管理、培训、考核、激励等制度，使用“时间银行”App加强管理，积极推动社区志愿者参与H社区的电梯问题的治理，搭建了一个志愿者参与社区治理的平台。

三、C街道社区社会组织培育介入社区治理的经验和反思

（一）实践经验

广州市C街道社工站通过“五个一”的社区治理路径，对老城区的旧楼

房出现的无电梯出行不便、居民对旧楼加装电梯缺乏了解、居民和社会组织参与不足的难题进行了针对性的介入。

C街道社工站在H社区实践中结合社区发展模式和现代治理理念，以多元主体参与社区治理为切入点，首先引入各利益相关方作为社区治理主体，打造“五社联动”的格局；其次重点发挥社区居民在社区治理中的主导作用，着力提升居民的社区治理能力，赋予居民提事、议事、决策的权利，调动居民的积极能动性，参与与自身息息相关的社区事务；同时，从中发掘社区领袖或骨干，加入社区治理小组，并培育各类社区社会组织，如电梯筹建小组、民主议事会、电梯专才志愿者服务队伍、电梯服务驿站等，全面推动社区问题解决的进程。在解决问题的过程中，联动社区居委会、街道城管科、物业管理公司、电梯企业等组织单位，提供包括政策指引、民意收集、协调矛盾、物质资金、人才技术等各方面的支持，从不同层面参与社区治理，有效保障社区问题的顺利解决。

通过总结H社区旧楼宇电梯介入的成功经验，形成可推广、可复制的模式，C街道社工站在辖区内的多个社区也进行了该服务模式的推广运用，形成了一定的服务效应。社工站共与5个社区居委会签订合作共建协议，与13家电梯公司合作开展相关服务，并与其中5家签订合作协议，发动社区志愿者组织参与，链接人力、物资等社会资源折合为33439.2元。在推动问题解决的过程中，挖掘、培育电梯专才志愿者骨干队伍，成立电梯加装服务驿站，作为居民咨询、答疑解惑、共商共议、参与社区事务的电梯加装服务平台。共推进了街道内的22栋居民楼的加装电梯工作，协调了39次在过程中遇到的困难、矛盾等，共有7座居民楼完成电梯加装工程并投入使用，直接受益居民达2206人。

各参与主体对本项工作的推进都给予了高度的肯定，社工站共收到社区居委会感谢信5封，电梯公司感谢信5封、锦旗1面，社区居民感谢信4封。例如74岁的李姨居住在茶滘街一栋旧楼的9楼当中，加装电梯成了她一个心愿，可是大部分年轻人忙于工作，大楼居民牵头者因能力不足而有心无力，李姨向社工站寻求帮助。社工调动旧楼宇电梯加装助力队多次组织协调会沟通协调，邀请专业宣讲团讲师讲解相关政策和知识，联动居委会、物业和司法所等多方合力终于成功完成协商，现阶段电梯正在施工中。

C街道社工站根据社区焦点问题“旧楼电梯加装”的实际情况，通过专业社会服务，形成本地社区自组织和工作沟通、协调机制，拓宽社区居民的社会支持网络，联动正式资源和非正式资源，推进多元主体合作机制在社区服务中发挥重要作用。多方协调沟通机制通过对社区治理结构与服务流程的再造，将社区治理和解决群众关切问题下放到直接面对实际问题和提供服务的社区社会组织合作机制上，使社区服务更加精准和有效，为C街道探索共建共治共享的社区治理新格局迈出了重要一步。

（二）实践反思

“5个一”的社区治理路径，在老城区的社区治理中发挥了重要作用，也取得了一定的成效，积累了丰富的实践经验，但在运行中还是存在一些局限和不足，还需要进一步进行优化和完善。笔者团队亦在行动中将介入过程中存在的情况进行如下的反思。

1. 社区居民参与治理的意识和能力还需不断提升

针对社区里面出现的问题，居民能够发现，也深受其影响，但居民主动、自主解决的意识还较弱，对政府、社会组织等依赖较强，因此在社区公共事务推进过程中，居民的积极主动性较低，能深度参与的居民较少，这无疑增加了社区治理的难度。另外，部分积极主动、热心的居民，愿意付出精力去促进问题解决，但在协调、沟通、获取资源等方面能力不足，导致心有余而力不足。因此，在社区治理的过程中，提升居民的社区治理意识，培育居民对社区的责任感，是非常重要的前提工作，必须时刻灌输和培养社区治理的概念和意义，而对于发掘出来的社区领袖，则更加需要注重社区治理各方面的能力提升，维护其参与热度，发挥其才干。

2. 专才志愿者参与社区治理的深度不足

在特定的社区问题解决中，引入专业力量是非常重要的一步，而在引入之后，如何更好地发挥专业力量，促进其深度参与社区治理，是一个较大的考验。在介入旧楼宇加装电梯的过程中，社工站引入了电梯公司专业人才为社区提供服务，但多数是在为居民解答电梯加装的困惑、政策指引上发挥作用，在协调居民加装矛盾、参与议事决策等深度服务上还不太足够。因此，在社区组织培育之后，还需加强各项能力的培训，例如协调、沟通、组织等社区治理能力，让其能够专上加专，更广泛更深入地参与社区治理中，最大限度发挥其专业力量，推进共商共议问题解决和决议落实。

参考文献

［1］王思斌．“三社联动”实践与社会治理创新和社区建设［J］，《清华社会学评论》，第7辑．

[2] 陈天祥．“社会治理”的又一次理论飞跃［J］．《国家治理》，2019（11）．

[3] 李迎生，杨静，徐向文．城市老旧社区创新社区治理的探索——以北京市P街道为例［J］．《中国人民大学学报》，2017.

[4] 刘洋．社区党建引领城市社区治理的路径探索——以济南市槐荫区裕园社区为例［J］．《中共济南市委党校学报 》，2018（5）．

[5] 何欣峰．社区社会组织有效参与基层社会治理的途径分析［J］．《中国行政管理》，2014（12）．

[6] 赵方方．社区治理与社会工作介入文献综述［J］．《劳动保障社会》，2019（36）．

[7] 何川，吴德祥，王江平．新时代城市社区发展治理创新的路径探析——以成都市青白江区城市社区发展治理模式为例［J］．《中共太原市委党校学报》，2018（6）．

[8] 郑安兴．中国城市社区治理现代化：逻辑分析与路径选择——以珠海等城市的实验性探索为例．吉林大学博士学位论文，2018（6）．

[9] 马全中．中国社区治理研究——近期回顾与评析［J］．《新疆师范大学学报》（哲学社会科学版），2017（3）．

三方互助模式调解老城区旧楼电梯加装矛盾
——广州市越秀区华乐街旧楼电梯加装社工介入行动案例

梁继昌　张劲华[①]

摘　要：旧楼加装电梯，是一件利国利民的好事实事。但从全国实施的情况看，各地在推广的程度和进度上都存在较大差别，一些带有共性的问题使得旧楼加装电梯的实施并不太顺利。其中各层住户的利益冲突，业主之间矛盾、分歧和赔偿问题，是导致加装电梯的进度缓慢或无法推进的最主要原因。2018 年，越秀区委大力开展“新时代越秀党建先锋行动”，将既有住宅加装电梯工作纳入“区—街—社区”三级书记项目，区政府将既有住宅加装电梯工作纳入十大民生实事。心明爱华乐街社工站“家·舒心美”电梯加装重点项目在 2018—2019 服务年度开展，社工以三方互助模式与五位介入过程结合多元主体参与平台，在加装电梯过程中介入住户的矛盾问题，顺利调解因加装电梯产生的邻里纠纷。

关键词：社会工作　旧楼电梯加装　三方互助模式　五位介入

一、背景

广州市越秀区华乐街位于越秀区东部，环市东路两侧，面积 1.28 平方千米，是典型的商业核心地区，中部是淘金商业圈，有广州友谊商店、珠江实业集团、正佳国际大厦、花园酒店、广东电视台等众多大型企业。同时也是典型的老龄化社区。华乐街目前有常住人口 58334 人，15090 户家庭，单位集体户约 12000 人。其中 60 岁以上长者约占社区常住人口的 25%。

华乐街辖区内各类资源丰富，但随着社会变迁，经济和社会地位变化，

① 梁继昌，广州市心明爱社会工作服务中心华乐街社工站行政主任；张劲华，广州市心明爱社会工作服务中心华乐街社工站项目副主任。

居民之间的生活水平差距变大，在社区中出现了困难群体和社区问题。20 世纪 80 至 90 年代城市兴建大量住宅，但受成本和资金等因素的影响，这类房改房、社会投资房或商品房大多有六层或七层高，甚至有八九层高，但都没有安装电梯。大多无电梯设施的楼宇随着时间推移，居民的年龄渐长，爬楼难、出行难造成极大的生活不便。特别是对于老病残者而言，由于无法爬楼难以出门，成为老年人居家养老的重大担忧，居民深感没有电梯的不便。随着社会经济的发展和技术水平的提高，人们对生活质量提出了更高的要求；尤其是中国老龄化社会的提前到来，当初购房的中青年业主，现在也逐步迈入老年阶段；因此既有多层住宅加装电梯成为目前亟须解决的现实问题。

2018 年，越秀区委大力开展“新时代越秀党建先锋行动”，将既有住宅加装电梯工作纳入“区—街—社区”三级书记项目，区政府将既有住宅加装电梯工作纳入十大民生实事。区既有住宅增设电梯工作领导小组负责全区增设电梯的综合协调和指导服务，完善了增设电梯工作领导小组会议和联席会议制度，各街道搭建了既有住宅加装电梯矛盾沟通协商平台；制订了《越秀区既有住宅增设电梯三年行动方案（2018—2020 年）》，计划 3 年内完成不少于 360 台既有住宅增设电梯目标。

广州市心明爱社会工作服务中心于 2018 年入驻华乐街开展社工服务。在政策大力推动鼓励下，结合辖区内居民对旧楼电梯加装的迫切需求，在党建引领及街道的指导下，社工积极调动各方资源，联动多方部门促进旧楼电梯加装工程顺利开展，也借此机会推动社区党员参与社区治理平台的建设，共建舒适幸福华乐舒心社区。经过一年多心明爱华乐街社工服务站“家·舒心美”旧楼电梯加装重点项目的探索与实践，积累了一定的服务经验，也更加明确社工在电梯加装项目中介入所发挥的作用。特此结合华乐街邮电社区的住户案例，分享三方互助模式与五位介入的社工行动方案。

二、“家·舒心美”旧楼电梯加装项目成功案例

（一）电梯加装服务站提供政策咨询

在政府大力支持旧楼加装电梯的工作下，越秀区也就此开展了很多便民措施，例如旧楼电梯加装服务中心。越秀区既有住宅加装电梯工作手册中提到，按照“1+1+18”的模式，由区房管局更新局牵头组建区既有住宅加装电梯服务中心，区政务服务中心开设加装电梯咨询预审专窗，18 个街道政务中

心设置了加装电梯咨询专窗，提供全流程指导和全方位服务；同时不断优化审批流程，形成一门受理、“一站式”审批服务机制。

社工结合政策与华乐街街道合作在华侨新村邻里活动中心开设电梯加装服务站。在电梯加装服务站，居民可以了解到最新的电梯加装资讯、电梯加装政策的变更、相关加装电梯的报道、了解电梯加装的疑难解答等，还可以索取加装电梯的各类申请表格，申请前期楼宇勘察的预约以及电梯小组的会议开展等。同时社工为推动更多居民对电梯加装工程的了解，在社区中居民常住的地方开展多场宣传活动，为居民提供咨询便利，增加对电梯加装工程的认识。

中二街3号是位于华乐街邮电社区的一栋有30多年楼龄的旧楼，楼高10层，一梯两户，一共住有20户居民。旧楼常住的都是退休老职工，60岁以上长者占70%以上，大部分长者都出现“下楼难”“看病难”和“出行难”的情况。从2017年开始，本楼宇的居民就已经萌生加装电梯的想法，在2018年初开始筹备，通过电梯加装意向会推举了4位业主组成电梯加装工作筹备小组，主要负责电梯加装的工作，顺利开展第一步工作。

（二）高低层住户意见难统一，加装工程进度缓慢

本次电梯加装的楼宇属于内街的旧楼楼宇，楼宇之间的距离不到15米。因为是多年前建造的旧楼，并没有预留电梯井。而楼宇梯间是依靠楼宇正面的单向通风和单向采光，所以在选择加装的位置和电梯类型上就成为一大难题。

在筹备加装电梯的过程中遭到低层住户的反对，尤其是一楼的住户。按照加装方案电梯是建在楼宇正面，所以低层住户提出加装后对他们造成了三个困扰：

采光问题：因建梯位置在楼宇正面，加装后将对采光造成严重遮挡。

通风问题：因楼宇的楼梯位置是单向通风，所以建梯后会影响通风。

消防安全问题：大门总长3.6米，建梯后大门出入的位置不足1.5米，如果出现火灾，容易出现踩踏和拥挤的情况。

反对户坚决反对电梯建设，以书面和电访方式投诉到规划部门，电梯加装一事陷入僵局，难以推进。

（三）社工介入行动方案

1. 社工协助建立多元主体参与平台，成立“三方互助模式”小组

电梯加装工程涉及较多的主体，社工在介入的过程中需清楚自己的角色

定位，同时建立多元主体参与的平台，平衡各方利益。图 1 是多元主体参与的结构示意图，主要涉及街道与社区居委、业主或其他居民、电梯加装社区组织以及社工。

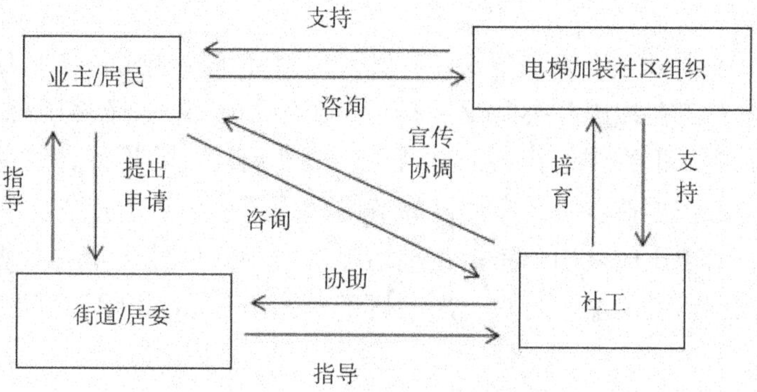

图 1　电梯加装工程多元主体参与结构示意图

业主/居民：主要是电梯加装工程的受益方与受影响方，同时也是出资方。当中可能出现支持户与反对户，需要平衡协调各方的利益，促进电梯加装工程的顺利开展。

街道/居委：主要是行政支持方，提供协调、政策与行政上的指导支持与建议，同时引导各方平等沟通。

社工：主要是推动与沟通协调支持方，一方面联动多方主体，做好各主体的沟通协调工作，另一方面在社区层面推动宣传成功经验，促进更大范围的正向影响。同时加强社区核心党员志愿者骨干的社区事务参与能力，培育发展电梯加装社区组织志愿队伍的建设，调动社区力量共同推进电梯加装工程的开展。

电梯加装社区组织：主要是辅助支持方，社工招募以往成功安装电梯的住户、社区骨干志愿者、楼宇的党员代表等成员组成电梯加装志愿服务队。一方面参与分享电梯加装的经验和知识，一方面以过来人的身份同理部分反对户的意见，以第三方的客观视角促进调解的达成。

2. 搭建协调会平台，焦点解决问题

社工主动向社区居委会和居民了解所有反对户的具体情况，包括家庭居住情况、个性特征等基本资料。得知主要反对的是底层两个住户，反对的原因主要出于采光、通风与消防问题方面的考虑。详细了解基本情况后，开始制订介入方案，由社工、居委会和电梯筹备小组组成“三方互助模式”，建立信息互通、工作互动、相互协助的沟通机制。社工根据住户提出的三个问题立刻联系电梯公司和政府职能部门，多方寻求专业意见和解决方案。当初步获得专业解决方案后，以社区居委会为主导开展协调会，社工从中寻找调解的突破口，协助处理双方矛盾和问题。调解阶段分为预估阶段、介入阶段与跟踪阶段。

（1）预估阶段。在预估阶段，需要对于调解双方（尤其是反对户）保持平等尊重。社工在经历多次上门、多次被拒绝的情况下，依然坚持上门走访。反对户的态度从拒绝到信任，把自己的想法和担忧一一诉说，经过多次沟通后终于双方都作出让步。而在面谈环节则融入短期焦点治疗方法等专业手法进行调解，其中比较常用到短期焦点治疗方法中的例外问句与奇迹问句，以挖掘成功的经验，增加反对户解决问题的动力与信心。以下简要摘录调解中的部分对话。

反对住户：其实大家楼上楼下这么多年的老街坊，都不想为了这些问题让大家这么难堪，但我们确实真的很艰难，装了电梯会黑压压一片，堵住风口会很闷热的。

社工：听上去装了电梯对你确实会造成很大的困扰，而且也影响了你们多年的街坊情谊，那我很好奇，以前没出现这个问题时大家的邻里关系是怎样的？

反对住户：当然很好了，都是一个单位的，又一起住这么多年了，大家都知根知底的。

社工：嗯，看来大家都已经建立了很深厚的街坊情谊，那你以前试过或者听说过这栋楼出现什么问题导致大家楼上楼下有什么争执吗？

反对住户：这栋楼很旧了，住了几十年了，肯定有不少问题的。之前就有过水管渗水，我们整个厨房都发霉了，又有过爆水管，反正我们住一楼就比较吃亏了！

社工：嗯，有时这些事情也真的比较难避免，那当时你们是怎样解决这些争执的呢？

反对住户：当时就有个住户找楼上的街坊说，又去居委会那边投诉，后来大家一起出点钱补修水管就好了。

社工：嗯，所以当时是通过大家一起想办法集资维修解决了问题。你看，这些问题不是没有办法解决的，只是看我们想不想去解决。那如果装电梯给你们带来困扰，我们也会一起想办法去解决，大家一人让一步，一起去调整，你觉得怎样呢？

……

上述对话应用了例外问句。首先同理当事人面对困扰的心情，其次寻找邻里关系较好的例外，以及当时为应对一些大楼年久失修的问题而尝试过的解决方法。最后引导大家回到现实问题，通过发动集体的力量，结合现状去找出解决方案。

（2）介入阶段。介入阶段以协调会会议为平台，客观中立听取双方诉求，化解彼此之间的误解、矛盾和冲突，达成共识维护邻里之间的和谐关系，达到双赢。社工利用三方模式互助互动，成功搭建沟通平台开展协调会议，并通过链接正式资源和非正式资源，联合城管科、民政科、社区律师和电梯公司共同参与协调会议。在协调的过程中也常用到一些调解的方法与技巧。

案例引导法：运用调解成功的相似案例，以案说法进行剖析，让双方当事人结合案例，对纠纷重新思考，最终达成调解协议。

情理交融法（换位思考法）：俗话说："要想公道，打个颠倒。"社工在调解中启发双方当事人转换角色，换位思考，引导其在考虑个人得失的同时，也替对方利益着想，做到知彼知己自我约束，然后循循善诱，因势利导进行调解。

逆向求助法：运用逆向思维的方式，让双方当事人首先明白争执结果如何？然后冷静思考，端正态度，耐心细致地做思想工作，从而达到调解的目的。

冷却降温法（热案冷处理法）：当矛盾纠纷激化，有可能引发冲突的情况下，一定要临阵不乱，冷静思考，首先采取有效办法和策略，制止事态扩大和蔓延。其次依照法律法规，帮助双方当事人舒缓过热情绪，待双方心平气和，抓住有利时机，及时进行调解。

扶正祛邪法：运用法律的规定、道德的约束等，让纠纷当事人意识到自身的无理要求，找准纠纷争议的焦点所在，不要被表面现象所迷惑，对症下药，进行调解。

在中二街 3 号的案例里，前 4 次的协调会主要围绕解决电梯安装对楼宇造成的问题，就消防、采光、通风的问题进行电梯加装方案的调整修改。经过反复的协商，最终达成修改方案。但到第 5 次协调会时，反对方住户提出高额赔偿方案，开始时住户态度坚决，无论怎样都不愿意让步。社工在跟反对户与其他住户不断反复耐心地沟通赔偿方案时运用换位思考法，调动反对户解决问题的积极性。社工为了评估住户可接受的赔偿金额，到楼宇中介走访了解楼宇在电梯安装前后的差价，也走访了其他社区之前成功调解赔偿的住户，了解反对户以及赞成户双方可以接受的赔偿金额范围。因目前政策并没有具体建议的相应赔偿指导价，而影响协调关键的因素也在于赔偿的范围是否可接受与合理。因此，社工结合自身的经验与多方参考，多次与住户沟通，抱持价值中立的态度，努力平衡双方的利益矛盾。

另外，社工也了解到通过电梯加装工程能部分适当改造楼宇自身问题，如维修楼宇的外墙、化粪池、楼梯改造或水渠改造等，这对于楼宇住户来说是很大的利益，可以改善住户环境与提升楼宇自身的价值。社工也积极利用这个情况改善反对方的僵持。经过社工不懈的努力与坚持，到第 7 次调解会上，终于双方达成赔偿方案的共识。

(3) 跟踪阶段。会议后持续跟进双方情况，了解加装进度并协助其解决加装时所遇到的困难。经过协调完善方案后，电梯使用钢框架结构，减低通风和采光的影响。同时大门预留 1.5 米的逃生通道以及对两户反对户作出适当的经济补偿。双方达致双赢局面。

三、案例总结

本案例中社工充分运用自身的专业能力进行介入，前期收集反对户的基本信息，深入发掘了解反对户的真实想法和需要。随后由社工、居委会和电梯小组组成“三方互助模式”，让利益相关者之间可以保持信息互通、工作互动、相互协助。此外，社工通过多次主动上门探访关心反对户，以中立的角色聆听反对户的心声，以同理心理解反对户，并与其建立良好的关系。正因为有良好关系的基础，在整个加装电梯的过程中，反对户对社工都保持较信任的态度。

通过搭建协商会议平台，在多次协商会议下双方充分表达各自的意见。三方经过多次沟通与情况分析，尽力满足反对户的要求。作出相应的补偿方案和修改电梯设计方案，将加装电梯带来的负面影响降到最低。最终协调邻里关系，化解彼此矛盾，促成双方达成一致。依靠本社区的多方力量，改善社区生活状况，解决社区共同问题，提高居民生活水平和促进社会协调发展。

四、经验总结

社工在电梯加装项目过程中，实践积累了几方面的经验。

（一）五位介入明确电梯加装工程的整体流程

通过政府提出的五个加装流程进行介入。在电梯加装的流程中，每个流

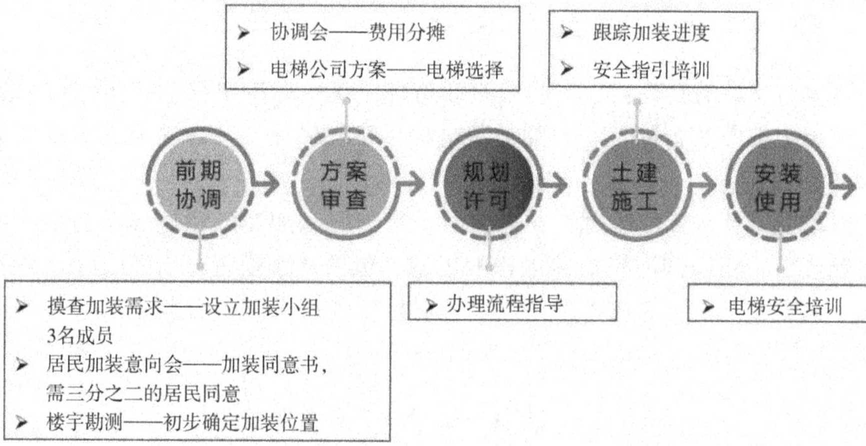

图2 电梯加装五步走流程

程社工都需要明确自身的角色与功能。一般在前期协调与方案审查的阶段，社工介入比较多。前期楼宇摸查就需要建立电梯加装小组，小组成员需要有财务出纳，为后续的费用问题提供支持，需要找电梯公司初步作出电梯加装方案。随后开展居民加装意向会，需要楼宇三分之二的居民同意安装，才可以继续。在居民加装意向会上，社工可协助电梯小组成员，结合社区居委对楼宇居民的认识了解情况，加快意向会的进度；也可以在这个阶段多开展相应的社区宣传活动，宣传电梯加装的相关政策与措施；随后进行楼宇勘测，初步确定加装位置。

而方案审查阶段，也是关键核心阶段，很多矛盾也在这个阶段开展充分的讨论调解，达成双方的共识，后面就等待建设工程许可证批复，开始施工建设。后续还需要加强对电梯使用的安全培训，避免因电梯使用不当造成的事故与意外。

（二）搭建资源平台，整合解决各类问题

利用正式资源：走访街道、区加装电梯服务中心，了解广州市规划局对既有住宅加装电梯的基本原则、实施主体、加装条件、实施流程、资金筹集、行政复议等多个方面的要求并进行整合。

利用非正式资源：走访辖区内外已加装成功的楼宇电梯加装社区组织员、电梯公司、律师等，整理出加装电梯实际过程中的问题，针对各类问题的解决方法进行详细讲解。

（三）精细化工具，规范化处理

对政策文件的整理：社工收集由政府部门统一标准申报广州市旧楼加装电梯的申报文件及合同范本，为加装电梯楼宇提供更便捷、更清晰、更准确的服务。

对前期筹备文件的整理：结合实际楼宇情况和加装电梯过程中遇到的困难，制定出一套适合旧楼加装电梯的表格，包括楼宇摸查、居民会议、楼宇走访等内容，从而更好地协助居民提升对楼宇的认识和整合业主对加装电梯的需求。

（四）不断反思积累，掌握一定的沟通调解技能

在整个电梯加装过程中，因涉及多方人员的利益关系，要促成问题的顺利解决，社工需具备一定的沟通与调解的技能。需要积极调动各方利益主体的能动性，同时利用政策的倡导与便利，通过不断积累经验，应对各种问题。

如低层住户一般会遇到的噪声、遮挡采光、遮挡通风等问题，高层住户部分有隐私困扰、遮挡困扰等问题，需要社工协调解决方案；对于赔偿问题，一般大众可以接受的额度范围在多少，如何结合房地产中介的信息给出一定的参考价；以及如何利用五位介入的操作流程，把握时间节点调解矛盾；等等。这些都需要在实践中不断探索寻找最优解决办法，并不断反思在不同问题的调解上有什么共性与个性，汲取不同的经验。

参考文献

[1] 刘妍华．既有多层住宅加装电梯浅析［J］．《建筑工程技术与设计》，2015（2）上．

[2] 王锋，赵亮，张红建．既有老旧多层住宅增设电梯难点问题分析及探讨［J］．《建设科技》，2017（8）．

[3] 广州市越秀区政府．越秀区既有住宅增设电梯三年行动方案（2018—2020年），2018年4月26日．

“爱心储蓄银行”模式下的基层治理服务探索
——以广州市黄埔区南岗街社工服务站爱心库资源平台为例

冯　可[1]

摘　要： 随着广州市第十三届人民代表大会常务委员会第十三次会议通过，广东省第十一届人民代表大会常务委员会第七次会议批准，《广州市志愿服务条例》正式推行。近年来，志愿服务组织不断涌现，从事志愿服务活动的非营利性社会组织，包括专门从事志愿服务活动的青年志愿者协会、义务工作联合会等非营利性社会组织和组织志愿服务活动的总工会、妇女联合会、残疾人联合会、红十字会等社会团体。而基层社工服务站同样具备推动志愿服务发展，在社区层面引导社会人士关注与参与志愿事务，提高志愿服务意识的功能。如何让基层社会志愿服务有效且长期运作，能够激发人人参与，服务于贫困群体，南岗街社工服务站在理念和机制上形成了一定的制度与规范，在服务模式探索方面取得了较大进步。所以，本文主要是通过对社工站相关服务项目的深入剖析探索出“爱心储蓄银行”服务模式在运作过程中的借鉴意义和发展方向。

关键词： 爱心银行　地区发展模式　管理机制　积分激励

一、地区发展模式下的项目治理理念

随着我国经济的发展，空巢老人、留守儿童的数量日益增长，已经成为不容忽视的社会问题，而志愿者缺少一个资源合理配置的公益组织，“爱心银行”应运而生。作为连接志愿者与服务需求方的平台，一方面为用户提供信

---

① 冯可，广州市黄埔区普爱社会工作服务社南岗街社工服务站项目主任，广州市黄埔区志愿者协会副秘书长。

息建档，科学匹配，实现服务质量的最优化；另一方面建立线下爱心驿站，提供实质的物资支持，通过为志愿者建立“爱心银行”实现服务品质的量化，也为志愿者的未来提供保障。广州作为发展前沿的大城市，它的包容性、丰富性、自主性都在飞速发展，公民自主意识、参与意识、民主意识正在不断加强，社会需求也日益丰富，传统的以政府为主导的社会管理和公共服务模式已经难以应对，公民自发组织起来的各种社会组织越来越多地参与社会的治理和服务，公民期待参与的形式也趋于多元化，这在社会转型中发挥着很重要的作用。

地区发展模式是指通过调动社区居民的参与、互助合作，再加上上级政府和外界机构组织的协助和支持，动员社区内外的资源，解决社区问题，满足居民需求的一种工作模式，它强调的是居民的参与和合作沟通，注重居民在参与社区发展过程中的个人能力、公共意识和社区归属感的培养，而不仅是社区物质环境的建设。以“爱心库”项目化运作的形式介入社区工作，采用任务目标及过程目标的项目策略指导行动和计划，推动社区成员的参与和互助合作，更好地运用就地资源，制定贴合本土需求的可操作机制，探索可持续的公益参与模式，以解决或改善现存的社区问题，包括促进居民的个人发展，培养他们处理社区事务的能力和责任感，增强他们持续参与的动力及信心；以社区教育的形式培育骨干，通过绘制社区资源网络地图、开展系列募集策划活动、不同途径的宣传推广来加强认同感和带入感；以民主集思会的形式推动社区问题的解决与讨论，强调共同体和责任意识，以共治共建共享的理念鼓励居民表达、反映，促进与加强社区问题改善、项目发展的动力系统等。

二、爱心库服务机制与模式探索

（一）开展背景——打造公益实体平台，让社工站与居民爱心“零距离”

以南岗街社工服务站为例，街区困难兜底群体基数大，通过不断的走访、调研了解到大多家庭经济情况差，生活帮扶救济的需求日渐明显。2014 年 2 月 15 日成立“家庭爱心银行”，旨在为社区中愿意奉献爱心的居民提供献爱心以及实物平台，使社区的资源利用得到最大化，内容涵盖爱心物资、爱心时间、爱心特长等，关注困难群体，为有困难的居民募集到其需要的匹配性服务，同时以“积分制”形式对志愿者进行可兑换服务回馈，提升南岗辖区的幸福指数。通过社工站“资源互助平台”的清晰定位，逐步加强对“家庭爱心银行”的各项管理，同时为便于社区居民理解、推广与宣传，将项目改名为“好人好报”爱心库，实地打造公益慈善爱心捐赠平台，为社区居民献爱心打通“最后一公里”。项目强调“公益性、互助性、培育性”，主张因地制宜、内部造血，引导志愿者有效能动地参与社区治理，并形成长期有效的参与模式。

（二）运作方式——铺开社区支持网络，专项志愿团队协作式项目推广

南岗街社工服务站作为公益性社会组织，在基层实践中承担的社区公共服务职能越来越多，能够积极发动居民群众自主创新、合力管理、有效运作，对公益发展、组织培育一定会产生积极意义。爱心库的开展首先要重视社区培力，以专项志愿服务队伍为载体，面向社区铺开爱心系列推广服务，增强社区居民对于爱心库的认知，提升对于公益志愿服务事业的参与意识。其次将爱心库社区领袖培养、爱心资源大召集、好人好报大弘扬三大板块进行服务打包，短平快地开展社区治理服务，包括专长志愿者社区大放送活动、爱心资源恒常募集活动、爱心物资温暖到家活动、好人好报精神弘扬活动等，有步骤、有创新、有规模地实现阶段性的成效。对于社区居民来说，这无疑更是一场皆大欢喜的社区行动，将家里闲置的物品进行爱心“转手”，既能取得生活上断舍离的成功，又能获得献爱心的价值感；同时，妈妈们更能通过这项行动引导后辈学会关爱、友善，对于社区和谐氛围的营造无疑是锦上添花。

爱心库社区骨干培养：旨在运用爱心库为平台，推动社区内积极的、有爱心的社区居民参与其中，提升社区居民的沟通、交流、理解、分析、协商、合作等能力，培养自助互助意识，促进居民的社区参与。此外，实现爱心库社区骨干定期、定向、定点等自主运营管理爱心库的长效机制。

爱心资源大召集：主要依据社工站各服务领域对于重点服务人群、兜底困境等群体产生的需求，以及结合社区居委会、社区居民等不同群体不同组织反映的民众心声及特殊心愿等，通过社区活动的形式招募志愿者，募集爱心物资、爱心时间、爱心特长等，并将募集的社区物资、人力专才资源等，与社区需求进行有效对接、匹配，超出社区所需的资源转介至相关组织，使得社区资源利用最大化。

“好人好报”大弘扬：主要是在爱心库平台的基础上，对社区内捐赠爱心

资源有重要贡献的社区居民及爱心项目的所有执行者进行表彰与鼓励，在社区内倡导“公益齐参与”的服务理念，引导社区居民关注社区事务，提升共治共建共享的社区治理意识。通过团队建设、优秀事迹、个人表彰等形式对社区公益参与者进行维系，发扬社区内好人好报的公益精神。

（三）管理机制——指引项目有效运营，持续探索项目的可操作、可持续、可复制性

“爱心库”以捐赠爱心物资、爱心时间、爱心特长为主，实体捐赠具备一次性的性质，既不受约束，又能达到参与公益、奉献爱心的目的。所以捐赠爱心物资往往是社区居民最受欢迎的形式，但蜂拥而至的爱心也会造成资源的堆积、浪费以及社工站人力的耗费。例如，掺杂着大人、婴儿各式各样的生活用品；即将过期的食品；散发着异味的衣物；等等。面对社区居民的好意，“爱心库”在服务过程也不断探索着如何规范“拒绝”，树立一套有制可循的捐赠标准，通过针对不同类型的服务制定所属的管理机制，一方面强化爱心捐赠的可操作性，另一方面可形成一套长期有效的运营模式。而“爱心库”目前也已通过不断的探索，建立了一套较为成熟的管理机制，形成“接收—登记—筛选—整理—编号—入库—管理—维系—匹配—输出”的自主运用模式。

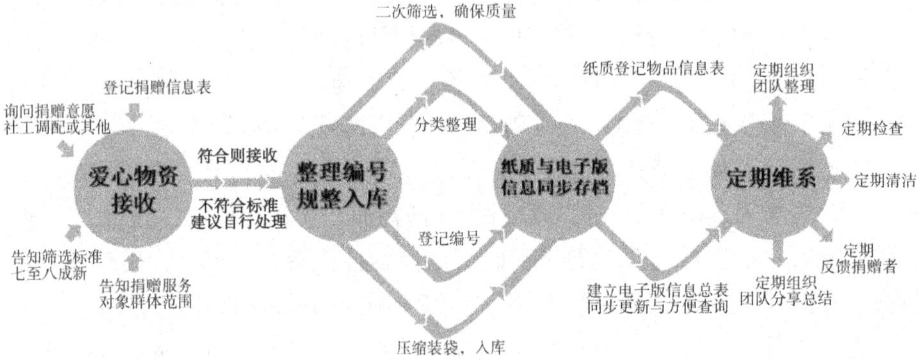

图1　“好人好报”爱心库管理机制

制定爱心物资捐赠流程机制：面向社区爱心居民及企业等，鼓励将家庭或单位的闲置物资进行爱心捐赠，由社工站进行登记、接收，了解捐赠人的捐赠意愿与指定捐赠群体等，经筛选确定符合标准的物资后，由社工站组织

志愿队伍等人员对接收物品进行拍照存档、编号，并将物资分为：A. 爱心书籍；B. 爱心家电；C. 爱心文具；D. 爱心衣物；E. 爱心辅器；F. 爱心用品。共六大类。最后将接收物资进行分类入库，并同步更新电子版入库信息与图库，方便后期随时调看。

爱心物资包括：

文具：笔、笔盒、橡皮、书包等。

书籍：儿童课外书、杂志、工具书等。

玩具：公仔、积木等。

日用品：洗洁精、洗衣粉、纸巾等。

粮食：大米、食用油等（需在保质期内）。

电器：电视、风扇、电饭煲、暖水壶等。

衣物：棉衣、手套、围巾、衬衫等。

辅器：轮椅、拐杖、坐便器、防滑垫等。

爱心捐献标准：

- 捐赠衣物需八成新以上，捐赠前用消毒液浸泡 15 分钟后清洗晾晒完毕并整理好。
- 衣物无破损无污渍，扣子、拉链较完整。
- 请分类包装，以方便整理。
- 不接收婴儿贴身衣物和婴儿食品。

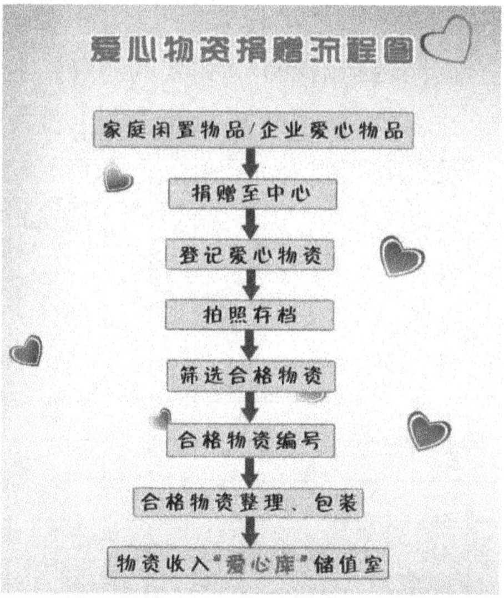

图 2　爱心物资捐赠流程图

制定爱心专长及时间捐赠流程机制：社工站作为学雷锋服务站点，采用志愿者登记注册表收集社区居民的爱心专长，并且将专长进行分类汇总，在社区活动开展及有需要的时间随时查询和发送志愿服务邀请。同时，将无专长的社区居民同样进行登记，以协助性社区志愿服务为主，均按实际服务时间进行有效登记，记录服务时数。

募集爱心专长类型：

烹饪：糖水、甜点等。

文艺：摄影、书法、绘画、舞蹈等。

手工：剪纸、织围巾、十字绣等。

其他：家电维修、活动主持、宣传、电脑操作、义剪等。

制定爱心对接与转介机制：项目定期进行库存清点与入库告知，提醒各社区居委会及社工站内及时知晓最新库存与提交申请，做好进行需求匹配，同时以“微心愿”的形式收集困难群体的需求，面向社区进行定向募集，并作为每月恒常性的服务，以个案跟进、帮扶行动等形式传递爱心服务。梳理针对各类群体已捐出的物资统计，掌握困难群体的实际需求；同时将一段时间内没有捐出的物品进行盘点，以转介外部公益组织等形式输出到各省份贫困山区等，避免物资的堆积和资源的浪费。

制定表格指引优化机制：主要体现在一方面是表格的更新，包括捐赠人登记表、物品流向表、电子版信息总表、多方申请表的制定、接收方签收表；另一方面是“爱心库”定位，包括接收标准的细化、筛选与检验机制的加强，以此更好地募集到适合南岗辖区困难群体需要的物资，避免物资囤积。

表1　2020年南岗街社工服务站物品捐赠登记表

日期	捐赠者姓名/单位	捐赠人联系方式	捐赠物品名称	数量	单位	用途意原（√）		接受社工签名	捐赠物品类别 A类：爱心书籍、光碟等； B类：爱心家用电器； C类：其他 D类：爱心文体用品（文具、运动器材） E类：爱心生活用品（清洗品、各种器皿） F类：爱心衣物
						特殊人群	社工调配		

表2 家庭爱心银行物品流向登记表

捐赠人信息						受赠人信息			
物品编号	姓名	时间	捐赠物品	联系方式	家庭地址	姓名	时间	联系方式	家庭地址

备注：此表监控爱心物品的储存和流向，向社工填写存档。

表3 爱心库物品签收单

广州市黄埔区普爱社会工作服务社
Guangzhou Huangpu PO AI Social Work Service

广州市南岗街社工服务站

爱心库物品签收单

_______已收到南岗街社工服务站爱心库_______________________物品，

共____件。

受赠人签名：________

受 赠 日 期：________

跟进社工（志愿者）：________

（四）爱心联动模式——助力公益项目内在动力，唤醒党支部、群团的扶贫帮困“初心”

“爱心库”的实体平台让社工站容易与各党支部达成合作共识。以爱心库为圆心联动辖区内的X个党支部，凝聚X个党支部内的若干党员，激发其成为党员志愿者，共同为社区内的困难居民献爱心作奉献。当社工站主动前往各企事业党支部去谈合作计划的时候，往往因为谈的内容不够具体，没有落到实处，让各党支部负责人很难进一步在支部内动员党员们参与。而如果在谈合作的时候，告诉对方社工站内有一个爱心库，而且社工站专门有一个场室用于存放爱心库募集而来的爱心物资，且爱心库不仅仅只是接收捐赠给困难居民的爱心物资，还接收爱心人士的爱心时间，那么各党支部的负责人在听后和看到爱心库的公益慈善实体平台图和管理制度后，就会看到联动模式是有必要的，那么对方就比较乐意签订党支部合作协议，因为他们觉得这种模式和党员们说起来比较容易，比较有动员力和说服力，党员们参与的可能性比较大。

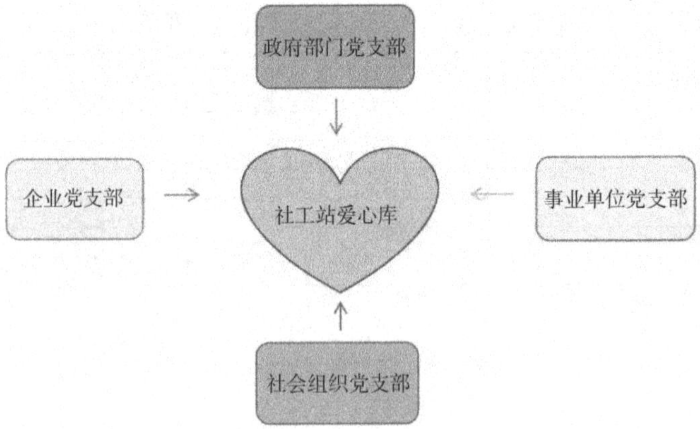

图3　社工站“爱心库”联动模式

仪式感让党支部愿意持续在“爱心库”献爱心。每一个党支部都是一个集体，集体有向心力才有前进做好一件事情的动力。为了增强每一个党支部的向心力，每次当一个党支部在“爱心库”平台上捐赠了爱心物资或者捐赠了爱心时间去社区作了奉献，社工站都会为其颁发捐赠感谢信，也会邀请所有的党员志愿者一起分享社区服务心得，并邀请其举行一个简单的捐赠纪念仪式。党员入党时是要进行入党宣誓的，在“七一”等多个纪念日也会举行重要会议或主题活动，党支部是讲究纪律的，也是重视仪式感的。所以，每一次当一个党支部在“爱心库”作了集体的奉献后，社工站都为其进行一个简单的仪式，一来感谢党支部对社区困难居民的关心，二来有助于强化党支部献爱心的意义感，有助于党支部在“爱心库”平台上形成向心力并持续进社区提供助人物资或助人服务。每年社工站还会进行一次大型表彰活动以鼓励志愿者们在助人之路上不断前行。而社工站“爱心库”平台中的制度化与仪式感，不仅能增强党员志愿者服务居民的爱心，也能促进各党支部愿意持续在“爱心库”开展党建活动下沉社区献爱心。

以公益合作为契机联动爱心企业助力“爱心库”。社工站作为项目管理主体，必须保证爱心库的各项库存充足，掌握辖区周边资源主体，能够在一定程度上回应困难群体的需求，并且在重阳、春节、冬至等节假日或是汛期、疫情等自然灾害中能够及时调动资源予以帮扶。为此，社工站以公司有公益需求或工会要求为契机，将扶贫助困、节假日慰问等形式的服务进行菜单式整理，提供给爱心企业，并且通过捐赠协议、捐赠仪式作为公益合作的启动仪式，以此助力爱心库的长期有效发展。

（五）“积分兑换”激励模式——关爱回馈机制促使公民获得公益价值，使公益“辐射”范围不断扩大

社区居民自愿成为志愿者，其目的大多比较纯粹，想利用自己的空余时间做更多有意义有价值的事情。爱心库建立“积分兑换”激励机制，推出《积分激励制度》，以生命影响生命为理念，鼓励社区居民向身边人传递公益价值，积极参与社区公益服务，同时对爱心库有重大贡献。例如，资源链接爱心企业及商家达到一定标准以上的，均能计入积分项目换算积分数，以及志愿者的爱心服务时数也能转换为积分储存累积，每季度可以定期兑换相应物品，兑换后积分相应减少。

同时，“以团带新”的形式做好社区培力，为爱心库培育更多有能力有专长的志愿者，更要维系好项目专项志愿者团队，回馈团队骨干的服务付出，并且以“好人好报大弘扬”的形式开展每年 2 次的表彰活动，激励社区居民持续参与，弘扬志愿精神，通过线上公众号、报刊、公告栏等途径宣扬志愿爱心事迹、爱心个人等，这在一定程度上能起到推动项目可持续发展，团队个人价值感增强的积极作用。

三、项目成效及结论

爱心库项目截至目前，爱心平台共收到居民和企业募捐爱心物品 5985 件，多年来共帮助 1561 个居民或困难家庭，并将募集的超出社区所需的 1882 件爱心衣物、书籍、家电、文具通过爱心库物资转介申请平台捐赠至 13 个单位组织，包括南岗辖区内两所中小学、衣点爱心服务队、中山大学支教队、四川省多个灾后重建单位组织、穗东街社工站、云埔街美荔家园社工站、黄陂/光宝企业项目点、“青年地带”志愿服务站以及新疆、贵州等贫困地区。

特别是新冠肺炎疫情期间，全国上下众志成城，万众一心。南岗街社工站紧跟政府、街道党委的统一部署，制订应急预案，并且调动爱心库资源优势，充分发挥志愿者在疫情防控方面的引领作用。人力方面，紧急动员 132 名党员及志愿者，协助辖区公交车站点指引乘客上车前测量，在社区门岗处先锋站岗，劝导居民佩戴口罩，测量体温；针对社区困难群体的出门频次低、在家无人照料、缺乏防疫知识、常用药无法补充等各项情况，组织社工和志愿者上门为困难群体宣传防疫知识共 1217 人次。物力方面，积极链接广州市慈善会、广州市社会组织联合会及广州市社会工作者协会的口罩资源和爱心

企业捐赠的消毒液，为南岗辖区内困境家庭派发抗疫物资缓解疫情期间的生活困难。截至 2020 年 4 月 30 日，社会资源整合折算金额共计 5210 元。

南岗街社工服务站作为广州市黄埔区以“爱心银行”模式推行此类创新服务的首例，不仅作为多个机构组织的参考示范点，还分享了从无到有，从分散到凝聚，从服务个体到整体社区的过程。目前穗东街、云埔街社工站借鉴此模式及爱心库作为创新载体，已能够结合自身实际情况作长期运营，也证明此项目的长期探索与发展是有成效与借鉴意义的，其建立了志愿服务长效机制，打造了志愿服务的新模式，形成了一系列的规章制度是可复制、可操作的，在社区层面产生了居民参与能动作用，在基层治理上起到了积极影响与推动作用，希望多年的志愿项目服务探索与沉淀能够得到推广与学习。

参考文献

[1] 刘烨．中国大城市社区公益性组织运作机制研究——以上海市湖南街道爱心银行项目为例．上海交通大学 MPA 论文，2012.

[2] 地区发展模式定义参考社区发展模式下社区工作运用以 A 社区为例一文，https：//wenku. baidu. com/view/32f2c1503c1ec5da50e270fa. html，2012.

“三旧”改造背景下长岭居社区营造新模式探讨

殷　萍[①]

摘　要：2018年4月8日广东省国土厅印发《关于深入推进“三旧”改造工作实施意见》。2019年3月28日上午，黄埔区长岭街道办事处揭牌成立，长岭街开始如火如荼的“三旧”改造，长岭居地块新的楼盘刚刚形成气候，大量人口入住，旧的社区已经或即将旧改，新的街道由新的人口融合构成，如何在维系历史文化和适应新的楼盘社区之间取得一个平衡，如何在这样特殊的环境下进行社区营造，是留给基层社会工作者的难题。福民社工自2019年在本街道内进行探索，从社区营造的“人”“文”入手，开启了“回忆旧村居，营造新风向”的社区营造系列项目。

关键词：“三旧”改造　社区营造

黄埔区长岭居板块规划总体面积为35平方千米，其中建设用地14.4平方千米，总规划人口23万，旨在打造广州东部山水新城生态宜居示范区。随着2015年被纳入广州开发区“十三五”规划中的重点开发区域，长岭居一直在持续“升级”：规划起点高，经济发展颇具活力，广州城市东进的全新着力点，成为长岭居的全新身份。

由于长岭居蓬勃发展和越来越多的新楼盘落地，长岭居从原黄埔区萝岗街脱离，2018年8月，经广州市政府批准，同意成立黄埔区长岭街道办事处。2019年3月28日上午，黄埔区长岭街道办事处揭牌成立。新设立的长岭街道管辖面积约52.17平方千米，总人口约3.51万。下设水西社区、长平社区、黄登社区、黄麻社区、岭头社区、长岭社区6个社区，长岭街道办事处驻长岭路71号（长岭新村），长岭居板块被正式划入长岭街。

---

① 殷萍，广州市福民社会工作服务中心总干事，社会工作师。

2018年4月8日起，广东省国土厅印发《关于深入推进“三旧”改造工作实施意见》，2019年开始，黄埔区长岭街就陆续开始了“三旧”改造的模式，而开始在长岭街开展服务的福民社工在“三旧”改造如火如荼的时候开始了新的社区营造服务模式。

一、社工进驻正在进行“三旧”改造的社区面对的困难

社工进驻的主要是进行“三旧”改造的社区：黄登社区、黄麻社区、水西社区、岭头社区、长平社区。最先开始改造的社区是水西社区和长平社区，这些社区之前还是农村社区，村民之前主要靠种果树等为生，现在社区每天都充斥着挖掘机轰鸣的声音，一栋栋楼被推平，居民已经四散在四周租房子或者买房另居。社工进驻后陆陆续续面临着人不在服务辖区的困境。原辖区的服务对象们也感慨着旧村一去不复返，面对着之前的邻里社区联系一瞬间全部被隔断的现状，传统的社区文化似乎从此消散，邻里之间的联系也变得越来越艰难。例如，端午节期间，社工走访和慰问岭头的7户居民，跟着居委的工作人员一起绕了大半天才找到分散在黄埔各个地方的困难居民。个人、社群和社会几个层级是不能独立存在、抽象发展的。在一个失去了原来社群关系的社区，如何开展社区营造，是摆在社工面前的难题。

面对重组街区和社区“三不足”的现状：获得感不足、认同感不足、参与度不足，社工开始思考如何破解这种现状。这些旧改的村民就是离开了社群的个人，如何在这样散居在服务辖区之外的环境中进行社区营造，通过建立连接关系网络让传统社区的人情和文化牵连着四散的居民，借助互联网和线下集会等方式保持持续的互动，同时让一些不适应新的环境的居民有一个更好的缓冲。

二、思考如何通过在“三旧”改造背景下进行社区营造

社区营造是个新词，一般情况下，社区营造就是要政府引导、民间自发、NGO帮扶，是社区自组织、自治理发展，帮助解决社会福利、经济发展、社会和谐的问题。在这个过程中提升社区的集体社会资本，达到社区自治理的目的。而在长岭街进行的社区营造，“同一地理位置”这个概念被扩大，不再是某一个特定的社区或者街道，甚至有的居民都已经跨出黄埔区居住，“同一地理位置”变成了居民心目中的故土和家园，那个地理位置在心里，福民社

工要实现一个精神上的社区营造。

“社区营造”系针对不同种类的社区议题而行动，日本的宫崎清教授主张将这些议题区分为以下五大类。

“人”指的是社区居民的需求的满足、人际关系的经营和生活福祉之创造。

“文”指的是社区共同历史文化之延续，艺文活动之经营以及终身学习等。

“地”指的是地理环境的保育与特色发扬，在地性的延续。

“产”指的是在地产业与经济活动的集体经营，在地产业的开发与营销等。

“景”指的是“社区公共空间”之营造、生活环境的永续经营、独特景观的创造、居民自力营造等。

社工在长岭居“三旧”改造背景下进行的社区营造，就是“人”和“文”的营造。旨在延续社区的共同历史文化，经营已在地理上分散居民之间的人际关系，提升他们生活的幸福感。同时持续进行一些传统的文化活动、艺术活动，确保历史人文的传承。在此基础上，也抛弃原来旧村的一些不太好的习俗，融入所居住的新的楼盘社区，学习诸如垃圾分类、文明遛狗等小区新的文明新风，强化新社区的精神认同。

三、福民社工在长岭街尝试“三旧”改造“社区营造”的新模式

福民社工根据进行“三旧”改造的几个社区具体情况，在2019年通过两个月抽样500份的调研后，设计了名为“回忆旧村居，营造新风尚”的社区营造系列项目，项目的主要内容有：乡村文化留存项目，社群线上服务项目，社区空间营造项目，社团组织培育项目，社区文化融合项目。这几个项目是从维系旧社群、打造新社群两个维度同时进行的，通过广泛链接辖区各类资源，联系各个单位，并且设计了前后贯穿的丰富活动或有效举措。

项目的组织结构图如下：

理论上来说，一个社区是潜藏着很多社区能力的，社区能力的体现可能表现在四个重要的面向。

社区意识（sense of community）：系指反映出成员之间的联结程度，以及对环境相互关系的认知，包括集体持有的共同价值、规范和愿景之程度。

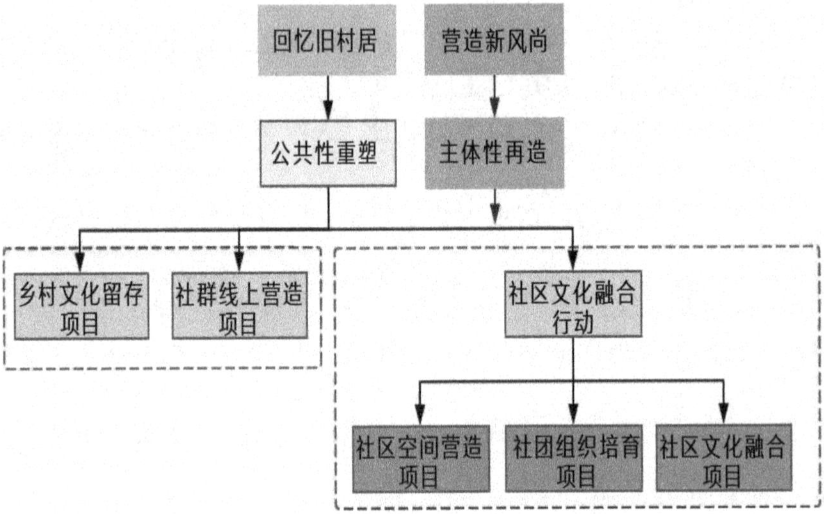

图1　长岭居“三旧改造”社区的社区营造模式

成员彼此之间的承诺（commitment）：系指特定的个人、团体或组织愿意为社区所发生的事负责。

解决问题的能力（Thea bility to solve problems）：即将承诺转化为行动，且仅有“社区参与”是不够的，在规划和执行本身改变的策略时，社区必须扮演最主要的角色。

资源的取得（access to resources）：除评估、确认并取得既有的社区资产外，也要能链接并取得社区外的资源（如经济、人力、有形和政治资源）。

显然，“社区能力”的定义是广泛且不明确的，它可能是有形的物理环境或无形的意识或价值；它可能是个人、组织或社会网络；它也可能是个人间、组织间或网络间之情感、意识或价值连接。而长岭街正在进行“三旧”改造的社区，表面上社区的建筑物正在被推倒，居民已经分散社区外居住，但是他们个人、组织或社会网络之间的情感、意识或价值连接是依然存在的。社区的能力依然在，福民社工要做的就是发现并正视这种能力，推动和打造更多的连接，使得旧村居的历史文化得以在新的社区传承，各类社会组织得以重新搭建，社区网络得到继续。

居民互动的网络是构成社会资本的要素之一，若将网络的概念置于社区脉络，即指网络的功能包括：

- 提供完整且分散的沟通渠道；
- 创造反思与学习的机会；

- 促进集体行动；
- 支持跨社区间的伙伴关系；
- 促进社会凝聚，这些功能的发挥某种程度上将有助于前述社区价值的实践。

社工要做的第一件事就是发掘社区的能力。在长岭街道党工委、办事处的统筹领导下，积极参与街道开展的各类诸如基层党组织建设、公共活动空间建设、公共设施配置及改善、公共治安与环境建设、社区福利会运营、联动企业共建社区等工作。街道党工委、办事处及各部门代表的是社区的行政权威能力，它们发挥着方向引领、统筹协调、桥梁纽带、资源联动等作用。而福民社工在社区营造事务中的主要角色与功能为：融入长岭社区服务的探索者、信息传递平台的构建者、社区营造初级阶段的服务提供者及吹哨者、社区内生资源及外部社会资源的链接者、社区群众主体意识提升的催化者。在长岭街道办和各社区的有力支持下，社工通过紧密联系社区有威望的老人、志愿者和之前的社区组织的领袖，组成新的社区网络，如各种微信群、居民群、抖音的互相关注，同时社工在群里组织各种各样的线上线下活动，成为维系居民之间互动的纽带。

新旧融合的社区工作是一个变化万千的工作。在工作过程中，涉及很多问题，例如不同利益者之间的冲突、人际关系问题、法律问题、合作与协调问题、与社区内各类组织和单位的关系等。社区工作的开展也相当复杂，不但要解决问题，更重要的是推动社区居民通过参与，得到各方面的发展和成长。社工接触新楼盘各种不同年龄、性别、民族、背景、职业的居民，并与他们建立关系，了解他们的问题和需求，把他们组织起来共同研究、策划和推行工作等。

社区营造模式中，“回忆旧村居”和“营造新风尚”不是互相割裂的，社工在进行回忆旧村居的服务策划中，也有意地引入对旧村居记忆感兴趣的“新楼盘”居民，他们既是这个街道的新主人，也是旧村居村民的新邻居，只有促进他们互相认识，更多地了解，才有文化的进一步碰撞和融合。社工主要做的工作有以下几个方面。

（一）社工通过“镜头中的旧村回忆”“旧村记忆博物馆建设”“文化风俗活动”等活动，在一些即将被拆但目前仍然留存的村居开展摄影等活动

让旧村居的村民和感兴趣的小区居民一起来寻找旧村回忆，如“黄登”

记忆、“黄麻”记忆，拍摄一些老物件，一些记载着旧时文化的痕迹的物品。这场活动有50人参与，共产出200多个旧村回忆作品。社工将这些作品在线上和线下展示，并和街道相关部门沟通，怎样更好地保存这些物件，还有作品，以后设置一个“旧村博物馆”来展示和保存这些回忆。

除此之外，社工跟新的楼盘所在的居委会和物业协商，每年固定在一些特定的节日，开展“旧俗焕新颜”活动，将有意义的风俗比如端午节等和新的文明风尚结合在一起，持久性地在小区开展，更好地促进邻里彼此的融合。

（二）社区营造过程中，社工特别注意组织和动员社区居民加入总体营造的行列，提升居民参与意识

通过整合各方面的资源进行方案的细化，并专门进行协商，整合社区成员、团体及政府部门的相应资源，满足社区需求，实现社区目标。因为积极发掘、组织、协调与利用社区资源，是社区营造过程中的基本原则和特征。福民社工花费了两个月时间，熟悉了长岭街各种资源，加入了街道的各部门工作群，并联系上了所有的居委会、物业，将各种要素有机组合在一起，平衡各方面的关系。在这个过程中，社工展现出了组织具体相关活动的能力，如会议主持、行政管理、方案策划以及推动社会行动或运动的知识与技能。作为社区营造的角色，社工需要能够通过分析、策划、检讨、激励、咨询、教育、谈判等手段，挖掘和利用一切潜能。例如在2020年新冠肺炎疫情期间，社工链接了防疫物资等资源，并在之后链接了更多爱心资源、图书等资源，为几个新社区建立图书角，获得了街道办事处和居委会的信赖，展现了社工超强链接资源的能力。

同时在旧改的过程中，社工还特别关注了高龄孤寡长者在安置区的适应和照顾问题，学生面对社区的变化导致的学业问题等影响社区和谐的因素。社工将这两类问题列为专项服务，同时广泛号召长岭街辖区的新楼盘居民加入志愿服务队伍。社工结合长岭街的居家养老服务平台，组建“福星护老队”，去关爱困境长者，帮助他们解决生活中各种困难，如旧改安置等问题。长岭街黄麻小学因为即将旧改，很多学生转学到长岭居小学，出现很多学业问题和适应问题，社工联系了长岭居小学家委会，组建了“福星辅导队”，针对性地对黄麻转学的学生，进行课业辅导和日常关怀，社工还针对有学生的家庭开展了家庭辅导，辅导家长如何更好地和孩子沟通，关注孩子的心理健康。

（三）“营造新风尚”，进行主体性再造的社区营造模式

伴随着旧的社区的消失，在通过旧的风俗人情维系旧社区之间人与人关系的同时，更重要的是在新的小区环境中进行社区营造，打造新的社区氛围。社工主要针对旧改社区居民居住比较集中的楼盘开展“营造新风尚”系列项目。社工的目的如下。

- 促进居民参与解决自己的问题，提高社区居民的社会意识；
- 调整或改善社区关系，减少社区冲突；
- 鼓励居民参与社区公共事务，增强邻里互动来往，促成社区自治；
- 发挥居民的潜能，发掘并培养社区的领导人才，为社区增能；
- 培养互相关怀、彼此互济的美德，建立社区归属感、荣誉感和责任感。

社工从以下几个方面开展社区营造。

首先，开展社区空间营造项目，联合居委会和物业开展社区环境的营造，在社区环境的布置中展现旧社区美好的元素，如萝岗橙装饰、香雪梅花装饰、传统文化作品展示等，增强旧社区居民的归属感、新楼盘居民的认同感。同时组织一些“齐动手，小区环境靠大家”“垃圾分类，明天更美好”“为我的社区打 Call”等系列活动，形成共建美好社区的氛围，共同认可的环境空间是社区营造的前提。

其次，开展“社区组织培育项目”，联络旧社区的社区领袖，新楼盘的才艺新人，将旧的组织激活，挖掘和增加新的人才，注入新的血液。通过和街道及居委会商量的系列扶持鼓励政策，号召居民自发性组织小团体，如成立业委会、舞狮兴趣团、二手市场小组织、社区家宴等，既能自我治理、自我决策，又能在大集体中和谐共存，协商解决矛盾，提升居民的各种能力。

最后，在营造共同的空间和自治组织的同时，促进新旧文化的融合，形成一种适合本社区的新文明风尚。社工组织社区文笔好的志愿者，书写长岭社区文明新风尚相关诗歌和文章，开展“我为新社区代言”等系列活动，广泛邀请居民参与，达到挖掘居民自我价值，增加居民信心和社区自治能力的目的，改善社区环境，并促成其自我价值的实现，过程中新社区的居民也经历了从思想意识觉醒到发挥自主能动性积极参与的过程，以“治理主体”的身份参与社区事务，达到社区自治的目的。

另外，长岭街街道办在创建文明社区的过程中，定期召开居民大会，广泛邀请各部门、物业和居民代表、社工及志愿者、商业街负责人参与，详细阐述创建文明城市的各类要求和规定，听取各方的意见，根据具体情况制定

详细的服务方案，体现居民是参与社会治理的主体，共同建设美好社区，打赢创建文明长岭的攻坚战。

2020年7月，在长岭街党群服务中心主导下，社工广泛宣传号召下，开展了长岭新风貌系列摄影大赛——“山绿水清·爱在长岭——定格最美长岭地图”系列活动之“美在长岭”摄影大赛，旨在围绕长岭区域呈现的自然风光、历史遗迹、城镇新貌、民俗风情等，以“美在长岭”为主线，放大长岭区域生态旅游资源，培育长岭乡村旅游新业态，提升长岭区域的知名度和影响力，助推长岭美丽乡村品牌塑造与提升，摄影大赛征集到的43位作者共131张摄影作品，并进行了广泛的宣传。

四、在“三旧”改造的社区开展社区营造的经验启示

邻里互助友爱是和谐社区建设的重要内容，居民交往可以化解居民内部矛盾，促进和谐社区的建设。然而，随着“三旧”社区改造的进行，原有的地缘、亲缘关系的逐渐割裂，新的业缘关系需要更长时间才能建立起来，缺乏融入城市社会生活的社会支持系统为安置原农村社区居民的社会适应和心理适应带来了诸多困难。而长岭居新建的楼盘，迁入的新居民之间也需要一个长期的磨合。在这样彻底“破旧建新”的社区，福民社工在长岭街党工委和计生办的支持下，将原有社区重新整合，从零开始，从陌生到熟悉，利用原有居民之间的文化和记忆连接，将旧的文化融入新的文明风尚中，打造出“长岭新风尚”，成为长岭街居民新的文化风俗和准则，同时组织开展了丰富多彩的群众性文化活动，通过提供再就业服务、社会保障服务等途径培养居民对社区的认同感和归属感，促进居民文化观念的转变，在全广州创建文明城市的背景下，引导居民主动参与社区建设，调动居民参与社区管理的积极性，促进社区居民间的交往，缓解社区居民的矛盾。

同时，长岭街着力构建以居委会为基础，党群服务中心和以福民社工为主力的社区社工站为平台，其他社会组织和社区居民广泛参与的社区管理体制，各司其职，推动旧社区的改造，文明新社区的成型，依托旧社区的各类文化组织及骨干培育各类社区民间社团、居民自组织等民间组织，在资金和场地方面给予帮助和支持，推进“柔化治理”，减少因刚性治理对社区带来的摩擦与伤害。这其中，传统的文化社团对旧社区的居民具有强大的吸引力，容易让失去旧家园的他们找到归属感，同时也是连接新楼盘居民的纽带，它们不仅丰富了社区居民的闲暇生活，净化了社区氛围，更重要的是连接了居

民的社区情感，营造了社区中具有“趣缘”性质的公共空间，这对于培育居民们的社区公共参与意识、提高“三旧”改造居民和楼盘新搬迁居民的社会适应、心理适应、文化适应十分有利。

“三旧”改造还在进行，新的楼盘也将不断崛起，社区营造的工作任重道远，社工愿意跟各基层部门紧密结合，继续开展“回忆旧村居，营造新风尚”系列社区营造服务，这是一个持久的工作，但是社工相信，未来必定会有一个宜居宜家的，在长岭旧社区文化的魅力和新城文明新风的互相映衬下更加美丽的长岭新城。

参考文献

［1］王洪波．社会发展中个人与社群关系研究［M］．中国社会科学出版社，2017，37（1）：29-251.

［2］梁漱溟．中国文化要义［M］．上海人民出版社，2003：21.

［3］Jim Diers. 社区力量［M］．洪枼文化出版社，2009（5）．

［4］曾旭正．台湾的社区营造［M］．远足文化事业股份有限公司，2009（10）．

［5］杨弘任．社区如何动起来［M］．群学出版社，2014. 65.

［6］罗家德，梁肖月．社区营造的理论、流程与案例［M］．社会科学文献出版社，2017：123.

［7］马克思恩格斯全集．第3卷［M］．人民出版社 2002：312.

创新构筑五位一体服务体系之“生命通道”
——医务社工介入非户籍重病患儿及家庭社会救助的实践探索

严秀灵　温冬宝　林楚燕　陈安乔[①]

摘　要：2017年，民政部、财政部和国务院扶贫办三部门发布《关于支持社会工作专业力量参与脱贫攻坚的指导意见》，要求发挥社会工作专业人才组织协调、资源链接、宣传倡导的优势，帮助贫困群众建立健全社会支持系统[②]。生命通道项目针对传统医疗救助模式的痛点，以系统理论为分析和服务框架，多元主体共同参与，以“全人视角”为广州市非户籍重病儿童及家庭提供物质帮扶与人文关怀相融合的“全程”服务，精准施策，创新性地提出“以患者为中心”的社会性医疗救助整合型服务模式，探索构建“医院—基金会—医务社工—社区—患者”五位一体服务体系，累计为来自全国十几个省份的2000多名先心病、脊椎侧弯、早产等患儿及其家庭提供服务，链接基金会资助金额超过4000万元，综合提供物质帮扶和人文关怀服务。

关键词：生命通道　重病儿童　社会性医疗救助　社会工作　五位一体

一、项目背景

2014年，广州市北达博雅社会工作资源中心（以下简称北达博雅）的社工见到了半个月大的小莉莉，她上腭裂开、下颌短小、双腿畸形，来自外省

---

① 严秀灵，广州市北达博雅社会工作资源中心品牌运营主管，社会工作师；温冬宝，广州市北达博雅社会工作资源中心医务社工总监，社会工作师，2017年中国百名社工人物，广州本土督导；林楚燕，广州市北达博雅社会工作资源中心常务副总干事，社会工作师；陈安乔，广州市北达博雅社会工作资源中心广东省人民医院医务社工项目主任，社会工作师。

② 三部门关于支持社会工作专业力量参与脱贫攻坚的指导意见．中国政府网，2017-08-19，http：//www.gov.cn/guowuyuan/2017-08/19/content_ 5218659.htm.

农村的父母在广州租房打工，生活艰辛与昂贵治疗费用的压力使得他们整日以泪洗面，无所适从，最终产生了抛弃小女儿的念头。历经一年多，社工和其父母共同努力，小莉莉动了手术，现已上了幼儿园。这个案例，促使北达博雅开始了困境儿童救助的研究，发现了传统医疗救助模式至少存在三个主要困境。

（一）医疗救助供给存在政策性和社会性两方面局限

1. 政策性救助对学龄前非户籍儿童未能全覆盖

社会救助制度、医疗制度、社会保险制度与户籍制度紧密相连，对非户籍儿童的救助限于在广州就读的学生，学龄前非户籍儿童则不在此保障范围内（如图1所示），而这个阶段的重病儿童恰恰是非常需要及时救助的主要群体。

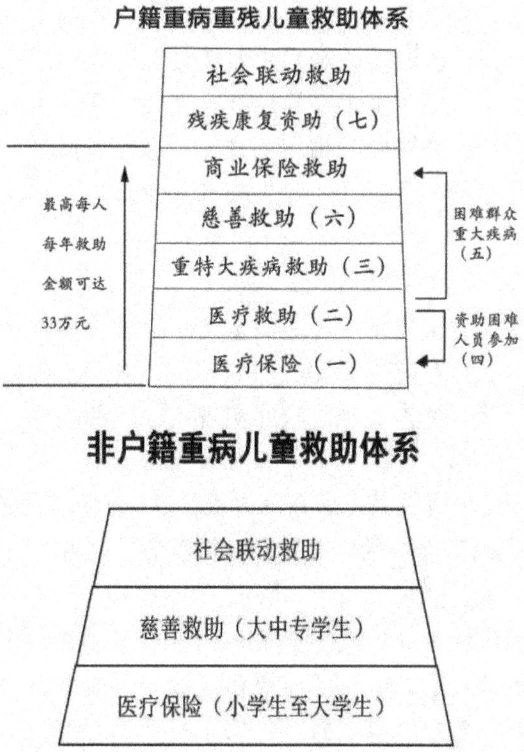

图1　2014年广州市户籍与非户籍重病儿童救助体系对比

2. 社会慈善基金救助范围单一及标准不高

活跃在慈善医疗救助一线的民间基金会较多专注在某些病种或有固定的病种要求，非指定的病种难以得到救助，其救助一般是一次性费用资助，且标准不高，无法满足较高的重病治疗费用，渠道有限的患儿家庭亦难以克服这一困难。

（二）见“病”不见“人”的救助模式难以满足多样性需求

1. 难以满足重病患儿及其家庭的多重需求

首先是经济帮扶需求，重病病程长、治疗资金大，贫困家庭经济负担十分沉重。同时，因为异地治疗，其报销水平还会降低，一些大病报销的比例甚至仅为30%。其次是临时异地生活安置需求，患儿异地就医的过程，需要家属在院内陪同照顾，也需要家属为患儿的生活起居进行张罗。对于阶段性出院疗养的患儿，因为担心回家的折腾和过程中疾病的复发，其家人会选择在医院附近暂时安顿，这就面临着租房费用较高的困境。最后是患儿和家属情绪需求，面临重病、经济困难和异地社会适应等多重困境，患儿及家属会面临较大的心理创伤，需要精神情绪的疏导和慰藉。此外，重病儿童的治疗并不都是百分百治愈的，会面临治疗失败和儿童死亡的情况，对于家属的情绪又是沉重的打击，需要哀伤辅导。

2. 难以满足医院的现代治疗模式需求

目前，医疗模式正在历经从传统的生物医学模式向“生理-心理-社会”医学模式转变。然而，医院想要完成这一转变，进一步提升医疗服务、强化医院人文关怀，仅靠医护人员难以较好实现，医院和临床科室由于医学的背景及人力支援不足的原因，对于重病患儿及其家属的心理、社会需求的介入是不足的，但这正是患者及其家属在院内治疗过程中需要重点关注的。

3. 难以满足慈善基金会的全面综合评估救助成效需求

基金会传统的救助模式（如图2所示），主要通过医院进行病种审核和出院结算、审核贫困重症患儿的资料来提供医疗救助。在这个过程中，基金会难以精准评估患儿及其家庭的真实需要和“资料”外的真实情况。这种单纯的资金救助不能解决术前入院安置、救助个案长期跟进、术后死亡个案哀伤辅导等问题。同时，在现代慈善中，捐款人对捐赠成效需要进行评估，但因基金会缺少全程、全面跟进服务，难以获得相对完整的救助情况，反馈时难以达到真实、准确、全面的要求。

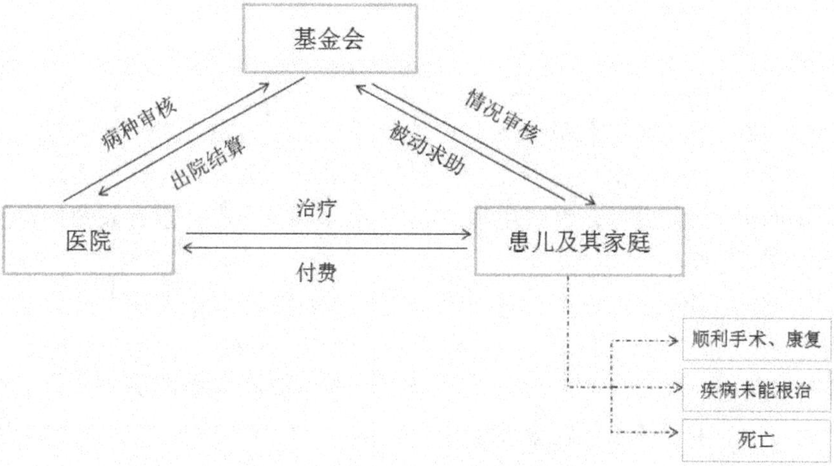

图2 传统社会性医疗救助的关系

（三）资源输送渠道不通畅影响帮助的便利性和时效性

1. 制度性异地大病救助资源存在地方性条件限制、事后救助以及救助流程慢的问题

大病救助必须在当地定点医院治疗、异地医保救助必须是术后报销，申请手续繁琐，救助流程慢，这就影响了患儿家庭最为注重的救助及时性、医院对患儿的高质量康复治疗等需求。除了政策制定的普及性不足外，在政策的执行过程中仍然有许多环节需要理顺，供需双方的信息和资源沟通均存在较大的被动性，这就需要熟悉政策及申请环节的咨询员和协助者进行中间的有效衔接。

2. 社会性救助渠道及流程存在资源分散、民众认知度低、无法快速有效匹配的问题

基金会和患儿家属在救助中处于“背对背”的状况，信息不对称，患儿家属常常不知道通过什么渠道去联系慈善组织，也不知道如何申请，基金会亦无暇跟踪患者具体情况。患儿家庭在被动救助的过程中，常常因为资料填写上出现不真实、不完整甚至是不会填写等原因，导致救助数量、救助通过率偏低，造成救助遗漏。不同社会救助机构之间“各自为政”，缺乏合作，贫困重病患儿的救助资源难以整合，存在交叉重叠的问题，甚至出现重复救助或救助空白的现象。

二、实施过程

如何改变见“病”不见“人”的传统医疗救助定位，满足患儿及其家庭的多重需求，提升救治质量和生命质量，是政府、医疗机构、慈善组织、社会工作机构的共同目标，是“生理-心理-社会”模式的要求，是我们对美好生活的共同追求。

“生理-心理-社会模式”生动地呈现了一般系统理论，把人的健康状态看作是一个反映生理、心理、社会环境相互依存的系统。一般系统理论认为，系统的不同层面本质上都是相互关联的，一个层面的改变就会导致其他层面的改变。一个生理健康问题会破坏人的自信心，影响人完成日常活动的能力，就会影响人的工作、婚姻或其他社会角色的扮演和关系的维护，久而久之，就会导致情感痛苦。多样性、综合性、多元化的需求，必然要求有整合性的服务，开展院社合作、医社合作，实现医护、社工、慈善跨学科团队与社会支持网络开放系统的联动，因此，北达博雅在系统理论的指导下，开展了长达 6 年的整合服务探索，目前，“医院-基金会-医务社工-社区-患者”五位一体服务体系已初见成效。

（一）探索期：独自开通“生命通道——广州市非户籍重病患儿及家庭热线”

2014 年，北达博雅自筹工作经费（见表 1），设立“生命通道——广州市非户籍重病患儿及家庭热线”，开始了广州市非户籍重病患儿及家庭社会性医疗救助社工服务的探索。

表 1 “生命通道——广州市非户籍重病患儿及家庭热线”自筹工作经费列表

生命通道热线（2014—2015 年）自筹工作经费列表		
年度	资助主体	资助金额
2014	广州市首届公益创投大赛	7.2 万元
2015	广东省千禾社区基金会	5 万元
2015	腾讯乐捐筹款	9.2 万元
合计		21.4 万元

热线最初是面向广州地区，针对 0—6 岁的脑瘫、先天性心脏病、唐氏综合征等重病患儿及其家庭，提供线上疾病健康咨询、资源链接、政府政策信

息，以及线下个案探访跟踪服务的“双线”支持服务。在2014年、2015年两年间，共跟进了128个个案，开展了5次社区倡导活动，受益群体达1500余人。2015年6月，项目首例腭裂宝宝小莉莉，历经一年多时间，终于在广东狮子会的资助下成功进行了手术。

（二）雏形期：北达博雅＋爱佑基金会＋三家医院合作

2015年10月，生命通道项目初次和爱佑基金会以合作的方式进驻到广东省人民医院开展大病救助服务。生命通道作为连接家属、爱佑基金会和医院三方的桥梁，进行资源整合、信息沟通、家庭条件评估审核，并为有需要的家庭提供情感支持、陪伴、压力疏导，协助家庭进行资源梳理，解答相关政策疑问等，将基金会有限资源最大限度对接于有需要的家庭，提高救助效率及缩短程序。北达博雅社工介入大病救助，通过流程重组，把基金会与患儿家庭“背对背”的物质帮扶，变成了“面对面”的物质帮扶与人文关怀融合的服务。

初试成功，促成了爱佑童心项目与北达博雅生命通道项目在2016年正式签订合作协议，北达博雅全面承接爱佑童心项目在广东省人民医院、广州市妇女儿童医疗中心、广州军区广州总医院三家医院的先天性心脏病个案患儿入项评估审核工作。2017年，爱佑基金会加大社工人员资助，生命通道项目配置3名专职社工，对接3家医院，完善服务流程和模式，深化服务内容，完成了《重病儿童救助服务工作手册》《家长操作手册》，增加了搭建院内社会支持网络、创建项目品牌与社会影响力、进行术后回访等工作内容，为服务对象提供更全面的医务社工服务。在2016年至2018年3月期间，生命通道项目一共获得爱佑慈善基金会资助医务社工经费58.9万元，并通过多方联系整合社会资源，与广州市超过15家单位建立合作关系，本地机构、基金会、企业、社工站（家综）提供适合救助对象使用的物资折合价值超过5万元，链接基金会资助金额达4000万元，累计为全国14个省份超过1990名先心患儿及其贫困家庭提供救助服务，并因此获得“2016年广州市社会工作协会公益项目社会资源融合大赛一等奖”和“2017年广州慈善项目影响力榜十佳项目”称号。

通过深度跟进个案服务、家属支持工作坊、节日探访与康乐活动，以及恒常志愿者主题活动（如游戏陪伴），促进医患共融、强化患儿的家庭及社会支持网络，从而舒缓患儿及其家庭的治疗压力；通过医患共融、社工及志愿者的陪伴和引导，减少患儿在就医过程中的恐惧和排斥行为。2016年，项目论文《全人理念下社会救助在医疗服务中的探索——以北达博雅生命通道项目为例》入选了中山大学举办的“新常态下中国社会福利和社会工作的转型国际会议”分论坛报告。

2018年，入选“第三届华人地区医务社会工作国际研讨会”海报发表活动，发表了题为《在基金会合作基础上搭建重病个案社会救助网络的重要性》的海报。

（三）成型期：北达博雅 + 多基金会 + 多医疗机构 + 社区社工 +志愿组织 + 家庭系统联动

从2018年开始，借助医务社工政策的发展和各地社工机构、双百社工站的建立，生命通道项目也从广州延伸到粤西地区，开始构建省内救助网络，深化“社工-医院-社区”支持网络服务。目前，生命通道项目已和双百社工对20多个患儿及其家庭进行个案转介及服务跟进。

1. 以“医务社工项目 + 救助病种”的方式推动项目发展

北达博雅分别和广东省人民医院、高州市人民医院、广州市番禺区妇幼医院等医院开展大病救助服务的医务社工项目，联合不同的基金会研发或嵌入专项性公益救助项目。目前的公益救助项目分别有：北京春苗基金会合作的早产儿救助公益项目、广东长江公益基金会合作的早产儿救助公益项目、深圳球爱同行基金会合作的脊柱侧弯救助公益项目、深圳首彩基金合作的先天性心脏病救助公益项目、北京爱佑基金会合作的儿童血液病救助公益项目等。

2. 成立大病个案管理中心平台

首先是建立医务社工与社区社工的大病救助“个案服务运行机制”，按照“社区-医院”框架对患儿的就医流程划分为术前（社区）—术中—术后—出院（社区）四个维度（如图3所示）和五个阶段（见表2），并且对五个阶段进行了主体和服务内容的细分。

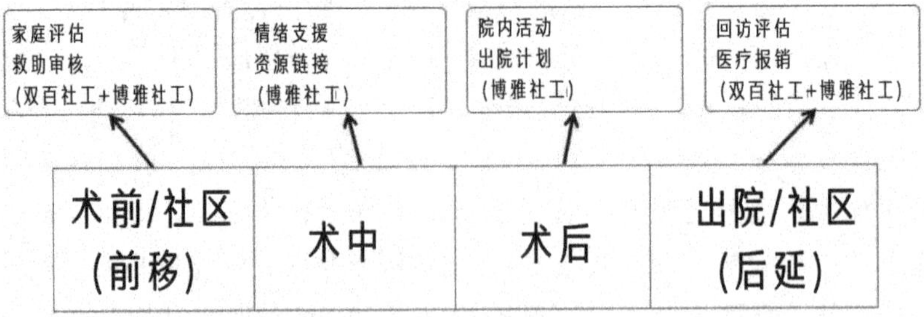

图3　生命通道“社区-医院-社区”全程服务维度划分图

表2 生命通道全程服务五阶段服务内容表

生命通道全程服务五阶段服务内容表		
阶段	主体	服务内容
个案发现	社区社工+ 患儿家属	社区社工初步跟进： 1. 了解情况：病种及病情（CT、B超）、新农合及当地兜底政策、医疗费用准备情况、联合当地政府其他部门 2. 协助填写申请资料 3. 入院前对接医务社工
面谈评估	医务社工+ 患儿家属	驻点医院开展六个维度评估：成员、收入、疾病、事件、供养、心理
术前服务	医务社工+ 患儿家属	1. 资料审查及电话抽查 2. 听取医生病情评估意见 3. 陪同家属了解术前报告 4. 患儿探视情绪评估
术后服务	医务社工+ 患儿家属	1. 陪同家属ICU听术后报告 2. 病房探视了解术后恢复，视情况协助医患沟通 3. 赠送物资、链接其他资源 4. 指引出院结算资料准备 5. 共同制订出院计划
出院服务	社区社工+ 医务社工+ 患儿家属	1. 术后回访评估 2. 协助了解当地医疗救助及报销 3. 协助寻求当地社会支持网络 4. 链接就学及照顾等服务资源

其次是开展个案回访评估，系统解决患儿术后生理、心理、社会需求。生命通道项目上门回访地点以广东省内城市为主，所选择的回访对象为个案救助申请时跟进较多的患儿。2017年以来，医务社工对广州市天河区和花都区、河源市、云浮市、肇庆市、惠州市5个城市的25个患儿家庭上门回访。回访评估包括4大功能11个维度，并根据评估的结果进行后续的个案跟进，评估的维度包括：

躯体功能：术后康复及复诊情况、发育异常情况、其他病症；

心理功能：儿童心理情绪、照顾者心理情绪；

经济功能：救助政策情况、家庭生计情况、因病致贫返贫；

社会功能：读书就学状况、社会支持状况、留守情况。

3. 建立与医院困境儿童帮扶强制报告机制无缝衔接的社区网络

根据《关于开展困境儿童“合力监护相伴成长”专项关爱行动的通知》

(粤民发〔2020〕9号),医疗机构制定了临床科室困境儿童帮扶强制报告机制及相关工作指引,对对象类别、工作流程及转介表等作了具体要求,而生命通道项目所构建的系统网络显出了作用,北达博雅广东省人民医院医务社工项目跟进的一名贫困家庭的早产儿个案既获得了北京春苗基金会2万元的资助,在广州从化鳌头镇双百社工站的联合服务行动中,链接了从化区慈善会2万元临时救助金,完成治疗,顺利出院。

三、模式与特点

(一)理念改变:做“全人”“全程”的服务

世界卫生组织早在20世纪70年代就提出了全人健康理论,提出健康是身体、心理和社会适应的良好状态,亦即全人健康理念。全人健康观的提出是医疗服务从生物医学模式向生物-心理-社会医学模式转变的哲学突破①。生命通道项目是以“患者为中心”开展的全人救助服务,除了稳定的经济体系保障外,还关注服务对象的生物-心理-社会健康。

所谓“全人”服务,指医务社工从患儿家庭的经济情况、疾病轻重缓急情况、家人心理情绪情况及社会支持情况等方面进行评估与介入。

所谓“全程”服务,指医务社工由患儿入院开始提供服务,包括申请评估、术前患儿探访、术后家属情绪疏导、出院计划(包括照顾与生计等问题)等(如图4所示)。

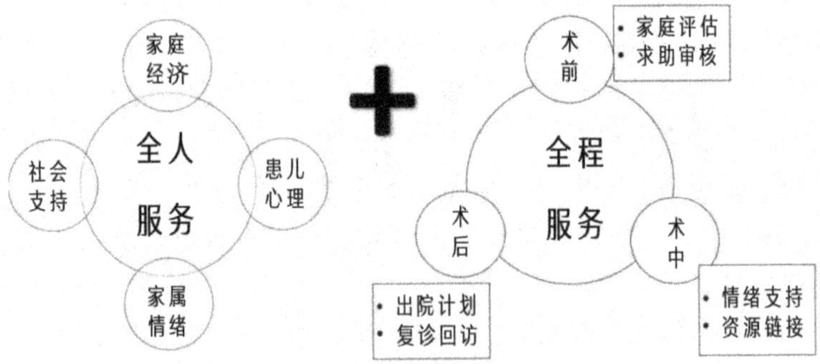

图4 生命通道“全人+全程”服务图

① 冯文.全人健康视角与医务社会工作的角色定位——以工伤患者的服务为例[J].中国社会工作,2016(6).

（二）模式创新：建立“以患者为中心”社会性医疗救助整合型服务模式

“以患者为中心”的社会性医疗救助整合型服务模式（如图5所示）是生命通道项目实行的医务社工介入的社会性医疗救助服务，医务社工在患儿的治疗系统、生活系统、社会资源系统中扮演着重要的联结者角色。在治疗系统中，协助患儿家庭梳理制度性保障资源、跟进病理照顾需求，向医护人员提供患儿家庭状况评估并提供建议；在生活系统中，为患儿家庭提供资源链接、专业支援、需求跟进及评估、增能赋权等服务；在社会资源系统中，为患儿提供稳定性、补充性、服务性的资源支持，为基金会提供翔实的受助家庭评估报告，同时通过增加资源提供者参与救助服务的体验，向其反馈服务效益，实现共赢多赢。稳定性的资源系统是维持整个服务模式正常运行的基础保障。资源系统的稳定性主要体现在社会资源的供给和救助服务需求的供需平衡。

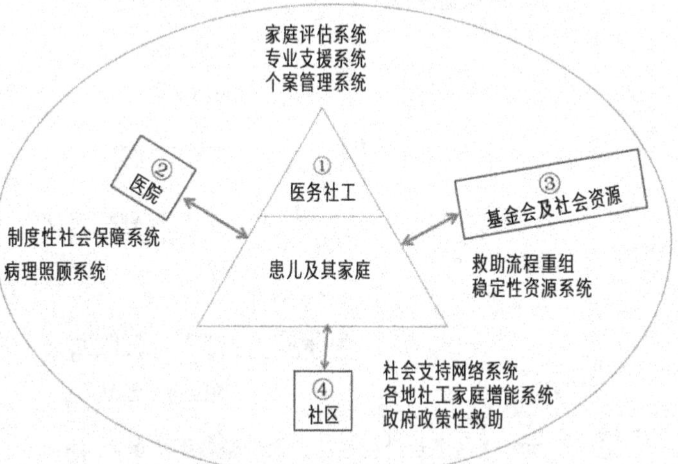

图5 “以患者为中心”的社会性医疗救助整合型服务模式

患儿住院治疗只是其成长过程中的一个小插曲，康复出院的患儿终需回归家庭、回归社区生活，因此，建立社会支持网络，为患儿及其家庭提供全方位的服务非常必要。项目通过社会工作机构、基金会，以及遍布于全省的社工服务站和志愿组织，为潜在的求助对象、救助对象的转介与长期的跟进形成“社区-医院-社区”的社会服务支持网络，提供术前、术中以及术后三个阶段的服务，以及为患儿及其家庭提供接案与预估、入院计划、术中服务跟进、出院计划以及后续服务与结案的全方位全人服务。

（三）内容拓展：做专业化、拓展化、弹性化的全人服务介入

面对重病儿童及其家庭的多样化、多层次需求，生命通道项目在探索医务社工导向的社会救助介入医疗服务时，尤其注重专业化、拓展化、弹性化的“全人”服务介入（如图6所示）。

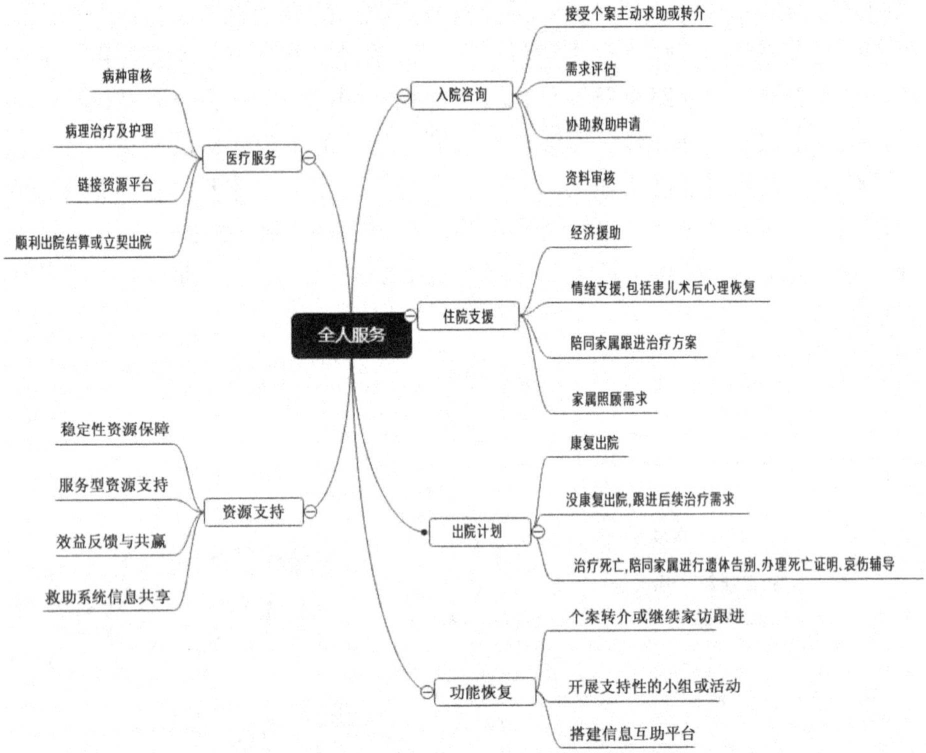

图6　生命通道项目社会性医疗救助整合型服务内容图

在微观层面，针对患儿及其家庭的个体进行的“全人”服务介入。社工提供的入院咨询服务能够避免传统救助运作机制的僵化，有效提高救助的数量和质量，提高救助的通过率。救助服务主要分为提供入院救助咨询、住院支援、共同制订出院计划、链接社区资源协助患儿及其家庭恢复正常的生活功能、强化患儿家庭在面临困境时的抗逆力、强化服务对象与社会资源提供系统之间的联系。

在中观层面，为同质需求的群体营造平等互助的社区氛围，强化患儿家庭同理支持。项目通过线上微信群，为同质需求的服务群体搭建交流互动的

平台。线下通过针对患儿家庭及社会资源方的需求，开展活动。一方面致力于在先心患儿所在科室营造氛围，在科室内形成平等互助合力，强化同质群体的支持；另一方面通过社会资源方在活动中的参与体验，强化患儿家庭的社会支持，提升公民意识。

在宏观层面上，完善救助系统的信息共享操作指引，搭建规范的统筹协作机制。一方面，开展社会救助及先天重症疾病的预防宣传活动；另一方面，完善救助系统的信息共享、个案转介等操作指引，搭建规范的统筹协作机制。从多年的项目经验中了解到，大部分民众对社会救助不甚了解，大都停留在媒体救助的层面上。因此，项目通过线上的新媒体平台、线下的公益展会开展宣传活动，通过行业交流会，与其他公益基金会、社区家综等社会资源点建立合作机制，实现信息共享、实时转介需求个案等，提高救助的数量和质量，同时避免重复救助。

（四）体系构建：探索构建“医院-基金会-医务社工-社区-患者”五位一体服务体系

生命通道项目在探索过程中，始终以系统理论为指导，践行社会工作“人在环境中”这一理念。一方面，在行动层面，通过打造“医务社工+医护人员+慈善工作者+志愿者”的跨学科专业服务团队为贫困重病儿童及其家庭提供专业服务。医务社工、医护人员、慈善工作者、志愿者的小组式合作，形成了救助的集体决策与计划安排，各自的专业优势为服务对象提供了全面、立体的服务；另一方面，生命通道项目将院内救助与社区延展结合起来，将家庭网络、广泛社区网络及地域性正式资源网络纳入进来，为其搭建更完善的社会支持网络，最终构建完善“医院-基金会-医务社工-社区-患者”五位一体服务体系。

在医院层面，临床科室与医务社工慢慢形成个案响应与转介机制，并且得到了行政科室在出院结算方面工作的支持与协调。

在基金会层面，通过医务社工的桥梁作用，保证了申请资料的时效性、规范性和准确性，以及相关佐证材料的收集整理，同时也可以对救助对象出院后进行的情况进行持续性跟进工作。

在医务社工层面，链接基金会资源，建立救助个案流程，协助患者家属与有关政府部门工作人员沟通，提供院内情绪支持与咨询服务，在“全人”“全程”服务中成功扮演着策划者、组织者、协调者、联结者的功能角色。

在社区层面，通过社工服务站、社工机构、对口扶贫单位、志愿组织联合构建社会支持网络，扩大了对病患及其家属的服务广度和深度。

在患者层面，包括患者本人和家属，发挥他们的潜能，强化就医的信心和解决问题的能力，缓解各类情绪问题，从而间接保障了医疗工作的顺利进行。

失独家庭社会工作服务模式探究
——以“暖心计划——广州市番禺区支持失独家庭服务”项目为例

邓文婷　吴　娟　杨晓慧[①]

摘　要：据《2012中国卫生统计年鉴》显示，中国15—30岁的独生子女约有1.9亿人。很长一段时间以来，政府对失独家庭的救助主要体现在经济救助、医疗救助和养老保障方面，而针对失独家庭父母的精神创伤方面所做的工作较少。目前，政府开始尝试使用政府购买社会工作专业服务的方式为失独家庭提供情感支持、健康管理、社会支持网络拓展等在内的社会服务。本文的研究立足于广州市番禺区普爱社会工作服务社（以下简称普爱社工）连续4年开展的“暖心计划——广州市番禺区支持失独家庭服务”项目（以下简称“暖心计划”项目），探究整合性的失独家庭社会工作服务模式，以期为失独家庭社会服务提供经验参考和借鉴。

关键词：失独家庭　社会工作服务

一、项目提炼：介入失独家庭服务的“七阶”模式

普爱社工连续4年对番禺区的64户失独家庭开展“暖心计划”项目，在番禺区民政局、区慈善会的资助下，协助失独家庭解决情绪、健康和养老等实际问题。通过长期的项目运作，探索出了一套失独家庭社会工作服务模式，可以为失独家庭社会服务提供经验参考和借鉴意义。

本项目协助失独家庭解决情绪、健康和养老等实际问题，为他们拓展社会支持网络，帮助他们走出低谷，重拾信心，重新融入社会。由于“失独家庭”服务项目暂无可借鉴的成熟模式和理论，该项目选取了较为接近的“哀

---

① 邓文婷，广州市普爱社会工作服务社总干事助理，助理社会工作师，投身广州市社会工作服务行业超过5年；吴娟，广州市普爱社会工作服务社理事长；杨晓慧，广州市普爱社会工作服务社副总干事。

伤五阶段（Five Stages of Grief）”理论作为社工具体介入的指导理论。该理论框架是由美国心理学家伊丽莎白·库伯勒·罗丝在她1969年出版的《论死亡与临终》（*On Death and Dying*）一书中提到，这五个阶段分别是：否认（Denial）、愤怒（Anger）、讨价还价（Bargaining）、消沉（Depression）及接受（Acceptance）。可是这个西方理论不适用于中国社会的体制和文化情况，故此该项目通过长期运作，探索出一套本土化的失独家庭社工服务模式，可以为失独家庭社工服务提供经验参考和借鉴意义。

在了解服务必然的使命和服务借鉴内容单薄的现实情况后，普爱社工在实践中开启了探究摸索本土失独家庭社工服务模式之路。根据需求分析、理论分析及实际服务的可行性分析制订了5大服务计划：舒心解压计划、关怀行动计划、医疗支援服务计划、社会支持系统重建计划、照顾及养老规划服务。由于失独家庭面临的问题具有复杂性和系统性，该项目的运作以社工牵头，结合番禺区区情特点，广泛链接各种正式资源及非正式资源，实现跨领域和跨专业的合作。其中，正式资源包括社工、民政官员、居委会、医护人员等；非正式资源包括失独家庭亲友、同事、老师、邻居、社区居民及义工等以血缘、业缘为基础的资源。

本文通过协同探究、反映对话等行动研究方法，对过去4年多的工作经验与困难进行了梳理与对话。同时，从专业服务角度，总结提炼了包括起始、参与、使能、加强、增能、评估、培育为一体的失独家庭社会工作服务“七阶”（7E）模式。

起始（Enter）。即进入社区开展需求调研，用同理心了解失独家庭真实需求的过程。尝试与失独家庭建立可持续的连接，逐一取得访问资格，表达尊重、同理，乐于帮助与倾听，得到相对积极的回应后，可进入下一个服务阶段。

参与（Engage）。即参与失独家庭的真实生活，建立专业信任关系，尝试邀请失独家庭接受社工服务。通过起始时期相对频密的探访，经常进行具有同理氛围的对话，让失独家庭感受到社工尊重的倾听，并在生活需要时给予“举手之劳”，必要时“雪中送炭”。同时，利用自媒体展示社工服务活动，邀请失独父母参与社工活动。本阶段主要任务是落实主动互动的双向“参与”，促成专业关系的建立与稳固。

使能（Enable）。即激发和激活失独家庭对未来生活的信心，帮助他们走出悲伤情绪。失独家庭常常会变得敏感脆弱，生活圈和交际圈变小，对悲伤情绪的控制能力差，需要更多信心为负面情绪的宣泄找到出口。本阶段主要是帮助失独父母挖掘潜能，描绘新的生活工作支持系统的蓝图，推动一起为新生活努力的行动。

加强（Enhance）。即加强失独家庭的社会支持网络，建构新的生活工作支持系统。原本脆弱的“倒三角”家庭结构在支点消失后，必须依靠外部环境系统的加强来弥补这一缺失。本阶段是帮助失独家庭搭建良好的社会支持网络平台，运用社工专业服务活动及部分使能支持，培育相对“坚强”的失独父亲或母亲成为失独家庭群体内部支持系统的骨干，促成失独家庭之间的支持系统。同时，社工链接社会各界正式与非正式资源，帮助失独家庭建构新的生活工作支持系统。

增能（Empower）。即从失独父母自身出发，增强失独家庭对老年问题的自决能力和对健康知识的把握能力，促使其对老年生活作出合理规划。本阶段是因失独家庭多数面对老年问题而特有的服务阶段，其主要任务是社工引导失独家庭参与并共同制定《安老指引》，落实每个失独家庭都可以合理规划养老事宜，确认失独父母们可以较为自主、自信地自决养老。

评估（Evaluate）。进入本阶段的评估是对整体服务项目成效的评估。而项目执行的各阶段已有针对失独家庭开展的个案、小组和社区活动进行的自评，以检验服务的各阶段成效，具体可以结合心理学和社会学的相关量表，通过前测和后测的对比分析，定期评估失独家庭接受服务前后在心理和情绪上的变化、社会支持网络的搭建及社会功能等方面的改变。评估阶段的主要任务是检测所开展的实务活动是否对失独家庭有成效，还包括项目运营、经费使用是否合理等。

培育（Educate）。即知识的培育传播，将针对失独家庭开展的服务总结成经验，分享给同行一线社工和社会工作在读学生，提供失独家庭相关的服务知识和技巧。我国失独家庭人数众多，且每年的增长速度很快，给他们提供专业化的社工服务很有必要。但就全国范围来看，失独家庭的问题并没有得到很好的解决，也没有太多现成经验可以借鉴。因此，“暖心计划”项目或其他失独家庭服务项目总结提炼的经验传播，能给国内一线社工和社会工作在读学生提供真实可信的服务知识和技巧，有利于更多的专业人员和组织帮助失独家庭。

二、“七阶”模式下具体实施内容及成效

(一) 舒心解压计划

为失独者开展了情绪疏导服务，失独家庭得以宣泄情绪，获得支持，缓解丧子的伤痛。

案例1：案主梁姨因独子去世，倍感煎熬。社工通过电访和入户家访，陪伴、开解她，邀请其参加出游、生日会等活动，其负面情绪得到宣泄，心情有较大改善。

(二) 关怀行动计划

提供电访以及探访服务。通过电访及探访服务，使失独家庭感受到社会的关爱。

案例2：案主珍姨独女因患病突然去世，社工介入陪伴她度过艰难的时期，协助她与有相似经历的案主结对，互相扶持。目前案主的情况有所好转，之前抗拒与外界接触，到现在愿意外出与他人接触，有自己固定的朋友圈子。

(三) 医疗服务计划

开展健康体检活动、用药安全知识讲座、春季保健宣传活动和常规的健康小屋服务等社区医疗服务，及时发现失独家庭的健康隐患并促成相应的治疗，失独家庭的健康水平得到保障。

案例3：案主森叔独子因患病去世，森叔又被查出肺部异常，森叔对此非常担忧，社工立刻安排情绪辅导，协助森叔到专科医院做进一步的检查，检查结果为疑似肺结核，需要用药治疗。由于对该病的不了解，森叔对病情仍然感到担忧，社工进一步跟进情绪状况及后续治疗状况。

在健康服务的其他方面，社工也会对患病长者定期追踪，了解其健康状况及需求。

案例4：案主凌叔年轻的时候妻子难产，独子一生下来就夭折了，而后一直没有孩子。凌叔在2016年6月做了肠癌的切除手术，但是一直没到医院复诊，社工经过多次的跟进，终在其同意下申请普爱复康巴士接送其前往广州医科大学第四附属医院复诊，检验肿瘤细胞情况，待结果出来后再进一步确定治疗方案。另外，社工了解到凌叔家庭经济较为拮据，还将协助其链接相

关的医疗救助。

（四）支持系统建立计划

为失独家庭提供社区活动服务，大部分失独家庭由此建立了良好的关系。在活动中，他们主动交流，互相关心近况，相互照顾；对于别人的倾诉，他们认真倾听，并给予关心鼓励和自己的建议；在活动外，他们有部分已经成为好友，在生活中互相给予鼓励和支持。

（五）照顾及养老规划计划

完成《暖心项目之安老指引》小册子终稿，及时进行印刷和发放，并针对失独家庭的需要开展个别服务跟进，增进了失独家庭对照顾及养老资源的了解，便于其提前规划养老生活。

案例5：案主华姨独子因病去世，为了给丈夫治病又卖掉了房子。她非常担忧日后的住房问题，多次申请公租房，均未获批。社工发现，案主并不符合申请公租房的资格，但是由于其认为自己现在失独，理应得到政府的特殊照顾，因此一直执着于公租房的申请。经过社工分析，案主的根本问题是对养老问题的担忧，于是为其开展个别化的服务。案主最后在社工及亲人的帮助下，参观了养老院，并自主分析认为自己目前还能自理，暂无入住养老院的需要，待日后有需要再申请。

三、项目实施意义：弥补宏观探索不足 突破微观实务视域

（一）微观层面，恢复失独家庭部分功能，改变失独家庭现状

独生子女死亡打破了原先健全的家庭功能，使得失独家庭不得不遭受生理和心理的双重打击。其所遭遇的不幸不但会使他们的心灵产生无法修复的伤痛，也会对他们日后的养老、就医等产生影响。此外，失独家庭原本的生活自理、情绪调适、人际社交等功能也会随着年龄的增长而持续退化。

本项目通过定期电访/探访、体检服务、情绪辅导、支持系统建立等服务内容协助失独家庭承认子女死亡的事实，适当处理已表达或仍隐藏的情绪，并逐步回归社区、融入社会，与同质群体或亲戚邻里建立联结关系，有步骤地恢复基本的社会功能和提升生活能力，并协助其正视新生活和考虑未来的养老问题，对促进失独家庭部分社会功能的恢复具有积极作用。

（二）中观层面，为失独家庭这一特殊背景下产生的群体构筑支持系统

从对番禺区失独家庭基础数据统计得知，近半数的失独家庭的孩子出生于1982年及之后，可以看作是当时对国家实施独生子女政策的积极响应。但现在看来，独生子女家庭成为风险家庭，这种风险性缘于它的唯一性。在我国人口老龄化日益加剧的社会背景下，这一群体日益引起社会关注，成为潜在的社会问题。“暖心计划”服务协助失独家庭面对和解决养老、精神孤独等问题，双管齐下。一方面以个案管理方式多维度关注和跟进失独家庭现状，尤其针对养老问题开展调研，并制定资源手册，使失独家庭充分了解现有政策及可利用资源，为其晚年生活提供有效保障；另一方面，联动志愿者资源，定期慰问探访，并组织同质群体定期活动，使其感受到政府的重视、社会的关爱，进而鼓励他们勇敢接受现实，积极面向未来。

（三）宏观层面，增进社会各界对失独家庭的关注和了解进而实现温和政策倡导工作

作为特殊时代催生的特殊群体，失独家庭父母大多出生于20世纪50—60年代，生育期恰逢我国严格执行计划生育政策的20世纪80—90年代。计划生育政策曾经为控制中国人口总量作出了积极的贡献，但也造成了独生子女家庭的急剧增长，而这类家庭中子女的唯一性又使得其天然地具有高风险性。过去，社会强调计划生育政策的积极作用，对政策本身可能存在的风险及其可能带来的失独家庭问题并没有予以足够的重视。而普爱社工从日常服务中发现了失独家庭的特殊问题和需求，于是针对这个群体开创性地发展了“暖心计划”服务，同时以符合中国国情的方式进行温和的政策倡导，促进了社会各界包括政府对这一特殊群体的了解，促使社会各界对这一群体从忽视到重视再到愿意给予支持，有利于从制度框架内多方面合力帮助失独家庭感受社会的关爱，安度晚年。项目通过上述服务策略，能够对维护社会稳定与和谐发挥一定的作用，因此得到政府的充分肯定和大力支持。

四、项目执行反思：个人、专业、信念

（一）社工个人反思

由于失独家庭的高风险性和目前国家相关保障制度的不完善，个人有必

要做好相关预防措施。可喜的是，国家从2002年开始逐步放开计划生育政策，2015年更是提出“全面放开二孩”。个人在生育方面有了更大的选择空间，可以在法律和政策允许的范围内生育二胎，降低“失独”的风险。

（二）专业反思

首先，失独家庭中有很多既是“创伤性群体”，又是“老年群体”，需要有生活和心理双重照顾。生活上的照顾可以待到了特定的年纪申请政府相关救助服务解决，但情感上的创伤对于很多家庭来说将伴随一生。特别是那些孩子已经过世数年，错过了接受哀伤辅导最佳时期的失独父母，时间的流逝改变了他们的生活，但并没有完全走出哀伤。由于没有及时给予疏导，这种深埋于心，被时间延迟的悲伤，更具有复杂性，也使社工们的哀伤辅导工作面临更大的挑战。

其次，失独家庭有着不同的诉求，在工作中要避免给他们贴标签。并非所有的失独者都自我封闭，沉湎于对子女的哀思中。每个家庭都有自己的故事。尽管都是失去了唯一的孩子，但失独父母在不同的年龄阶段，不同的经济、文化、社会支持背景下有不同的需求。因此在进行需求评估时，首先应深入每个家庭，了解完整详尽的信息。

（三）信念反思

在当前条件下，面对失独群体，社工首先需要树立正确的哀伤辅导理念，提升工作技巧。比如在开展哀伤工作时，建立关系可能需要花很长的时间，社工需一点点地让潜在案主感受到安全，才能令其打开心房。在处理方式上，可以从关心其日常事务、解决生活上实质的困难（如陪同其去检查身体、领取补贴等），或者改变案主周围的环境（如家人、邻居、朋友等）入手。虽然作为综合性项目的社工，将其精力全部投到一项事务上是不现实的，在“案主自决”的原则下，社工也无法单方面努力，但归根结底，既然社工的帮扶对象是未走出哀伤的失独家庭，对于潜在案主，要勇于多次尝试。社工要明白哀伤辅导并非只是单纯的帮助，更多的是了解、陪伴和接纳。不管是个案还是小组，都涉及每个家庭的过去、现在、未来，这些真实而丰富的人生故事，足以让一名社工以谦虚的心态向每个家庭学习，从中理解他们给故事赋予的意义。

社会工作介入扶贫帮困服务
——以广州市从化区城郊增收帮扶为例

黄晓菲　申亚辉[①]

摘　要：面对脱贫攻坚中的种种困难，我们党在实践中深入探索、不断创新，砥砺初心、践行使命，成功走出一条中国特色扶贫开发道路，形成中国特色脱贫攻坚制度体系。紧密结合城郊街的实际需求，活化社区党建资源，带领他们参与公共服务以及低保低收、“三无”五保长者、重度残障人士、突发变故家庭等困难群体的兜底性服务，搭建“多元主体”参与、“多种资源”输入的党群互助平台——“党群互助社”，形成对接帮扶的常态化机制，缓解或解决因高龄独居无人照顾、因低保低收生活困难、因身体残疾行动不便、因突发变故陷入困境等困难群体的问题和需求。通过提高党组织、党员和群众个人以及社会组织的社区参与，在党建引领下实现资源整合，传播公益服务理念和资源整合的作用与成果，共创公益社区。

关键词：从化城郊　对接帮扶　党群互助　扶贫

一、背景

按国际标准，我国已对全球减贫贡献率达到70%以上，成为全球第一个实现联合国千年发展目标的发展中国家。尽管如此，扶贫形势依然严峻。眼下扶贫面对的是“最后一群人”，也就是那些底子最薄、条件最差、难度最大的“硬骨头”。到2020年的总体目标是：确保我国现行标准下农村贫困人口实现脱贫，贫困县全部摘帽。也就是说，要实现5575万贫困人口脱贫和832个贫困县摘帽的目标。打赢脱贫攻坚战，还需要付出艰巨的努力。

---

① 黄晓菲，广州市大家社会工作服务中心社工督导，从化城郊街社工站主任，中级社会工作师；申亚辉，广州市大家社会工作服务中心社工督导，社会工作硕士，社会工作师。

面对脱贫攻坚中的种种困难，我们党在实践中深入探索、不断创新，砥砺初心、践行使命，成功走出一条中国特色扶贫开发道路，形成中国特色脱贫攻坚制度体系。事实证明，中国共产党有高效的决策能力、组织能力、动员能力、执行能力。党中央一声令下，广大基层党组织和党员、干部就冲锋向前、攻坚克难，党的领导具有鲜明政治优势。有中国共产党这样始终把人民对美好生活的向往作为自己奋斗目标的马克思主义政党领导，广大干部群众就会坚定信心、一往无前，充分发挥政治优势，克服疫情影响，高质量完成脱贫攻坚任务。

现如今，从化区在开展扶贫工作的过程中，存在的困难如下：

一是政府的扶贫政策已经全面铺开落实，但单纯依靠生活救济的扶贫方式，使不少人滋长了懒惰思想，形成“吃粮靠返销，花钱靠救济，生产靠扶持”的思想①。部分贫困户“越给志越短，越给人越懒”、有“等，靠，要”思想。

二是贫困人口平均年龄在不断提高，根据政府信息公开中每月公示的贫困救助申请情况的信息显示，从化区贫困人口平均年龄达到了 55 岁，不管是文化水平，还是身体素质都比较低，这些因素极大限制了他们充分利用社会资本。

三是由于长时间的贫困，造成贫困户在社会关系以及身体素质上缺乏竞争力，给脱贫增加了难度。其中，因病致贫的比例较高。大多数伤残人士因生理原因，不能实现经济独立，增大了伤残群众致贫返贫的概率。病残让边缘性贫困家庭陷入贫困，让原本贫困的人口更加贫困。

以上提到的问题都影响着从化区扶贫工作的开展，探究和分析从化区农村扶贫工作过程中遇到的问题，对建设社会主义和谐社会、确保从化区扶贫工作稳定健康发展，提高经济发展水平等都有非常重要的意义。

城郊社工站坚决落实“党建+社工”引领服务的开展。通过党的精神的宣传、倡导，发展党员志愿者，联动相关党组织，通过骨干、带头和桥梁作用，影响和带动周围群众共同实现党的纲领和路线的先锋模范作用；同时推动党组织、党员和社工的联动，更好地发挥党组织教育引导、提升号召力、组织群众、宣传群众、凝聚群众、服务群众的示范作用。

在此基础上，紧密结合城郊街的实际需求，活化社区党建资源，带领他们参与公共服务以及低保低收、“三无”五保长者、重度残障人士、突发变故家庭等困难群体的兜底性服务，搭建“多元主体”参与、“多种资源”输入

① 周雪瑞，穆璐璐．精准扶贫措施后返贫现象的原因分析与对策——以灵璧县为例［J］．山西农经，2019（13）．

的党群互助平台——“党群互助社”，形成对接帮扶的常态化机制，缓解或解决因高龄独居无人照顾、因低保低收生活困难、因身体残疾行动不便、因突发变故而陷入困境等困难群体的问题和需求。通过提高党组织、党员和群众个人以及社会组织的社区参与，在党建引领下实现资源整合，传播公益服务理念和资源整合的作用与成果，共创公益社区。

二、相关概念

（一）精准扶贫

精准扶贫是指精确瞄准和帮扶贫困户，针对贫困区域环境、贫困农户具体状况，精确识别、帮扶和管理扶贫对象的治贫方式。2014 年 1 月，中共中央设计了精准扶贫工作的顶层模式，着力推动精准扶贫思想落地，要求所有贫困人口 2020 年全面脱贫，确定了“六个精准”，即分类施策，因人因地、因贫困原因、贫困类型分别施策，动员全社会参与精准扶贫。精准扶贫的主要内容包括贫困户的精准识别和精准帮扶，扶贫对象的动态管理和扶贫效果的精准考核。精准扶贫指的是使得扶贫资源更好地瞄准目标人群，通过资源的有效运用，使得贫困人口能脱贫致富和提高生活质量。

（二）党建引领

党的十八大以来，习近平总书记高度重视基层党建工作，强调要把加强城市基层党的建设、巩固党的执政基础作为贯穿社会治理和基层建设的一条红线，积极探索城市党建工作新路子。其中，党建引领社会组织参与社区共治是巩固党的基层执政基础，是促进社区治理现代化、促进社会组织健康发展的必然要求。

党建引领社会组织参与社区共治也是巩固党的基层执政基础的内在要求。政党的基本政治功能是连接国家与社会的桥梁与纽带，是其执政的基础，而“社会组织是给政党提供联系社会、动员社会和支持执政的有效渠道”。社区社会组织是社区组织体系的重要组织细胞，是社区治理与社区服务的重要支撑体系，是党在基层执政的重要平台。

依据上述理念，发展党员志愿者，联动相关党组织，发挥其先锋模范作用，通过骨干、带头和桥梁作用，影响和带动周围群众共同实现党的纲领和路线的先锋模范作用；同时推动党组织、党员和社工的联动，更好地发挥党组织教育引导、提升号召力、组织群众、宣传群众、凝聚群众、服务群众的示范作用；紧密结合城郊街的实际需求，带领参与困难群体的兜底性服务，搭建链接社会资源的党群互助平台，形成对接帮扶的常态化机制，通过提高党组织、党员和群众个人以及社会组织的社区参与，在党建引领下实现资源整合。

三、扶贫帮困对象的需求

（一）扶贫帮困服务对象的基本状况——以从化城郊为例

城郊共有 16 个特定扶贫帮困对象，年龄在 40—49 岁的 7 人，50—59 岁的有 4 人，60—69 岁有 2 人，70 岁以上有 3 人，以务农种植为主，主要种植季节性蔬菜以及从化当地的季节性水果植物为主，年均收入 3 万元左右 ，收入来源大多以低保金、务农以及打散工为主。

（二）需要帮困的服务对象贫困的基本原因

整体文化素质偏低：缺乏必要的劳动技能，无法满足就业需要。

在农产品种养殖和销售方面知识匮乏：城郊街主要依靠传统农业谋生，种植、养殖是主要的经营生产方式，并且存在市场信息不对称、增加了农民生产的盲目性的情况，小规模生产在农业信息的收集上存在不足，缺少足够的农产品销售渠道。

因为疾病导致劳动力缺乏：家庭成员罹患疾病，由于要照顾家中病人或者年老者，因而无法为家庭增收，导致家庭经济收入减少。

（三）扶贫帮困的需求总结

物资需要及情感支持帮扶需求：对于困难群体，劳动能力弱化和由于疾病等原因产生的基本生活问题，尤其是物资和情感支持需求方等要被满足。

增加经济收入需要：由于贫困对象的知识技术、时间等方面的限制，需要帮助他们拓宽销售渠道，提高他们的家庭收入。

自身知识技能提升的需求：对于比较年轻的劳动力家庭在农产品种植和销售方面的技能的提升需要满足。

四、扶贫帮困项目工作的具体实施

（一）项目背景

社工从城郊街困难群体的实际需求出发，紧贴社工站整体服务方向，围绕“活化社区党建资源，对接帮扶辖区困难群体”的目标开展工作。为低保低收入家庭、困难青少年、五保户、“三无人员”、低保低收入长者和残障人士等困难群体提供兜底性关爱服务。通过“党群之家”和“党群互助社”两大计划开展了一系列的服务，发动辖区党组织、党员以及村居民参与社区事务，组建志愿服务队伍，成立“党群互助社”和“党群互助基金”，从而构建了社区“互助”网络。根据上一年度项目的运作情况，继续深化新一年度的服务，将党建引领和社会工作服务有机结合，以促进社会各阶层之间资源共享、优势互补，推进互联、互动、互补的社会共建共治新格局。因此，社工继续充分调动城郊街党组织、党员资源，提高他们参与社区建设的主动性与积极性，更好地发挥党员的模范带头作用，活化社区党建资源，对接帮扶困难群体，响应国家精准扶贫的号召。

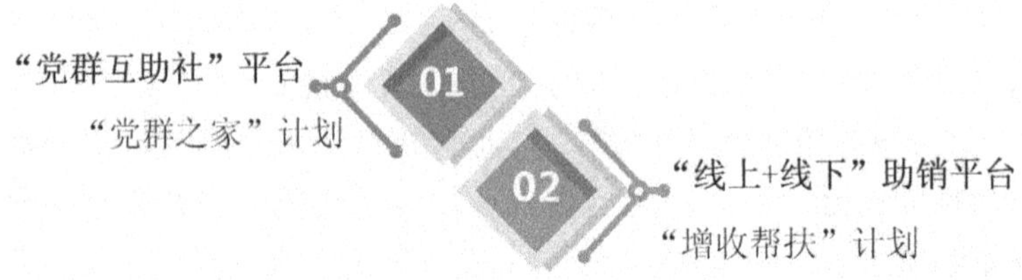

图 1　城郊社工站扶贫帮困项目实施思路图

（二）介入策略

1. 搭建“党群互助社”平台

开展“党群之家”计划，通过定期走访社区，与村委会沟通对接，发掘党员志愿者，做好前期的需求调研工作。对志愿者进行培训和团队建设，形成队伍规范，组建党群志愿服务队。组建党群互助社委员会，每月开展党群互助社委员会会议，建立互助社运作机制。提供社区事务参与平台，召集有关党组织、单位一起，定期举行联席会议，商议工作，共同商讨解决困难农户的问题，活化社区党建资源。

2. 搭建“线上+线下”助销平台，帮助辖区有能力困难农户增加收入

通过增收帮扶计划，走访辖区24个村，挖掘困难农户，并邀请其加入增收帮扶计划。搭建“线上+线下”销售平台，协助有能力的困难农户助销农产品，增加收入。建立增收帮扶微信群；开发增收帮扶小程序，进行线上助销。每星期开展两次助销活动，形成固定的助销模式。

（三）项目介入过程

1. 培育党群志愿服务队，成立党群互助社

社工通过走访沟通，发掘并培育党群志愿服务队伍，同时召集有关党组织、单位开展联席会议，共同商讨解决困难农户的问题，从而搭建党群互助社平台，形成常态化运作机制。

图2 培育党群志愿服务队伍

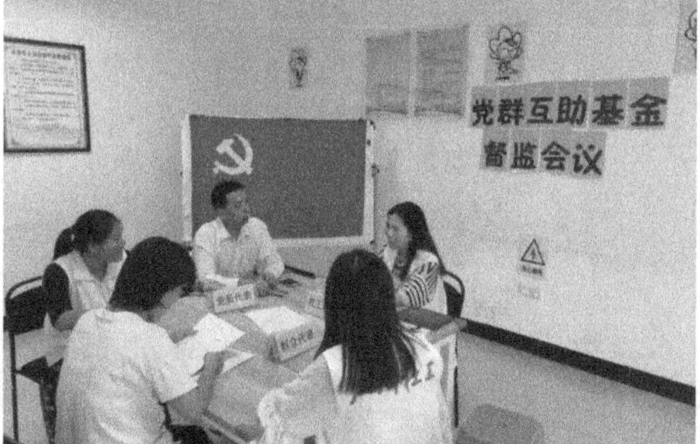

图3 成立党群互助社，形成常态化运作机制

2. 进村走访，发掘困难农户

社工每月定期进村走访，联动辖区 24 个村的村委工作人员，向村民宣传增收帮扶计划，发掘困难农户。

图 4　社工定期进村走访，宣传增收帮扶计划，发掘困难农户

3. 核实评估，建立档案

走访当地村委会，核实困难农户家庭情况，对于符合条件的困难农户建立个人档案。

4. 搭建“线上+线下”助销平台

线上方式包括微信群和小程序两种，通过预订的方式，社工统计收集认购的农产品种类和数量，落实“预订多少，支付多少，领取多少”的销售配送原则，农户只要把订购的蔬菜送达社工站即可。

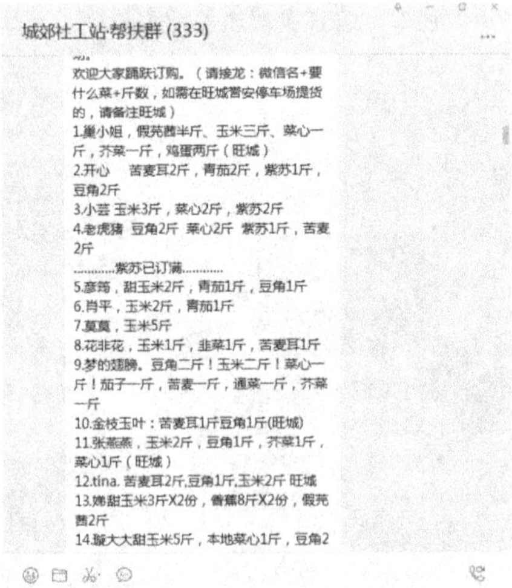

图 5　逢周二、周五进行预订接龙助销行动

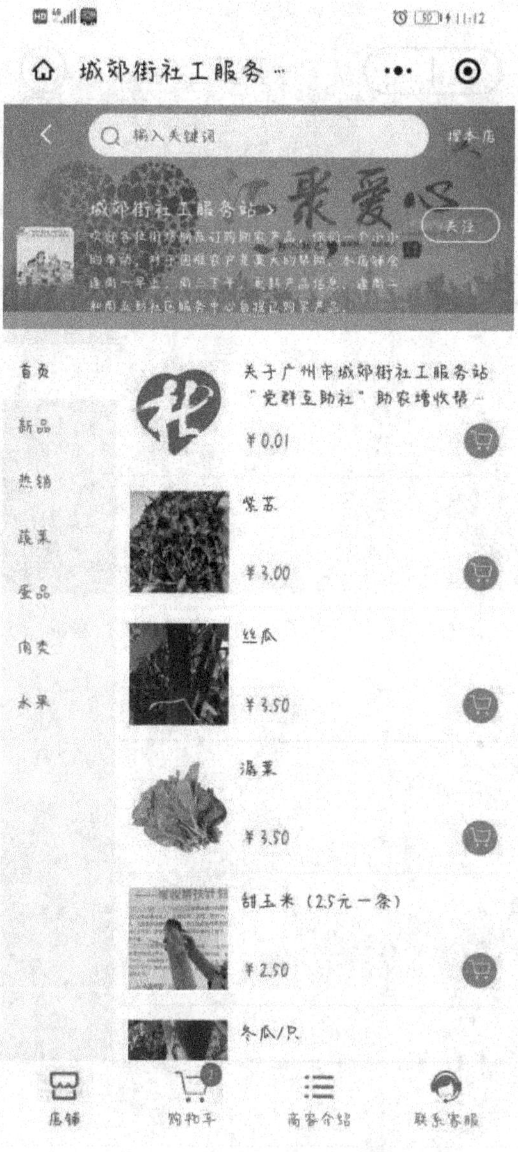

图6　通过小程序的形式提前预订菜品，提升了购买的方便性

线下社工联合社区志愿者，助力农户运输和按单分拣打包。热心单位和志愿者走到农田协助农户采摘、运输和分拣称重。另外，社工坚持外展宣传，结合社区买家的需求，联合热心商家，免费提供提货点。

图 7　协助行动不便的困难农户进行采摘

图 8　与城郊街道办事处合作，协助进行运输工作

图 9　分拣后派发到新城提货点

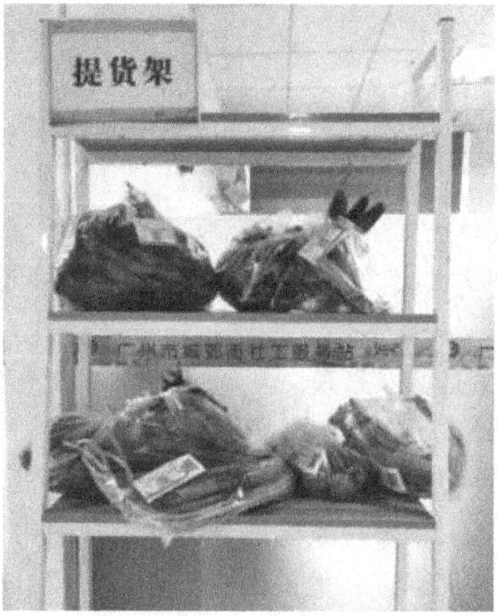

图 10　分拣后派发到社工站提货

图 11　预订成功后，居民上门自提

5. 后续跟进

社工与农户沟通菜品的质量和购买者的反馈情况，根据市场的需求，向困难农户传递相关种植与销售的知识，商讨后续的种植计划。

五、项目成效

（一）党群互助社发挥先锋带头作用，精准对接帮扶辖区困难群体，本土精准扶贫模式成效显著

项目从 2019 年 6 月正式启动，截至 2020 年 7 月，已经进行了 266 次助销行动，参与人次达 1893 人次，共助销农产品 4.1 吨，为辖区 14 户困难农户增收约 5.2 万元。

困难农户梅姨一家是低保家庭，夫妻俩 60 多岁了，仍然坚持起早贪黑地种植农产品，帮补家计，不做“等靠要”。自参加增收帮扶计划以来，社工站一共协助其助销 20 多次，共售出 900 多斤的农产品，极大地缓解了梅姨一家的销售压力和生活压力。梅姨一家感恩党群互助社的帮助，从销售的农产品收入中捐出了 100 元帮助辖区其他的困难群体，回馈社会，并到社工站，送上了“爱心助农，为民解忧”的锦旗，感谢社工站和党群互助社的热心帮助。

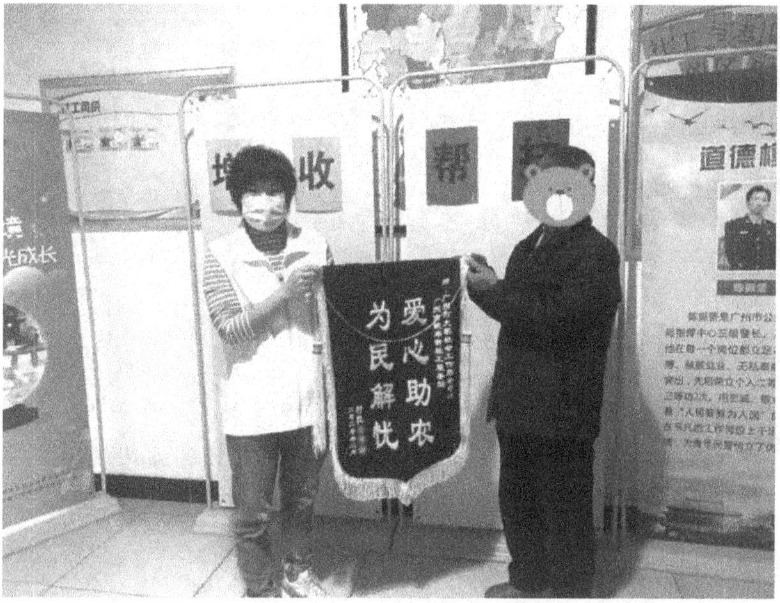

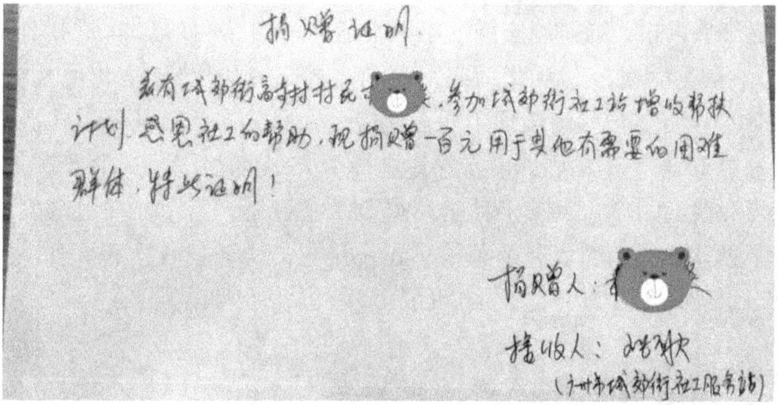

捐赠证明

兹有城郊街高寺村村民，参加城郊街社工站增收帮扶计划，感恩社工的帮助，现捐赠一百元用于其他有需要的困难群体，特此证明！

捐赠人：

接收人：姚秋
（广州市城郊街社工服务站）

图 12　社工的项目获得服务对象认可

（二）项目引起广泛关注，社会影响力较高

因项目精准对接帮扶了辖区的困难群体，服务成效明显，项目得到了广州市民政局、中共广州市社会工作行业委员会、广州市社会工作协会、广州市从化区社会组织联合会的认同和赞赏。

图 13　项目获得认可并受到表彰

（三）媒体宣传报道丰富

项目开展以来，通过中宏网、中国报道网、《广州日报》《广州日报从化社区报》、从化电视台《从化新闻》栏目、《今日从化》、从化民政公众号、从化 BBS 公众号、广州南洋理工职业学院公众号、广州市社会工作协会网站及公众号等 10 多个新闻媒体、自媒体进行了 15 次的报道。其中《广州日报》通过纸媒和线上的形式发布了社工站增收帮扶计划，其中在搜狐号发布的题为《一周两次发布鸡鸭鱼肉蔬菜信息还玩接龙，这个微信群不一般》网络新闻，点击量破 1.5 万，引起了社会的广泛关注。

六、结论与展望

（一）项目结论

作为城乡结合社区重点关注困难人群社工服务的新尝试，项目从 2019 年 6 月由广州市城郊街社工服务站推行已有一年时间，经过一年的探索，项目从原来的只有社工站一个提货点，发展到现在的三个提货点，从原来在微信群中接龙预订的方式，发展到增加了小程序下单的方式，带动了更多的参与主体加入，对困难群体形成较强的助力，项目的覆盖面和影响力在不断地增加。

在这一年的发展中，项目已搭建了“多元主体”参与、“多种资源”输入的党群互助平台——“党群互助社”。形成“党组织+党员志愿者+党员志愿者服务队”的机制，及“发掘对象—评估核实—建立档案—预约支付—上门领取—后续跟进”的运作模式。项目切实帮助了辖区困难农户销售农产品，使其增加了收入，证明了项目的可行性。农户对社工站的信任度大大增加，对项目的发展也越来越有信心，同时激发了农户开始了解市场的需求，并思考改良种植方式和改善种植的计划。

（二）项目创新

“党群互助社”立足于城郊街这一城乡结合社区，融合“党建”+“公益”+“社工”三大元素，充分发挥彼此的作用和优势，搭建多元主体参与和多种资源输入的服务平台，以社会工作的手法促进社区资本和困难群体内生能力的提升和发挥，调动城区资源反哺乡村，挖掘乡村资源支持城区，连通“城区”和“乡村”形成良性互动，切合本地混合型社区的独特社情，也是对社会工作参与城乡结合的城郊街基层社区治理的新的尝试。

（三）项目的展望

初步考察项目运作进展和成效，对于混合型社区而言，“党群互助社”能够适应复杂的社区特性，调动社区参与积极性，从原来在城郊街辖区内部分社区（社工站周边为主）试行至今已扩大了覆盖面（涉及城郊街 60% 的片区），为困难农户提供了较好的资源平台。下一步，项目将继续深化服务，不断完善运作模式，积极调动党组织、党员及群众的力量，发挥党群互助社平台的作用，扩大项目的影响力，逐步打造本土精准扶贫的特色品牌，助力社区基层治理。

参考文献

［1］CCTV-2 财经频道 10 月 16 日 21：52《对话》国务院扶贫办主任刘永富发言摘要．

［2］李捷．运用政治优势确保脱贫攻坚决战决胜［J］．理论导报，2020（7）．

［3］陈俊．新世纪以来中国农村扶贫开发面临的困境［J］．学术界．2012（09）．

［4］楚永生，蔡霞．农村新的扶贫标准上调政策深层次解读［J］．理论学习．2012（08）．

建构禁毒社会工作“全链条”服务衔接模式
——以广州市北斗星社会工作服务中心为例

李俏燕[①]

摘　要：本文将分析广州市北斗星社会工作服务中心禁毒社工专业化发展的特点，阐述禁毒社工在社区戒毒康复、戒毒所提前介入与社区药物维持治疗中的服务内容，就禁毒社工建构上述主要戒毒措施之间的“全链条”服务衔接模式提出相关建议，包括禁毒社工之间的个案合作与戒毒措施之间的联动方式，最后总结“全链条”服务衔接模式发挥的作用。

关键词：禁毒社会工作　“全链条”服务衔接模式　戒毒措施

一、背景

（一）制度背景

近年来，我国陆续颁布了一系列与禁毒相关的法律、法规、条例、办法、意见、规划，逐渐构建了一个系统的禁毒制度体系：2008 年《中华人民共和国禁毒法》对我国禁毒宣传教育、毒品管制、戒毒措施等方面进行了规定；2011 年《禁毒条例》指出戒毒工作坚持以人为本、科学戒毒、综合矫治、关怀救助的原则，采用自愿戒毒、社区戒毒、强制隔离戒毒、社区康复等多种措施，建立戒毒治疗、康复指导、救助服务兼备的工作体系；2017 年《关于加强禁毒社会工作者队伍建设的意见》要求不断完善毒品治理体系，持续提升禁毒工作的社会化、职业化、专业化、科学化水平。

随着 2008 年禁毒相关法律、法规、办法、意见等陆续出台，禁毒社会工

---

① 李俏燕，现任广州市北斗星社会工作服务中心副总干事，兼任广州市禁毒社会工作专委会副主任，广东省社区戒毒康复社会工作实务专家团队成员、广东省百名社工督导团成员、广东省百名评估专家团成员。

作行业也迎来发展机会。政府通过购买服务、内聘禁毒社工等形式，鼓励禁毒社会工作者在禁毒工作中发挥社会化、职业化、专业化等角色。禁毒社会工作在珠三角地区也随之发展，2008 年深圳市禁毒工作办公室在福田区购买了禁毒社工项目，2009 年 5 月广州市疾病预防控制中心开始购买社工派驻美沙酮药物治疗门诊，开展脱毒治疗、心理辅导、资源链接等综合性服务。截至 2019 年 5 月，广州市通过购买服务形式配备的禁毒专业社工达到 482 名，482 名禁毒社工分布在强制隔离戒毒所、社区、美沙酮门诊等场所提供专业服务。

（二）建立“全链条”禁毒服务体系的必要性

禁毒工作是一个复杂的系统性工程。吸毒的归因既与个人意志、家庭结构、朋辈关系等因素有关，也与社会环境、多元文化影响有关①；戒毒的成效，不是简单生理脱毒、隔离戒毒就能立竿见影，家庭回归、社会适应、就业支持、身体康复及治疗等也是关键影响要素。正因为单一的禁毒措施独立运作未能产出完全的戒毒成效，禁毒工作者探讨不同禁毒措施之间合作与资源整合就非常有必要。例如社区禁毒社工提前与即将出所的学员建立专业关系，开展社区回归辅导服务，促使戒毒人员出所后能更好回归社区；强制隔离戒毒所开展社区延伸帮教服务，在社区建立“指导站”，持续回访跟进学员情况，巩固戒毒成效。

二、广州市北斗星社会工作服务中心的禁毒社工发展

广州市北斗星社会工作服务中心从 2009 年第一个禁毒项目（也是广州做禁毒社工服务的最早一批机构之一，以下简称北斗星）以来，发展禁毒服务、整合资源，在不同禁毒工作场域逐步形成“全链条式”禁毒服务体系。服务体系以更有利于戒毒者接受系统服务为出发点，探索社工介入四大禁毒措施的服务全覆盖，以及不同禁毒措施间的服务互补与衔接。

（一）社工介入美沙酮药物维持治疗

构建医社合作，完善戒毒治疗。自 2009 年起，北斗星社工与广州市疾病预防控制中心合作，承接广州市美沙酮药物维持社工介入服务，为广州市全

① 廖志杰．戒毒人员复吸原因及对策研究［J］．戒毒研究，2018（8）：21-23.

市26个美沙酮药物维持治疗门诊主点及延伸点派驻13名专业社工，与美沙酮门诊医护团队实现跨专业合作，对美沙酮治疗者提供脱毒治疗、心理辅导及艾滋病感染者关怀等综合性服务。该服务覆盖广州全市11个区22所美沙酮社区门诊与2700多名美沙酮治疗者、140多名艾滋病感染者以及更多患有丙肝、梅毒等疾病的吸毒人员，帮助他们提高药物维持治疗依从性，提高回归社会的能力。该项目成为广州市吸毒艾滋病感染者最主要的社会服务求助平台，协助广州市美沙酮维持治疗工作、艾滋病防治工作保持在广东省前列位置，获得广州市优秀社会创新项目、广州市社工行业十佳专项等荣誉。

（二）强制隔离戒毒场所内的宣教与辅导

前置社工服务，细化出所辅导。自2015年至今，北斗星社工为广州市6个市级戒毒所派驻社工开展所内集中宣教与个别化辅导服务，为戒毒所学员开展490多场集中宣教活动，参加宣教学员累计达65000余人次；为戒毒所6000多名广州市户籍学员提供出所评估及辅导服务，帮助强制隔离戒毒学员重新学习社会及家庭角色，制订出所计划以应对出所后的高危情境及不良朋辈的诱惑、求职困惑、家庭及社会关系重建等问题。

另外，北斗星社工深入集中收治患传染病与病残吸毒人员的广州市特类人员强制隔离戒毒、广州市病残吸毒人员收治分流中心，主动为该部分较少得到社会关注的边缘人群进行系列宣教服务，并聘请音乐老师对在所病残吸毒人员教授音乐课，重新唤起他们对生活的热情。

在宣教及辅导过程中，为强化戒毒所学员与家庭的感情联系，北斗星花都区禁毒社工开展亲情入所活动，将家属对学员的鼓励与心声录制整合成视频，在戒毒场所中秋节慰问活动现场播出，并带领家属入所相聚交流，该服务引起了学员的触动，进一步强化了他们的戒毒动机，弥合了家庭关系。

（三）社区戒毒和社区康复服务

筑牢服务基础，创新工作模式。北斗星社工严格执行社区戒毒社区康复的戒毒人员的相关操守要求，在广州市两个区20个镇街为社区戒毒康复人员提供七大服务：基础工作、就业安置、身心康复、家庭辅导、出所对接、宣传教育、志愿者服务与培育。并结合社区特点，不断探索本土化的服务：例如，在流动性较大的花都区进行外市籍戒毒人员服务，社工提出“游击式探访”与“阵地式服务”相结合，提高对外市籍戒毒人员的动态掌握和服务水平；花都区本市籍服务则探索“1+10+N”模式，在深化常规服务的基础上形成出所介入服务、病残收治等特色服务；在越秀区东片区，北斗星社工形成“分级施策，分类治理；社区联动，社工攻坚”的服务模式，为各个社区的服务对象提供了切实的支持与帮助。北斗星社工在服务中积极链接社区慈善资源，包括与广益联募平台、广州市慈善会、一心基金、禁毒协会等公益平台、机构合作，进一步丰富了戒毒人员的生活救济、医疗救助、就业促进等需求的救助渠道，解了戒毒人员的燃眉之急。

三、搭建“全链条”禁毒服务体系

北斗星“全链条”禁毒服务体系建立主要有两个阶段，第一阶段是四大禁毒措施社工全介入，保证每个戒毒措施有社工角色注入，建立四大禁毒社工服务板块——社区戒毒社工服务、社区康复社工服务、强制隔离戒毒所驻点社工服务、美沙酮社区药物维持社工介入服务（自愿戒毒社工服务）；第二阶段是不同禁毒措施间的无缝衔接，促使强制隔离戒毒与社区康复、社区戒毒与自愿戒毒等措施之间的功能连接，让戒毒工作及成效更有联系性和延续性。

（一）四大禁毒措施社工全介入

在我国自愿戒毒、社区戒毒社区康复、强制隔离戒毒、社区康复等四大戒毒措施中[①]，每个阶段的戒毒康复者有不同的生理、社会、心理行为特点，禁毒社会工作服务内容亦随之有不同侧重，北斗星积极探索不同禁毒措施下禁毒社会工作的关键服务内容及角色。

1. 自愿戒毒场域下的跨专业合作模式

禁毒法中规定“吸毒人员可以自行到具有戒毒治疗资质的机构接受戒毒治疗”，参与自愿戒毒的学员相对来说有较强的戒毒动机，亦有获得生理脱毒、心理康复的需要。北斗星自 2009 年承接广州市美沙酮药物维持社工介入服务以来，为广州市全市美沙酮药物维持治疗门诊派驻社工，对美沙酮治疗者提供脱毒治疗、心理辅导、资源链接以及艾滋病感染者关怀等综合性服务。项目重视与医务体系的跨专业合作，医生关注治疗者生理脱毒动态情况、诊断并制订治疗者服药计划、主持入组评估等；社工根据治疗者服药情况，开展个案及家庭辅导，促使戒毒康复人员减少乃至停止使用毒品，提高其回归

---

① 张昱，万艳．政策发展与禁毒社会工作制度构建［J］．江西社会科学，2019（2）：244-246.

社会的能力。跨专业的“医-社”合作模式，保障治疗者在身心康复（生理脱毒、心理康复）方面得到全方面关注，促使广州市美沙酮维持治疗工作始终保持在广东省前列位置。

2. 强制隔离戒毒场所内的宣教与辅导

强制隔离戒毒措施具有较强的封闭性及纪律性，这种特点及属性可以帮助戒毒学员戒除生理毒瘾、习得新知识、矫正不良行为及心理。但两年的强制隔离戒毒生活经验也让戒毒学员脱离社会，失去部分社会及家庭角色，出所后仍旧会面临高危情境及不良朋辈的诱惑、求职困惑、家庭及社会关系重建等问题。社工、心理咨询师等第三方的专业服务恰好可以给戒毒学员一个认识社会变化、学习新知识、矫正不良行为、情绪疏导方面的窗口。

北斗星为广州市6个戒毒所派驻驻点禁毒社工，每月为戒毒所学员开展不同主题的宣教活动，为有需要的学员提供心理评估及辅导工作。通过这两个形式，一方面回应了学员们的共性需要，如就业、健康管理、回归社会等需求；另一方面在心理辅导、情绪疏导、社会回归计划等方面提供了个别化服务。

3. 社区戒毒社区康复项目的七大服务

随着《关于加强社区戒毒社区康复工作的意见（2013年）》、《全国社区戒毒社区康复工作规划（2016—2020年）》等文件的颁布，社区戒毒、社区康复虽然是两个不一样的戒毒措施，但因戒毒人员需求及特点、戒毒工作方式有一定共性，各市区或镇街禁毒办购买服务时，常将社区戒毒、社区康复归整为一个项目打包购买。

对于社区戒毒、社区康复的戒毒人员有相关操守执行要求，社工在开展服务过程中，一方面要协助做好基础管控工作，促使戒毒康复人员保持良好操守，另一方面要坚持服务的职能，在个人、家庭、社会适应方面给予戒毒人员支持和辅导，并开展预防倡导性工作，营造无毒社会环境。在协助管控与专业服务两大功能并重原则下，北斗星社区戒毒、社区康复类项目主要提供以下七大服务：基础工作、就业安置、身心康复、家庭辅导、出所对接、宣传教育、志愿者服务与培育。七大服务回应禁毒工作的预防、管控、服务、宣传教育等功能。

（二）不同戒毒措施间的无缝衔接

1. 场域间的无缝衔接：实现戒毒所出所学员到社区的无缝衔接

戒毒人员解除强制隔离戒毒并收到社区康复决定书或者社区康复通知书后，应到户籍所在地或现居住地乡（镇）人民政府、城市街道办事处报到，签订社区康复协议。“是否顺利到户籍所在地或现居住地乡（镇）人民政府、城市街道办事处报到”以及“是否成功签订社区康复协议”是社区康复工作中一个很关键的环节。刚出所的戒毒人员容易有复吸、居无住所、迷茫与畏缩等问题，若不能加以引导及帮助，戒毒康复人员容易重蹈覆辙或陷入生活困顿。

为帮助出所人员顺利回归社会，全面提高广州市社区戒毒、社区康复人员报到率，提高戒毒康复效果，2017 年 9 月，广州市禁毒办通过向北斗星购买服务的方式，委托北斗星承接出所衔接工作。北斗星组建社工及安保力量队伍，专职负责到广州市各强制隔离戒毒所，将出所人员按规定的时间、地点、要求接送至户籍地街镇，并做好出所人员和法律文书的交接工作。整个接送过程分为三个步骤：出所前、接送时和与街道对接。

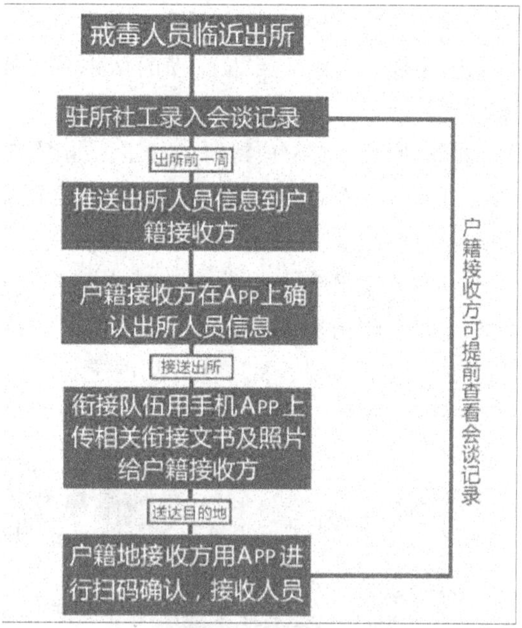

图 1　出所衔接操作流程图

出所前：出所前三个月，社工收集服务对象基本信息，对戒毒人员的心理状况和需求进行评估，教育有关社区康复社区戒毒方面的政策，探寻维持操守的动机并建立档案，以便在服务对象出所后进行持续的跟进追踪，为出所后服务建立基础。

接送时：在学员出所时，社工规划好出所接送车辆及行程路线，安排服务对象的接送秩序、接送流程，告知学员接送期间的注意事项，并在途中进行适当的宣教。

与街道对接：到达街道后，社工与街道禁毒干部、专干、禁毒社工、家属等人员交接出所学员，并签订相关对接资料、法律文书，并拍照交接现场，以确保学员出所后均能对接到街道禁毒相关人员。

2. 专业服务的无缝衔接：出所前介入与出所后回访

不同禁毒措施有不同执行主体及跟进社工，容易造成辅导工作不连续、专业关系重复建立、对戒毒者信息了解不全面等问题，不利于针对戒毒者问题开展持续、系统的辅导计划。对此，有必要引入个案管理思维，打破服务割裂，即以具体某个戒毒康复人员为个案管理对象，就其在强制隔离戒毒所、社区回归后的表现、美沙酮服药跟进由专门社工进行系统跟进。具体来说，有以下三种运作方式。

(1) 服务前置：社区社工对在所学员进行出所前介入。社区戒毒社区康复项目社工提前入所，对社区的戒毒学员开展个案辅导、家庭关系、出所适应计划等工作，所内戒毒人员提前认识社区跟进社工。对于社区内的禁毒社工来说，是服务与专业关系建立的前置。

(2) 服务后移：戒毒所内社工回访跟进出所学员。戒毒所内社工回访跟进戒毒康复人员在社区的操守维持、社会回归、救助帮扶等方面情况，与社区禁毒专干/社工协作，推动学员维持更良好工作生活状况。

(3) 个案转介及合作。对于申请药物维持治疗、符合条件的戒毒人员，北斗星美沙酮药物维持治疗社工与社区戒毒/社区康复项目社工就戒毒者入组需求、入组后表现、社区操守情况进行必要合作及沟通。

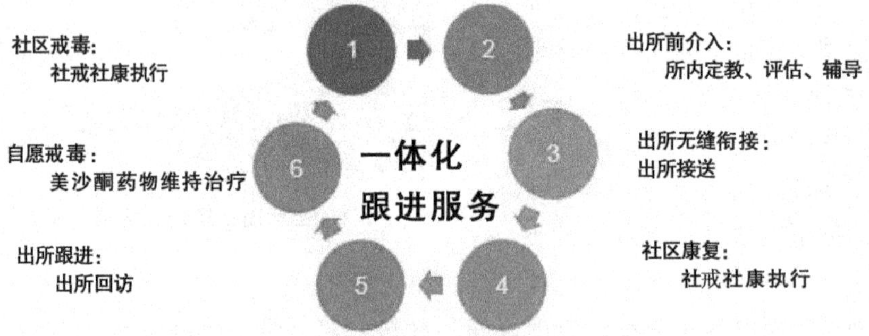

图2 北斗星“全链条”禁毒服务体系

四、“全链条”禁毒服务体系成效初探

（一）实现戒毒所出所服务对象到社区的无缝衔接，大幅度提升出所人员对接街道专干社工的成功率

通过统一规划广州市户籍出所人员出所接送规范，建立了出所衔接所涉及的各方沟通平台，加强与强制隔离戒毒所、出所人员及其家属，以及出所人员户籍地街镇专职人员的联动，确保了整个出所过程的无缝衔接。

社工与安保组成的出所人员接送队伍，每天都统一规划车辆及人员配备、接出所路线安排等，安全、高效地将出所人员及法律文书接送至各区街镇，并通过 App 签收确认完成出所人员与社区的衔接，让每一个出所人员都顺利签订社区康复协议。

（二）有效提升了出所人员回归社会环境后对禁毒工作人员的认同感，减少对执行社康协议的抗拒情绪，便于社区禁毒专干/社工后续跟进

1—2 年封闭式戒毒历程让出所人员对社会产生一定的疏离感，出所人员自我效能感和解决问题能力低下，容易产生负性情绪。社工的提前介入一方面帮助戒毒人员做好出所后的计划和心理准备，树立回归社区的信心，坚定戒毒信念；另一方面，让戒毒学员对社区禁毒专干/社工产生一定熟悉度及信任感，出所后能主动参与服务。戒毒康复人员主动配合，也易于禁毒专干/社工准确评估他们的服务需求，制订恰当的康复计划，推动戒毒康复人员维持良好的戒毒操守。

（三）形成良性的禁毒社会工作个案转介及合作机制，提升禁毒社工链接社区资源能力，有助于戒毒人员获得更适切的戒毒辅导服务

一方面，戒毒人员既存在抵御毒品、回归社会的内在困难，亦面临来自家庭、社会的外界压力；另一方面，戒毒人员获得社区资源及争取资源的能力非常薄弱，与其多元需求存在较大矛盾。北斗星社工“全链条”戒毒服务在社区戒毒/康复、医疗机构、戒毒监管场所运营多个实体戒毒项目，运用个案管理模式积极链接各系统、各社区的资源，以专业服务满足戒毒人员在出

所规划与衔接、履行社康社戒协议（维持操守）、艾滋病检测与治疗、美沙酮维持治疗等需求，增强禁毒社工与戒毒人员链接资源的能力。

总的来说，北斗星“全链条”禁毒服务体系致力于构建系统的禁毒社工服务链条，促使专业服务延续性及有效性。体系仍在不断构建及完善中，借这种服务探索希望能为以人为本、从行政化转向社会化及专业化的禁毒工作增加一种实践经验。

社会工作介入随迁女性社会融合的实践探索

赖绮云[①]

摘　要：在流动人口之中，随迁女性随着家庭流动，脱离了原生家庭，在新的环境之中，存在缺乏保障和身份认同、社会支持网络薄弱等问题。随迁女性如难以融入社会，将在婚姻家庭和职业发展上遇到阻碍，导致更多社会问题。本文从社会工作专业角度出发，通过个案介入和社区服务等方式，阐述社会工作介入随迁女性社会融合的作用和效果。

关键词：社会工作　随迁女性　社会融合

一、问题的提出

改革开放后，我国流动人口规模不断增加，大量人口从农村转向城市，为城市发展带来劳动力。尽管更多流动人口选择相对固定的务工居住地点，但其自身在城市身份归属不明确，在就学就医资源上有所缺乏，甚至很多外来人员逐渐处于社会困难群体的行列中。

《中国人口流动发展报告2018》提到，目前我国流动人口为2.4亿，流动人口的平均年龄在28—35岁，“拖家带口”的现象逐年增加。农村女性选择迁移到城市的主要原因是与配偶或家人团聚并期待寻求更好的发展机会。在新的城市环境，随迁女性面临着社会保障、资源缺失等身份认同的问题；随迁女性脱离了原生家庭，在流入地中支持网络薄弱，还面临着在家庭中需要承担更多“妻子”和“母亲”的责任，在个人经济独立和职业发展方面缺乏优先选择权等问题。

---

① 赖绮云，社会工作师，广州市增城区乐众社会工作服务中心项目主任。

二、社会融合的概念和三个层面

中国关于社会融合并没有一个统一的定义，周皓、章宁（2001）最早采用社会整合这一个概念认为“社会不同因素、部分结合为一个统一、协调整体的过程及结果”，马西恒和童星（2008）认为社会融合“是指‘新移民’在居住、就业、价值观念等城市生活的各方面融合城市社会、向城市居民转变的过程，这个过程的进展程度可以采用新移民与城市居民的同质化水平来衡量”。杨菊（2009）曾强调“社会融入”比融合更适应于形容城乡流动人口在城市的适应过程及结果等。总的来说，社会融合概念的要点：融合内容的多样性（居住、语言、娱乐等）；融合维度的全面性（经济、社会、心理、文化）；融合过程的互动性（外来群体与本地群体）；融合结果的多样性。社会融合理论产生于西方社会的具体实践，根据中国学者总结，社会融合理论氛围的三个层面即社会融合理论的宏观、中观和微观理论，宏观层面是指社会融合的宏大叙事，中观层次是指社会融合的群族模式，微观层面是指社会融合的心理结构（黄匡时、嘎日达，2010）①。

三、随迁女性的特征及介入重点

我国随迁女性的个人特征是：集中在青年阶段，年龄集中在25—34岁；大部分随迁女性来自农村，占比达到4/5；随迁女性受教育程度偏低，以初中为主；婚姻状态的人口比重大；大多数流动女性均有生育行为。她们的流动特征是：主要流向经济发达地区；以长距离流动为主；以短时间流动为主（5年内）；流动女性人口居留意愿较强②。

据随迁女性的心理健康状态分析指出③：随迁女性在城市生活仍然主要依赖以血缘和地缘为基础的个人支持系统，缺乏融入社区的意识，甚少参与社区事务，并未真正做到融入社区。也缺乏安全防范和自我保护意识，特别是长期的乡居生活使她们对于劳动缺乏应有的时间成本概念。

结合过去文献对女性流动人口的个体特征、流动特征和心理状态的综述

① 黄匡时，嘎日达．社会融合理论综述［J］．新视野，2010（16）．

② 侯建明，关乔，杨小艺．我国女性流动人口职业选择的因素分析［J］．人口学刊，2019（01）．

③ 刘越，林朝政，黄惠娟．流动妇女心理健康状况分析［J］．人口学刊，2010（6）．

情况，随迁女性社会融合以育龄阶段且在迁入地生活5年以内的随迁妇女为重点工作对象，社会工作介入聚焦在社会融合的微观层面上，即自我认同和社会接纳。

四、案例分析

X镇是广州市增城区的工商业重镇，地处广州东向交通咽喉地带，是广佛都市圈和深莞都市圈的交集区域。随着X镇经济不断发展以及交通枢纽的建设，X镇吸引着28万的外来务工人员前来打拼、生活。在快节奏的现代化城市生活中，外来务工人员将会承担了来自经济、生活、融合等多重的问题与压力。根据X镇外来务工人员的文化偏低、以中青年居多、家庭居多的特征，2017年起在当地政府的推动支持下，成立了X镇外来人员社会工作服务项目，从家庭、企业、社区发展等几个维度，探索流动人口的社会工作服务领域服务效果。

通过两年多的社会工作服务实践，X镇外来人员社会工作服务项目作为广州市一个特大镇流动人口社工服务专项之一，在服务随迁女性方面积累了一定的经验。下文从社会工作三大专业方法探索介入随迁女性问题的方式和效果。

案例一：走出家门的娥姐

娥姐（化名）约35周岁，应丈夫的要求从四川迁入广州X镇至今4年，生育两个孩子，有积分入学需求，娥姐处在典型的“迁而不工”状态，她的主要职责就是带孩子和照顾老人。社工在积分入学的政策咨询中遇到娥姐，娥姐表达她的需求就是希望能在随迁地帮助孩子入学。娥姐目前感到很担忧，她来到陌生的城市，从家庭出发选择“成为流动”而非“成为留守”，但来到迁入地孤立无援，遇到事情总是第一时间向丈夫寻求帮助，遇到意见不一致的情况更多的时候都是娥姐在妥协，导致她在婚姻关系之中处于劣势。通过多次的沟通，社工从娥姐目前的处境之中发现她的真正需求是走出社区获得支持，因此，社工尝试从娥姐的本身的生态系统和社会支持系统分析探索介入方案。

娥姐目前的支持主要在家庭之中，社区之中唯一有较为紧密连接的是老乡，并无真正意义上走出社区建立的互助关系，同时在公共服务上更加单一，除了和孩子直接相关的学校外并无其他更加多元的社会服务。社工抓住重点，

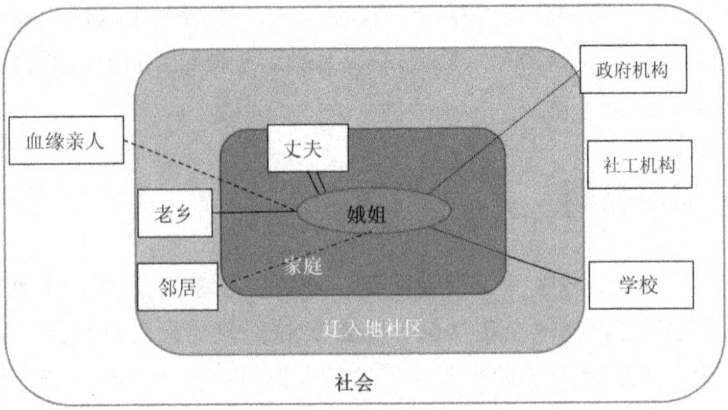

图 1　生态系统与社会支持情况视图

从娥姐的个人支持方面入手，邀请依托娥姐加入孩子将要就读的小学的家长志愿队伍，鼓励娥姐走出社区结交朋友。随着娥姐的行动和自我改变，通过一年多的陪同，娥姐的生态系统和社会支持得到改善。

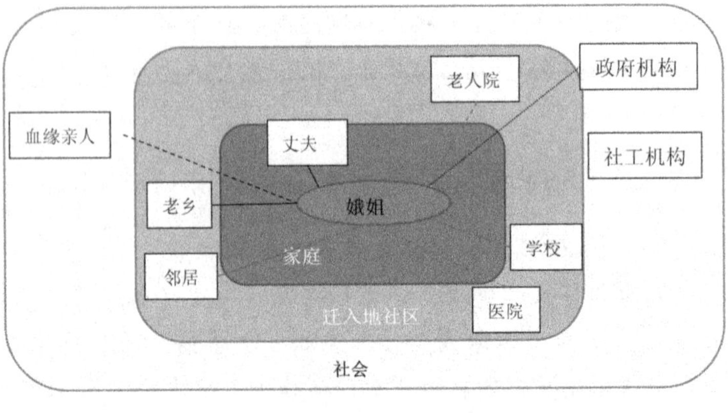

图 2　社工干预后案主的生态系统与社会支持情况视图

娥姐在接触社工后，通过意识和角色的增能，开始尝试走入社区的学校，有意识地结交迁入社区的家长。通过参与志愿服务，产生与社区的互动，开始了解和接纳当地的文化，并尝试去老人院、医院等做探访工作，在家庭事务处理上依赖丈夫的次数有所减少。

案例二：农村妇女爱煮咖啡

社工在出租屋的公共空间漫步时，发现当地出租屋的篮球场上有很多带娃的年轻妇女，她们都来自外省的农村，孩子均在0—6岁。了解之后发现，在出租屋住了1年以上的宝妈们不到40%，她们除了日常散步相互打打招呼外，并不是很熟悉；在带娃的过程之中遇到很多问题不能解决，时常会出现焦虑情绪；很多时候遇到问题都是“自己看着办”的状态。社工难以想象在网络时代，流动妇女们依然保持着比较封闭的状态，于是社工联合当地出租屋管理处，在社区的小树林、小公园处开始煮咖啡，并把咖啡“煮”到网络上，开展多次“亲子咖啡小组”。前来煮咖啡、喝咖啡的流动妇女从两三个人到十几个人，从零散的聚会到相互定期邀约聚会，从在小区见面到在网络见面等，人际关系得到较快发展，也开始善用网络资源来自我增值，解决自己关于育儿的烦恼。

在介入的过程之中，社工发现年轻一代的流动随迁妇女走出社区的意愿非常强烈，她们也能“小资”地生活，接受新鲜事物的能力非常快，但到底是什么导致了她们的故步自封？小组成员阿红（化名）说“我从未想过上网学习知识”；小组成员依依（化名）说“我天天在社区，看到别人都是这样的（不说话），我要照顾两个宝宝也很忙，这（不说话）是很正常的事情”；小组成员小白说“我刚刚来到这里，不是很熟悉，想着可能很快搬走了，觉得就这样吧”……这些类型的表达和感受在年轻一代的随迁妇女中是很常见的，因为这是她们生活的写照。可见流动妇女的处境是忙于家务事忽略了自我的需求，有能力而不自知，她们的社交是断裂的。

于是，针对流动女性的社交问题，社工运用小组工作的方法，把10多名随迁妇女和本地农村的妇女聚集在一起交流育儿经验，从一杯咖啡开始打开话匣子，让人和人之间有了联结。本地的农村妇女与随迁妇女有着相同点，也有着文化认同等差异。社工运用小组动力，在学习煮咖啡的同时让她们感受人际互动，看到彼此的友善，提高走出社区的自信心。

案例三：“智妇”人生计划

“智妇人生”计划，是X镇外来人员社会工作服务项目联合Y基金会（化名）共同举办的系列课程。项目主要针对流动妇女文化程度相对较低，女性角色多且难以分身、压力较大等问题而设计的服务，内容是围绕流动女性的沟通能力、时间管理能力、问题解决能力三大模块设置社区教育课程。目前，该项目仍在执行当中。

在立项招募之初，社工发现随迁妇女更愿意相信熟悉的人，如果没有熟人介绍，即使自己心动也不会行动；有部分随迁妇女需要征询家人（通常是丈夫）的同意后才可以参与外界服务。由此可见，随迁妇女有一定的自我保护意识，但同时也看到了很多时候她们不能自主决定自己的事情和对外界缺乏安全感的心理状态。

在实施过程中，X镇外来人员社会工作服务项目社工，以地区发展模式为基调设计项目。通过“三社联动”的方式，由Y基金会提供技术支持和课程指导，发挥出租屋、物业、居委会、地区志愿团体等力量，组织有需要的流动妇女和本地妇女参与“智妇人生”课程，以保障服务受众面的广度。通过学习奖励计划、推荐学员积分计划等措施鼓励流动妇女持续学习。通过3期的课程，参与课程的随迁妇女阿红（化名）表示“认识到自己是一个什么类型的母亲，也能了解到一些如何去清晰表达自己需求的方式和技巧，现在这段时间比较少跟老公吵架”；黄小姐（化名）表示“自己大学毕业后就是随着老公到处做业务，难得有机会参加公益服务，（在这里）让我认识了很多姐妹，我似乎找到了一个情绪的出口”……

案例小结：

上述三个服务案例可以折射出随迁女性面临的普遍困境：在社会融合过程中，随迁女性缺乏信心走出社区，缺乏社会支持，而政策保障也略显不足。社会工作作为一个学科和助人专业，可以补充随迁女性的公共服务体系，通过服务介入其个人、家庭和社区层面帮助随迁女性面对生活困境，更好地进行心理调适和自我认同，从而促进社区融合。

五、社会工作介入随迁女性服务的方向和切入点

通过几个实务案例，随迁女性社会工作的分析和切入点有如下几点经验。

（一）以地区发展模式切入随迁女性群体构建服务

随迁女性群体融合社工服务的构建，适合运用地区发展模式。地区发展模式强调的是居民的参与和合作沟通，注重居民在参与社区发展过程中的个人能力、公共意识和社区归属感的培养，而不仅仅是社区物质环境的建设。社会融合微观层面上强调社会接纳和自我角色认同，强调的是人际互动、参

与和合作，同样强调的是过程目标。因此，地区发展模式切入随迁女性群体服务的目标并非为了完成事务，而是需要在过程之中围绕人际互动、参与等元素设计服务。且在实践中，发现以地区发展模式为基调切入随迁女性的社区融合服务，更有利于整合政府各个职能部门资源和得到外界认同，更有利于随迁女性的社会支持网络联结。

（二）制定不同体系的能力建设服务为随迁女性增能

随迁女性的自我认同方面是从自我意识开始改变，在从“不自知到自知”的女性意识觉醒过程中，增能是促进女性意识觉醒的一种重要方法。增能是个人在和他人与环境的积极互动过程中，获得更大的对生活空间的掌控能力和自信心，以促进环境资源和机会的运用，以进一步帮助个人获得更多能力的过程。因此，项目在服务设计中需要以个体的能力建设为主要任务，充分挖掘随迁妇女的个人潜能，培养她们的能力。社工在工作过程之中需要制定不同体系的能力建设服务，注重提高女性的就业技能、沟通能力、子女教育方法等，能有效协助随迁女性适应流动后的巨大生活变化，胜任多重角色的转变。整个过程中社会工作的角色更多是协同者、资源联动者、倡导者，而非专家。

（三）实现社会接纳需要创造社区居民的共融互动空间

随迁女性在社会中依然存在着文化排斥，在社会融合方面缺少对当地文化的认同机会。无论是居住在出租屋还是商品房，邻里关系普遍疏离，随迁女性在迁入地的“社交断裂”，加速了这种文化排斥和身份边缘化。实现社会接纳，制造机会给随迁女性与当地居民互动是减少排斥和促进互动共融的最直接有效、受惠人数广的方法。无论是咖啡小组还是“智妇人生”计划，社工均是在创造一个社区居民的共融互动空间，让居民之间能够看到彼此的善意，相互接纳和认同。在实践中，发现当代社会创造居民的共融互动空间不单只是在客体存在的活动空间，还延伸到虚拟的网络空间，且网络空间的成本低、速度快，能够让随迁女性即时知悉与自身相关人和事的发展，参与社区公共事务。

六、总结与建议

社会工作作为公共服务的一个有益补充，在外来人口的文化、心理认同等微观层面上有着促进作用。通过以地区发展模式为主，重点建设随迁女性的个人能力，提供或创造社区共融互助空间等方式能有效地促进随迁女性的微观层面社会融合。当前中国社会仍处于积极改革阶段，流动人口社会融合工作仍有很多可以深入探讨的介入方法，笔者对流动人口中的随迁女性社会融合工作提出如下建议：

首先是在现有人口管理体系中，各级应重视随迁女性的社会服务。随迁女性在有效提高外来务工人员的稳定性，扩大人口红利，促进迁入地的城市建设等方面多有裨益，但她们对于社会服务的认知和知晓存在一定断层。应该建立转介体系，把随迁妇女及时转移到正式的社会组织中，让其得到适切的社会服务，为其做好心理调适工作，重塑社交纽带，加强其支持网络以促进归属感。

其次是在政策上扩大流动女性的技能培训优惠力度，加强对流动女性的专业技能培训，提高她们的素质和劳动技能，增强她们的生存、竞争和向上流动的能力。事实上，虽然近年来能看到目前国家在慢慢拓宽各种职能培训的优惠力度，但也因资源有限，设置了诸多限制，比如社保年限、区域等，申请的手续和提供的服务点也均有限制。对于随迁女性来说，这些条件要求相对较高难以达到，因此扩大政策优惠力度，培训方式多元化等仍然是推动流动女性增能的一个重要工作。

最后是基层社区组织应建立流动女性与迁入地之间的“承接平台”。基层社会组织应利用社区的地缘优势，帮助她们参与城市生活，提高流动妇女与城市居民的群际信任度，消除心理隔阂，产生良性的群际心理互动，促进其社会融合。

广州预防青少年犯罪社会工作的服务发展
——广州市海珠区“青年地带”模式为例

刘玉珊　叶梦竹①

摘　要：为落实中央对预防青少年违法犯罪工作的推进，广东省率先出台多项工作措施，成为全国最先发展预防青少年违法犯罪社会工作的地区之一，特别是广州作为社会服务的前沿阵地，运用青少年社会工作与预防违法犯罪工作的结合，进一步推进整个预防青少年犯罪的进程。本文以海珠区“青年地带”青少年项目模式为例，对项目的设计框架、服务定位、工作成效及推广意义进行详细介绍，并为广州市预防青少年违法社会工作的发展提出几点建议。

关键词：青少年　预防犯罪　社会工作　项目模式

青少年是国家发展的重要基础，关注青少年的成长发展关系到国家和民族的未来。2011 年 9 月，中央社会治安综合治理委员会更名为中央社会管理综合治理委员会，成立预防青少年违法犯罪专项组（下简称预防专项组）。预防专项组包括中央综治办、教育部、中宣部、最高法、最高检、公安部、司法部等 22 个成员单位，团中央为组长单位②，在推动预防青少年犯罪工作中具有里程碑的意义。广东省是全国最先发展预防青少年违法犯罪社会工作的地区之一，特别是广州作为社会服务的前沿阵地，运用青少年社会工作与预防违反犯罪工作的结合，进一步推进了整个预防青少年犯罪的进程。

---

① 刘玉珊，广州市启创社会工作服务中心青少年服务总主任，政协广州市海珠区第十四、第十五届委员会委员，社会工作师，广州社会工作督导人才培训（研修）班认证督导；叶梦竹，中共党员，社会工作师，广州市启创社会工作服务中心海珠区“青年地带”预防青少年违法犯罪服务项目主任。

② 背景资料：中央综治委预防青少年违法犯罪专项组．中国青年报，2012 年 3 月，http://zqb.cyol.com/html/2012-03/19/nw.D110000zgqnb_20120319_2-07.htm.

一、我国预防青少年违法犯罪工作的发展

(一) 中央对预防青少年犯罪工作的指导和推进

自2009年起，预防专项组开始在全国范围内开展预防青少年犯罪的相关服务，确定5类重点青少年群体，即为闲散青少年、有不良行为或严重不良行为青少年、流浪乞讨未成年人、服刑人员未成年子女和农村留守儿童；确定23个全国试点城市及257个省级试点城市，针对不同方向开展了为期两年的试点。2013年起，再通过3年时间分批次，在全国所有县级地区推开重点群体服务管理和预防犯罪工作。

2016年9月，各地在县级地区普遍建立起预防青少年犯罪工作机构，明确了职能部门任务分工和工作协调机制。

(二) 广东省推进预防青少年犯罪工作的整体规划

为响应中央对预防青少年犯罪工作的推进，广东省各相关部门及领导小组经过一系列的讨论研究整体规划广东预青工作的部署，出台了一系列相关的法规政策和实施意见。首先，陆续出台《广东省预防未成年人犯罪条例》《广东省未成年人保护条例》《关于进一步建立和完善办理未成年人刑事案件配套工作体系的实施细则（试行）》等政策法规，为解决未成年人犯罪非监禁刑适用率偏低及判后监管难问题提供依据。其次，重点建设青少年事务社工队伍，2015年，团省委发布了《关于落实青少年事务社会工作专业人才队伍建设目标任务的通知》，各地区逐年落实；同步在粤东西北地区开展“伙伴同行”社区矫正帮扶计划，引进珠三角地区社工督导资源，推动地区粤东西北预青社工队伍的发展。再次，2012年广东省综治委预防办青少年违法犯罪专项组第一次全体会议在广州召开，动员全省预防青少年犯罪工作，审议通过《专项组工作制度》《专项组成员单位任务分工》《专项组工作要点》《关于加强重点青少年群体服务管理和预防犯罪工作的意见》。最后，在团省委、省法院、省公安厅、省检察院、省司法厅和省维稳及综治委预防青少年违法犯罪工作领导小组办公室的共同推动下，成立省青少年犯罪研究会，建立“全国预防青少年犯罪研究基地”等一批具有代表性的预防青少年犯罪阵地。

二、广州市海珠区“青年地带”青少年项目模式

为了贯彻党的十六届六中全会关于“从构建社会主义和谐社会的全局出发，建设宏大的社工人才队伍”的精神，共同推进预防青少年犯罪工作，共青团中央、中央综治办、民政部等部门探索将社会工作专业与共青团的青年服务相结合，在全国开展青少年事务社会工作试点，广州市被确定为首批青少年事务社会工作试点城市，海珠区则被确定为该项工作的试点城区。在广东省社会工作先行先试的政策指导下，2007 年底，广州市民政局、共青团广州市委、海珠区政府委托共青团海珠区委联系有社会工作专业背景的社会团体在探讨与评估的基础上，设计推行了“青年地带”青少年服务。

（一）“青年地带”青少年项目设计框架

海珠区“青年地带”是共青团海珠区委以“共青团+社工”模式推动青少年事务社会工作的综合服务平台。项目从 2008 年 2 月启动，得到省、市、区的大力支持。由市区两级财政共同出资，委托共青团海珠区委监管，并由专业社工机构承接，为海珠区辖内 6—30 岁的青少年及其家长，提供专业社工服务。服务遍布 12 所学校站点，8 个社区站点，如今已成为全市乃至全省共青团组织参与社会管理创新、发挥枢纽型组织作用的品牌项目，树立了青少年社工服务行业标杆。

1. 项目运营模式

海珠区“青年地带”青少年服务项目作为广东省第一个政府购买社工项目，以“政府主导推动、团委组织监管、社会组织资助运作”为运营模式（如图 1 所示）。

项目以党委领导，市区两级财政共同出资，并成立以区委副书记、区政府副区长为组长的海珠区青少年事务社会工作领导小组，每年对项目进行审查了解，并聘请第三方对项目的运行进行系统评估；团区委作为项目的监管机构，专门增设项目监管主任岗位，监督管理项目的有效运作，对项目的财务、服务质量等承担协调管理的职责，并积极协助社会组织搭建与公安、检察院、法院、司法及民政等部门的桥梁，建立辖区内青少年服务的网络。社会组织作为服务的提供者及承接单位，能自主地对项目的服务、行政、财政及人事进行独立的运作和发展，且接受政府的依法监管，自主、系统地为青少年提供社会服务（如图 2 所示）。

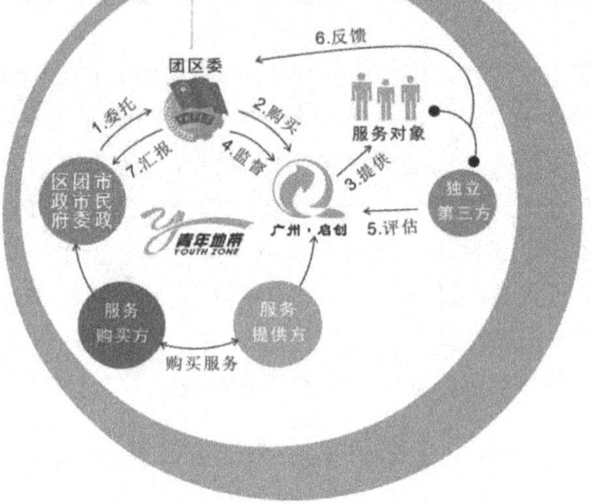

图 1　海珠区“青年地带”青少年服务项目运营模式

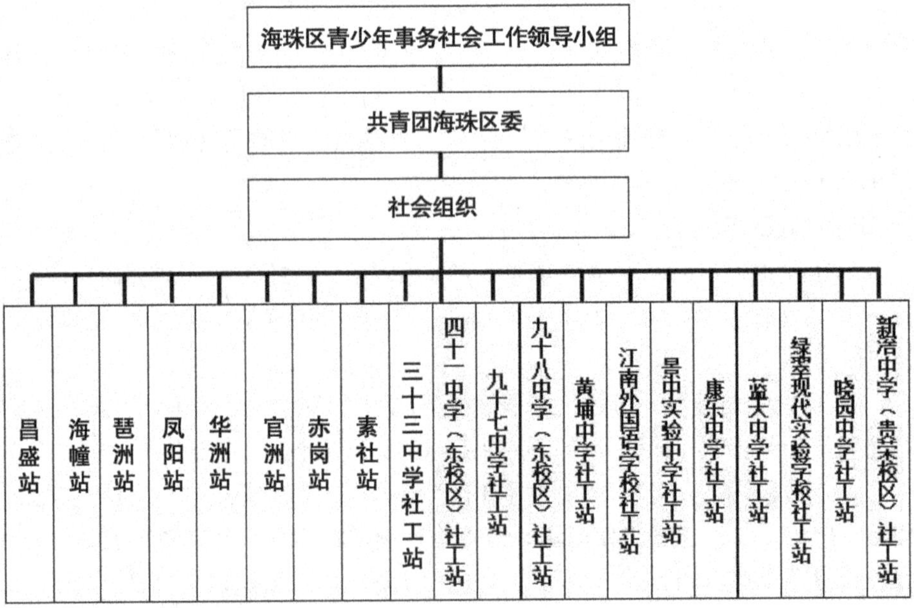

图 2　海珠区“青年地带”青少年服务项目监管模式

2. 项目服务定位

“青年地带”以“社工+”模式嵌入预防青少年违法犯罪工作全链条中，通过“三级预防”机制全覆盖重点青少年群体的多层次需求，打造预防青少年违法犯罪服务与权益保障专项服务（如图 3 所示）。

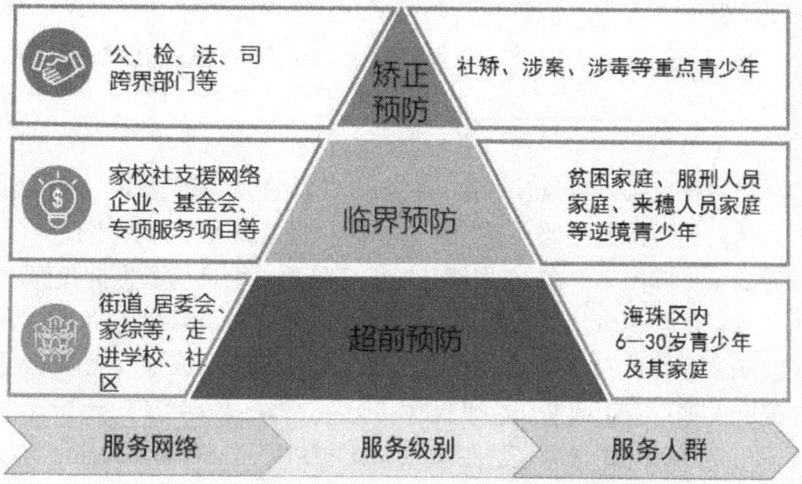

图 3 海珠区“青年地带”青少年服务项目“三级预防”机制

（1）与公、检、法、司跨界合作，提供矫正治疗服务。对于存在高风险的涉毒、社矫和涉案青少年群体，他们原本就处于公、检、法、司各部门的监管之下，而开展矫正预防服务需要与原有的系统对接，借助重点青少年专项服务站的基础，搭建一个专业评估、转介和跟进的服务平台，采用个案管理的方式跟进，注重对青少年的认知调整、行为改变和能力提升，引导青少年远离毒品和犯罪，提升青少年对法律法规的认识。在跨界合作方面，项目与公、检、法、司部门进行逐一沟通和协商，商定服务计划和分工。社工作为一个辅助力量参与到政府部门的工作中，一方面要依靠部门的工作机制以明确社工的身份，便于更顺利地开展服务；另一方面是建立一个有关服务资讯和资源的共享平台，在遇到危急、突发情况时能通过个案管理的方式跟进青少年，有利于及时、有效处理各种问题。

（2）搭建家校社支援网络，提供临界预防服务。服刑人员未成年子女、来穗家庭未成年子女、贫困、两需（是指年龄在 6—25 岁无合理原因不在学、无职业，需要就业帮扶、需要入学帮助的青少年）等青少年群体存在高危因素，缺乏适切家庭监护和关怀，社会化过程得不到充分支援，他们的家庭并不完整，父母一方或双方因吸毒、犯罪、失踪、死亡等原因而无法担任监护人，还是未成年的青少年在面临监护人转变、父母缺失问题上容易产生不理性的想法或行为，在生活上也容易存在适应困难和自我照顾知识欠缺等问题。针对这类有可能发生偏差行为的青少年群体，要从家庭、学校和社会三个方面搭建一个保护和支援网络。社工定期走访、核查两类青少年个人及其家庭支援情况，保持联络，评估及制定介入策略，协助青少年处理自卑、自信心不强等问题，并积极链接社会资源为青少年及家庭提供适切的支援，缓解家庭压力。

（3）普法禁毒宣传走进社区和校园，提供超前预防服务。大部分青少年对法律法规存在盲区、对吸食毒品后的负面影响和危害性认识不够深刻，这容易诱发他们走向违法犯罪道路。目前新闻报道的最小的吸毒者仅8岁，被判刑的青少年告诉社工他在13岁就开始盗窃抢劫，大量例子告诉我们，预防违法犯罪的宣传教育应从低龄做起。项目主打普法和禁毒宣传两大主题，在中小学、职中等学校和基层社区开展法律法规、毒品知识普及主题活动，使青少年充分发挥自身正面潜质，来提高其辨别是非、趋利避害的认识和能力，进而在思想上筑起防止自身违法犯罪的坚强防线。

（二）“青年地带”青少年项目成效

海珠区“青年地带”青少年服务项目自2008年服务至今已有12年的时间，经历了探索、开拓、转型等阶段，在项目整体发展和运行中有了一定的成效。

1. 强化思想引导，坚定青少年理想信念

高举中国特色社会主义伟大旗帜，以习近平新时代中国特色社会主义思想为指引，项目强化思想引导在服务阵地的作用，在实际工作中，“青年地带”社工做好共青团服务手臂延伸，结合以往服务基础，夯实以共青团社工+青少年+志愿者组织、基层组织等多元参与的“1+1+N”服务模式，积极邀请和凝聚企业、高校等团组织参与社会服务中，为社会治理作出贡献。优化服务与场地，凸显团组织对青少年思想引领的作用。每个站点配备标准的党、团元素宣传栏和标识；创新服务手法，开展爱国主题教育服务，如开展“青春心向党，追梦新时代”五四主题团青故事会，增强青少年爱国意识和爱国情怀；开展以“我和我的祖国”庆祝中华人民共和国成立70周年为主题的系列活动，17支队伍152名青少年通过“学史明志、献礼祖国、与国同行”三个步骤，以参观体验、人物采访、参访爱国主义教育基地等丰富的形式，从民生、环境、体育、文化、科技、军事六大主题了解中华人民共和国成立70

年来的伟大历程与辉煌成就。

2. 助力校本课程，打造一站一特色

项目从青年权益、青年融合、青年发展三个维度，围绕青春期教育、自我保护、城市融入、文化保育、生涯规划、青年参与六大服务主线，结合学校的实际情况以及所在的社区特色，开展具有针对性、个性化的服务。如“团在你身边，青春向阳行”青春期教育服务、“康乐梦飞扬”流动青少年城市融入服务等。

表 1　海珠区“青年地带”项目校本课程服务

服务主线	学校	校本课程
核心素养	广州市第九十七中学	“阳光培力”校本课程
	广州市第四十一中学（东校区）	“立善而行”青春期校本课程
	广州市江南外国语学校（北校区）	助“梦”飞翔生涯规划校本课程
	广州市第九十八中学	“和韧九八”校本课程
社会参与	广州市海珠区黄埔中学	“粤赏先锋”文化导赏校本课程
	广州市新滘中学	“生态社区，自信少年”志愿服务
	广州市景中实验中学	“红色梦工厂，追梦新青年”志愿服务
	广州市绿翠现代实验学校	“义参+”绿义领袖平台亮点服务
融合服务	广州市晓园中学	“陶心陶乐行动”特色校本课程
	广州市第三十三中学	“倡文明风尚，建和谐校园”服务
	广州市海珠区康乐中学	“康乐梦飞扬”城市融合服务
	广州市蓝天中学	“成长之路不迷茫”流动青少年融合服务

3. 建立校园防欺凌服务联盟，倡导营造和谐校园氛围

在区民政、团区委、区教育局的共同支持下，项目联结海珠区各街道家综及其他“青年地带”项目站点，达成服务联盟，为一线青少年社工提供社工技能培训。此外，项目也注重人才和经验的输出，通过和谐校园 App 推广、通过组建和谐校园项目工作小组，依托新媒体微课开展线上培训和线下开展大湾区青少年事务社工培训、撰写《和谐校园之路——启创校园欺凌防护手册》经验书籍的形式，让更多青少年事务社工以及关爱青少年成长的人士共同参与。目前在广州、佛山、中山各地开展服务超过 100 场，覆盖 22 所学校，直接服务人次超过 10000 人次，取得了良好的社会效益，正在影响越来

越多的正义人士参与进来，沟通构建和谐校园。

4. 建立特殊个案跟进服务模式，精准服务对象

经过 2015 年的社区矫正青少年群体服务试点工作，项目探索出一套适用于海珠区社矫青少年的个案服务模式和海珠区涉毒青少年的个案服务模式，为预防青少年犯罪项目的发展奠定了良好的基础。同时，还注重同公、检、法、司等部门的互动与合作。2020 年服务数据显示，“青年地带”项目与海珠区 18 条街道、48 所学校建立了联系与合作关系，逐步建立个案转介网络与应对机制，使青少年在网络内能够及时获得最合适的服务，促进青少年的发展（如图 4、图 5 所示）。

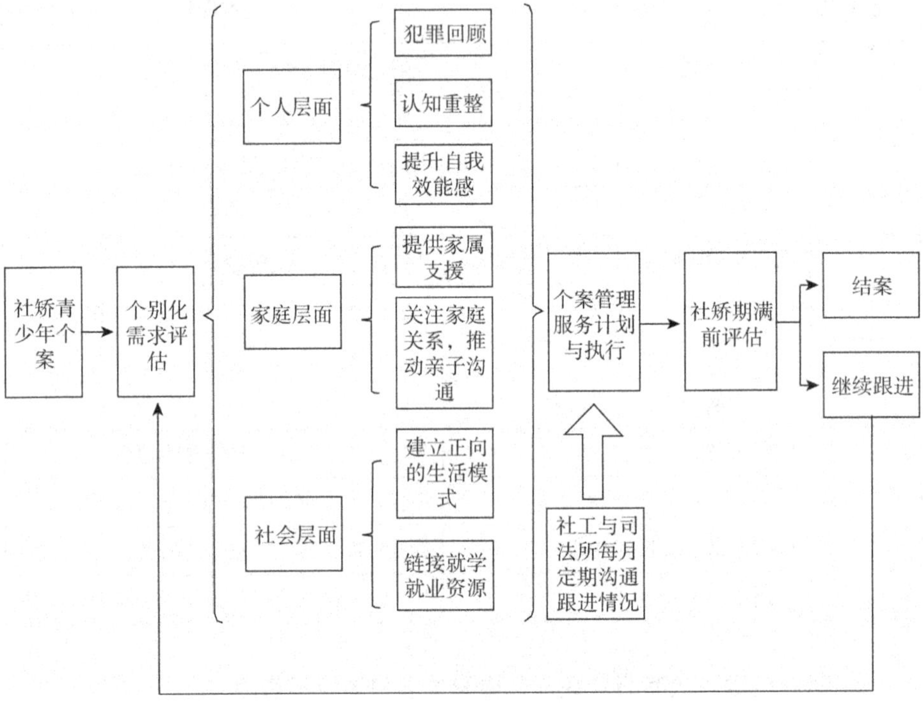

图 4　海珠区青少年社矫对象的个案服务模式

5. 促进多元主体参与，建立机制助力青年权益保障

项目切实关注青少年的生存权、受保护权、发展权及参与权，因应政府的方针政策及社会热点把握需求，开展专题式的服务，以教育剧场、校园讲座、工作坊等方式向青少年普及校园欺凌及性安全（包括性发育的身心特征、性行为的原则及风险和后果、性侵犯、性犯罪等）的相关定义，让青少年认识和接纳自己与他人、明晰自我保护的方法、遇到权益受侵时的应对方法和

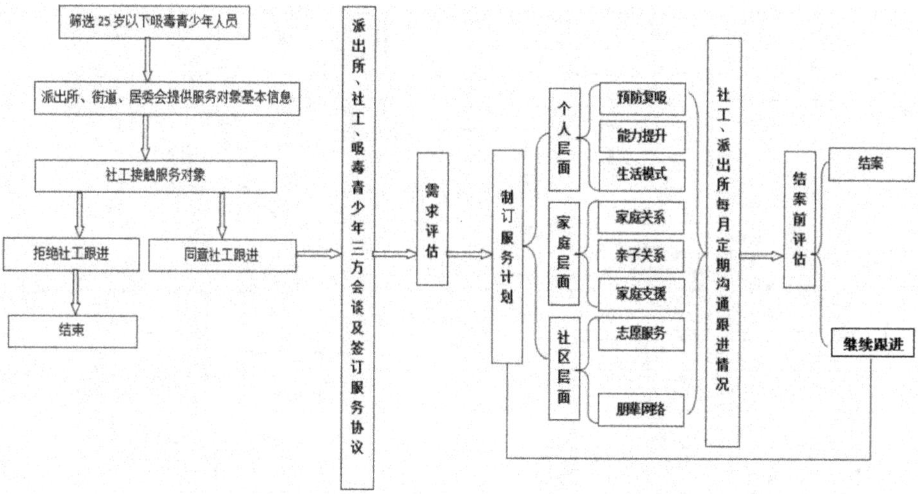

图5 海珠区青少年涉毒对象的个案服务模式

求助资源以及违法犯罪所带来的后果和风险，切实规范自身的行为。通过组织校园特色服务、小组活动、志愿者服务等多元服务，保障青少年权益，合计服务青少年257232人次。

同时针对权益受侵的青少年，社工能迅速依据机构制定的“受侵害与受虐的青少年服务模式”（如图6所示）作危机介入处理，保障未成年人权益，并且预防青少年在重大创伤事件中的伤害。面对个别身体伤害，社工的介入能保障青少年自我保护的正确应对，例如在未成年人受性侵个案及受刑事伤害的个案里，社工一方面稳定受害人及家人的情绪以及陪同报案或协助了解刑事案件刑审事宜，另一方面联动广州市检察院、广州市中级人民法院、“未成年人权益保护专线12355”和公益律师、针对刑事案件受害人援助的基金会资源等，为案主的后置监护和安置寻找适宜的资源和服务。而在处理其他因突发状况而缺失监护或面临辍学困境的权益受侵个案时，社工则会迅速联动广州市未保委员会、海珠区未保委员会、公检法司、街道办等资源，为这些青少年提供紧急支援，后续继续保障他们的相关权益。案例《链接多方力量综合救助受侵害的未成年人》成为2019年最高检和团中央共同发布的未成人检察社会支持体系建设工作十大典型案例中的首个案例；亦成为2019年《广东未成年人检察工作白皮书》的十大案例之一；项目总结的“受侵害与受虐的青少年服务模式”被刊登于《青少年事务社会工作方法与实务——从广州市海珠区的十年经验出发》书籍当中。

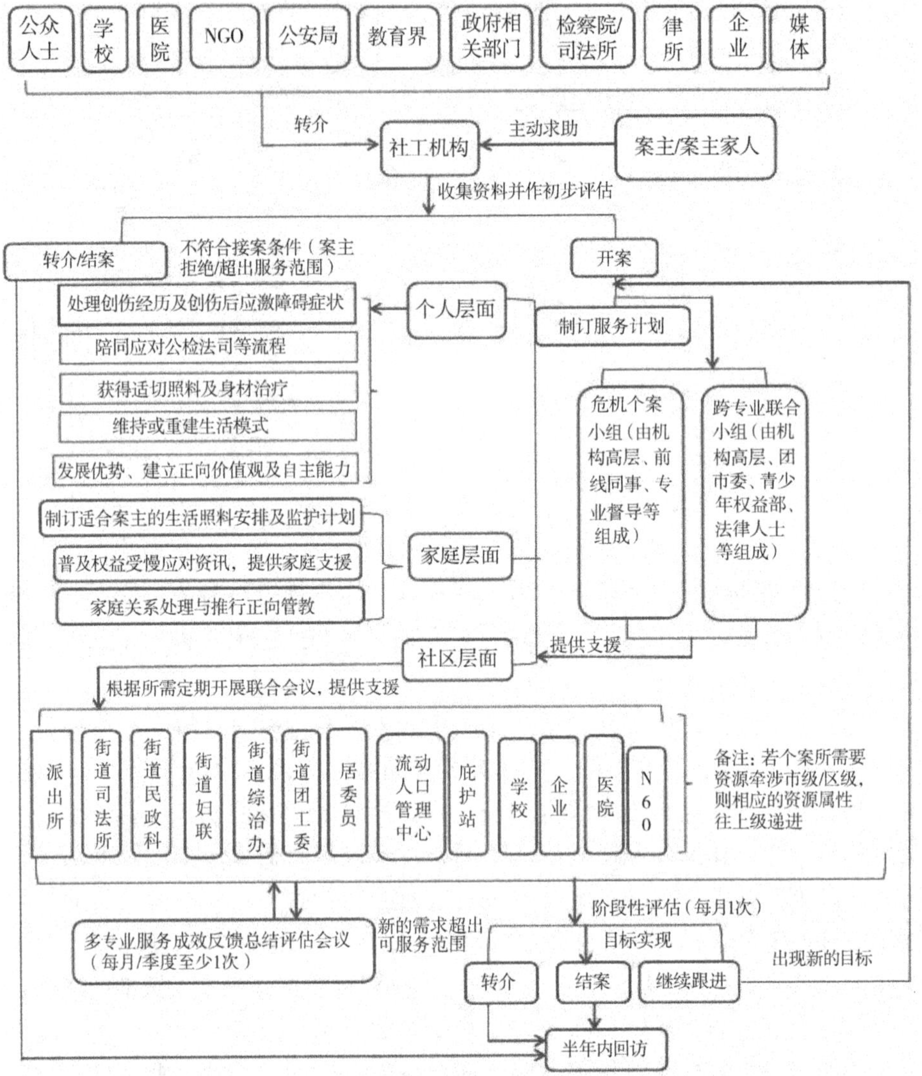

图 6　海珠区青少年受侵害与受虐的青少年服务模式

6. 创新宣教手法“三进”，联动多方协同预防

为预防青少年违法犯罪，有效保护青少年健康成长，项目着重联动街道团工委、辖区内学校、公益服务中心、律师、社区民警、高校志愿者等协同联动起来，在不同的场域，针对不同年龄段中的角色与责任，运用不同的媒体科技，开发贴合性强的主题宣教内容，努力构筑“多位一体”“分层分类”“重点关注高危青少年”等预防青少年违法犯罪创新教育网络。项目结合时事

热点，开展禁毒普法服务“三进”——进社区、进家庭、进学校，重点关注禁毒、校园贷、网络安全、法律知识普及等主题宣教，累计开展禁毒宣教活动 151 场，服务 54410 人次，提升了青少年的抗毒能力；开展普法宣教活动 98 场，服务 36447 人次，增强了青少年守法意识与辨别能力。同时，项目创新禁毒普法宣教形式，其中“毒一试 = 毒一世”海珠区禁毒微视频大赛成为每年海珠区辖内各职中均参与的大型赛事，优秀作品更是在广州禁毒微信公众号、广州禁毒抖音号播出；“防犯剧场”青少年普法服务获得广州社会创新榜最佳共创项目荣誉，并将服务梳理总结推出《教育剧场赋能社会服务——2015—2019 年应用案例经验分享》，为珠三角社工同行输送经验。

7. 链接社会资源，增添青少年成长动力

针对家庭困难的青少年，项目通过筹集来自企业、政府、基金会等社会资源提供临时的救助和人文关怀。在海珠区团委、禁毒办、派出所、司法所、街道办以及广大社会企业的支持下，项目每年春节与中秋节期间为全区 150 户困境青少年及重点青少年家庭送上一份温暖的问候；链接不同基金会资源，为凤阳街来穗家庭未成年子女申请助学资金，缓解家庭经济压力，助力青少年成长。通过整合场地资源、跨界合作、参观接待等方式，扩大影响力，自筹资金达 706029 元，并配合区人大、团省委的专题调研工作。

（三）“青年地带”青少年项目推广意义

1. “青年地带”服务模式有助于联结公、检、法、司各环节

预防青少年违法犯罪其中很重要的一个内容是预防失足青少年重犯，青少年是社会的主力军，代表着希望和未来，但他们在成长过程中又是脆弱的，心智的不成熟让他们面临更多困惑，一些青年不免迷失，因此他们更需要引导和帮助。一方面，为了最大限度地挽救涉罪未成年人，“青年地带”作为一个青少年专项项目，能够成为公、检、法、司各部门之间的纽带与桥梁。目前，各个部门间的转介是比较耗时间且不连贯的，“青年地带”作为社会力量更加灵活弹性，社工能够从派出所持续跟进涉罪青少年直至回归社会，实现全过程跟进，保障涉罪未成年人在规范化程序框架内的权益维护和人文关爱。另一方面，虽然公、检、法、司各个部门会有针对未成年人的保护与管理措施，但是发挥得更多的是“管”的角色，而青少年在涉嫌违法犯罪或实施了违法犯罪行为后，他们的情绪是十分不稳定的，不利于办案的顺利进行，对青少年后续的回归社会也有深远的影响。“青年地带”社工能够利用自身的专业知识，发挥“帮”的角色，对公、检、法、司起到了辅助、补充的作用，通过开展心理疏导、政策解读、协助办事、链接资源等方式陪伴青少年度过彷徨无措的阶段，在这个过程中鼓励青少年在错误中有所反思，并找到未来的方向，避免他们一蹶不振，甚至自暴自弃走向反复犯罪的道路。

2. “青年地带”服务模式有助于联动家校社力量

预防青少年违法犯罪需要家庭、学校、社区等多方相互配合，共同解决青少年成长问题，促进青少年健康成长。家庭、学校是影响青少年成长的重要环境，其教育方式和理念对青少年的成长有着极为重要的意义。但受限于老师的时间、精力分配，以及他们要将大部分时间集中在传授课业知识上，较难兼顾青少年的心理疏导与各种“问题”。而大部分家长对于“问题”青少年是非常苦恼且无助的，自身并不懂得如何应对与处理，还可能用责骂、暴力的方式管教孩子。对此，“青年地带”社工十分重视家庭服务及学校服务，社工将法制教育与亲子关系作为介入点，利用家庭、学校和社区的现有资源，通过个案、小组、工作坊等专业手法进行辅导，进一步提升家庭及学校环境对青少年成长的正向支持。

3. “青年地带”服务模式有助于解决青少年成长关键问题

第一，提高守法意识。青少年群体容易在好奇心、讲义气等影响下发生违法犯罪行为，原因在于他们对法律知识一知半解，存在侥幸心理，没有深入思考后果。对此，需要让法律知识走进社区和校园，根据各个年龄层的需求，采用青少年喜闻乐见的特色形式，使青少年充分发挥自身正面潜质，来提高其辨别是非、趋利避害的认识和能力，进而在思想上筑起防止自身违法犯罪的坚强防线。同时，可借助志愿者服务，拓宽青少年的朋友圈，加入更多保护因子。

第二，加强心理健康教育。随着我国经济社会快速发展，儿童青少年心理行为问题发生率和精神障碍患病率逐渐上升，已成为关系国家和民族未来的重要公共卫生问题。目前，越来越多的青少年受到各种情绪障碍和行为问题困扰，产生精神及心理问题。这些青少年大部分的困扰有：青春期困扰、压力难以调适、社交能力不足、亲子关系矛盾等，需要社工及时跟进，化解危机，并提高新时代青少年心理素质和社会适应能力，有效防范和化解社会安全风险。

第三，规划个人发展。不管学习成绩、家庭情况和学校环境如何，每一名青少年都有生涯规划的需求。而生涯规划不仅仅是帮助他们成功就业，在社工的专业角度看来，更多的是让青少年认识自我，并且找到自己能力和兴趣的结合点，从而避免被社会的各类信息过多地带领，能够独立思考并且决定自己的人生。重点青少年大部分学习成绩不佳，缺乏对自己的认识、对未来的思考，容易陷入无所事事的状态，开展生涯规划服务能够协助他们找到自己的方向，进而融入社会，不断正向发展。

除此以外，“青年地带”青少年服务模式还能对权益受侵、家庭支援、危机介入等情况进行及时回应，联系社区与家庭互补与支援。

三、广州预防青少年违法犯罪社会工作的发展建议

（一）完善预防青少年违法犯罪的运作机制

根据《重点青少年群体服务管理和预防犯罪工作实施方案》等一系列关于落实预防青少年违法犯罪相关的指导文件，广东省各地已经陆续开展，逐步覆盖预防青少年违法犯罪社会工作，得到了一定的成效。但是，目前预防专项组之间未能整合起来形成合力，各部门的关键环节仍需打通，对此，可以期望能够由上至下建立起一套有关预防青少年违法犯罪的流程规范，确立青少年事务社工在流程之内的角色与职责，保障其能够起到纽带桥梁的作用。尤其是在未成年人司法服务领域，青少年事务社工责无旁贷应当积极投入，发挥自身力量，需要预防专项组对此形成规范的指引，建立服务的标准化操作流程，有效指导各级部门落实。此外，应当整合未成年人保护委员会各成员单位在处理预防青少年违法犯罪事件的定位与分工，形成统一的危机介入流程与规范，使得事件处理更加及时有效。

（二）加强学校预防青少年违法犯罪服务投入

预防青少年违法犯罪工作，不能单单依靠事后的补救工作，对青少年成长过程的引导与预防是十分重要的环节。我们可以强化学校预防青少年违法犯罪教育的主责地位，总结海珠区“青年地带”驻校社工服务项目的经验。实施驻校社工项目，通过“财政资金+社会筹资”方式，通过群团组织、教育局等多方协同，购买社工机构服务做到“一校一社工”，逐步实现中小学社工服务全覆盖，为中小学配备专职青少年事务社工。

（三）加强及完善青少年违法犯罪的人才队伍建设

预防青少年犯罪工作是全社会密切关注的大事，在重点壮大青少年事务社会工作者队伍的同时，还需围绕“社工+”的主旨，加入社区队伍及民间志

愿者的力量，完善整个预防青少年犯罪网络的搭建。一是培育青少年实务与督导社工队伍。健全青少年事务社工队伍的培训体系，针对预防青少年违法犯罪服务领域设计有关政策解读、实务技能、品牌建设、督导能力等方面的培训，全面提升专项社工的专业服务质量。出台相关青少年社工的激励及薪酬保障机制，为建立一支专业化、职业化、致力于青少年实务工作的社工队伍奠定基础。二是完善合适成年人队伍建设。合适成年人队伍组成应该多样化，包括青少年事务社工、社区工作人员、从事法律相关工作人员、社会热心人士等，倡导社会力量参与预防青少年违法犯罪的工作。三是培育民间志愿者队伍。民间志愿者能加强社区及社工队伍的力量，组建不同层面的专业志愿者队伍，如律师、老师、心理咨询师等人士，能作为专业支持力量，实现针对性的协作，管理及调动民间志愿者队伍，定能提升预防青少年犯罪工作的成效。

（四）优化评估预防青少年违法犯罪社会工作成效工具

与其他的专业社会工作相比，预防青少年违法犯罪社会工作仍处于起步阶段，评估体系并不成熟。服务难度大、服务个体转变时间长等问题，成为评估及成效展现的一大难题。因此，需要梳理预防青少年违法犯罪服务经验，总结服务设置的适用性与落实情况，不断优化其服务指标体系的设置，以及逐步按照服务板块与管理板块优化成效测量工具，有效指导项目不断走向科学化、可持续化。

在预防青少年违法犯罪工作的道路上，青少年事务社工已经成为一支不可或缺的重要力量，接下来需要各方齐心协力，完善服务流程机制，扎实法治宣传教育，优化青少年成长环境，不断创新重点青少年群体服务管理，为广大青少年及其家庭筑起坚强的保护盾。

参考文献

［1］罗观翠，刘晓玲．广东社会工作发展报告（2018）［M］．中国社会科学出版社，2018.

［2］陆士帧．青少年社会工作［M］．社会科学文献出版社，2010.

［3］全国青少年事务社会工作发展与探索研讨会论文集［J］．青年探索，2016（1）增刊，总第203期．

［4］罗观翠．青少年社会工作服务模式及成效研究——广州市海珠区“青年地带”的实践探索［M］．社会科学文献出版社，2013.

社区居家养老社会工作服务案例

亲友参与下的社区照顾模式探索
——以广州市番禺区化龙镇居家养老服务平台生活照料服务为例

曾展希　胡志艳[1]

摘　要：生活照料为居家养老服务的一类服务，一般由专业护理机构承担，但基于社区资源、服务成本问题，由专业护理机构提供服务的费用并非所有地方财政和长者能承受。中国已经进入老龄化社会阶段，在农村正式资源相对缺乏的社区中强烈的养老需求与资源的不足之间矛盾更加明显。亲友属于社区照顾中非正式资源的一类，如何将正式资源与非正式社区资源最优化，提升服务质量和效益成为各方关注的话题。本案例以化龙镇居家养老服务平台为例，阐述该平台在正式资源平台搭建基础上，社工通过亲友筛选和动员、照顾能力提升、服务标准建立等介入，推动亲友作为非正式资源的重要参与者参与长者的照顾，有效强化亲友作为非正式资源在社区照顾中的补充作用，整合社区中正式与非正式资源，推动居家养老服务中困境长者生活照料服务效益的提升。

关键词：亲友　社区照顾　居家养老

社区照顾模式是指社区中各方成员的非正式网络与各种正式网络社会服务系统配合，在社区内为需要照顾的人提供服务与支持，促成其过正常的生活，加强其在社区内的生活能力，达到与社会融合，并建立一个具有关怀性的社区的过程。在实践中，正式网络资源往往因政策条件限制并非每个人都能享有（如长护险需有医保，养老院需轮候，居家养老服务资助需符合穗府办规〔2016〕16号文要求）。虽然正式网络资源并非每个人都能享有，但绝

① 曾展希，广州市番禺区普爱社会工作服务社区域总监兼督导，社会工作师、二级心理咨询师；胡志艳，广州市番禺区普爱社会工作服务社项目副主任，助理社会工作师。

大多数人身边都有可动用的非正式网络资源。所以非正式网络资源对正式资源的补充作用尤为明显。

根据《广州市社区居家养老服务管理办法》，社区居家养老服务是以家庭为核心，以社区为依托，以专业化服务为主要形式，充分利用各类社区资源，为居家老年人提供的社会化服务。居家养老人员一般指 60 周岁及以上的老年人，向居住地街道（镇）社区居家养老服务部提出服务申请，选择服务项目和服务机构，并与服务机构签订服务协议的长者。

广州是较早进入老龄化的城市之一，为进一步解决老龄化带来的养老问题，2016 年 12 月 9 日广州市人民政府办公厅发布《广州市社区居家养老服务管理办法》，规范了广州市内社区居家养老服务工作，明确了居家养老服务的服务设施、服务供给、服务评估、服务资助等内容。在文件的指引下，2018 年化龙镇作为番禺区第一个尝试通过服务购买由社工机构独立运营，镇街实施监督管理的居家养老服务平台，平台面向社区 60 岁及以上长者提供生活照料、助餐配餐、上门医疗、康复护理、日间托管、临时托养、文化娱乐、精神慰藉、临终关怀、安全援助十项服务，从专业社工的角度探索专业化居家养老服务发展方向。

一、服务背景

化龙镇自 2012 年开始由镇政府建立居家养老服务部，由镇自主运营居家养老服务，为辖区内长者提供日间托管、精神慰藉、文化娱乐、生活照料四类服务，具备居家养老服务的基础。化龙镇是一个快速发展的以农村为主的社区，辖区内有 13 个行政村，2 个社区居委会。在广汽集团进驻化龙镇后，其企业聚集效应带来更多大型企业进驻社区，为社区创造了良好的劳动就业机会，大量年轻人进厂务工，导致社区照顾力量相对薄弱。同时，化龙镇总面积 55.7 平方千米，常住人口 7.12 万，其中本地户籍 3.19 万人，非本地户籍 3.93 万人，由于人员分散，地域广阔、资源缺乏为上门生活照料带来一定的困难。

但农村型社区为熟人社区，主要以血缘关系和地缘关系为纽带将人联系起来，社区中有着大量的家人、亲友、邻居、志愿者等非正式资源。为解决居家养老服务平台中长者因照顾资源缺乏产生的生活照料服务开展困难问题，化龙镇政府与广州市番禺普爱社会工作服务社联手探索符合化龙镇社区实际情况的正式与非正式资源联动下的居家养老服务。

二、服务模式的实施

（一）项目概况

化龙镇现有长者8030人，化龙镇居家养老服务平台现共服务294人，需上门生活照料的长者22人，其中80岁以上长者16人，60—79岁5人，60岁以下的1人；独居、孤寡长者11人，特困长者7人，失独长者2人，低保长者2人，其中20名长者患有高血压、糖尿病、阿尔茨海默病、风湿病等疾病中的一种或多种。居养人员在社区中呈点状分布，分布地域广阔，人员分散。其中山门村5人、潭山村2人、眉山村5人、沙亭村3人、草堂村1人、化龙社区1人、复苏村4人、盛龙社区1人。

生活照料为居家养老服务平台十项服务中要求上门频率最高的一项，上门的人手问题、服务管理问题最为突出。立足于化龙镇的实际情况，由化龙镇政府牵头，在居家养老服务平台基础上，在社工的专业介入下，联合社区多方力量，寻找并培育合适亲友成为居家养老助老员，承担居家养老服务平台生活照料服务。积极探索在社区照顾模式下，通过居家养老服务平台，整合社区的正式与非正式资源，建立“亲友+居养平台+社区组织”联动照顾模式。

（二）项目服务内容

项目服务对象为：化龙镇户籍辖区内60岁及以上长者，家里不能提供日间照顾的长者，需要康复治疗的长者，化龙镇辖区五保、低保以及符合政府购买居家养老服务的长者享有优先。

居家养老服务平台提供上门服务包括：生活照料、助餐配餐、上门医疗、康复护理、日间托管、临时托养、文化娱乐、精神慰藉、临终关怀、安全援助共十项服务。亲友服务主要面向有需要的22名居家养老服务人员提供生活照料服务，生活照料服务包括：助洁服务、洗涤服务、陪伴就医、陪同外出、上门做餐、代办服务、日常提示、情感关怀、个人护理、协助进餐、转移护理、排泄护理、助浴服务、助行服务等内容。

（三）实施流程

1. 建立社区资源的平台

根据居家养老服务平台的康复护理、上门生活照料、助餐配餐、上门医疗、日间托管、临时托养、文化娱乐、精神慰藉、临终关怀、安全援助十项服务内容要求、专业人员资质要求、服务管理要求，由镇政府牵头、项目社工主导落实，积极与社区中专业社会组织和亲友开展服务合作，由不同专业社会组织或个人承担不同的专业服务内容。其安排如下：社工负责整个居家平台项目的对接，与化龙医院下属四个驻村的社区卫生服务中心的医生、护士负责上门医疗保健、康复护理医学相关服务；社工站安排专业心理咨询人员负责临终关怀、精神慰藉等心理层面服务；其他社区社会组织及属地村居负责文化娱乐等社区层面服务、敬老院负责提供临时托养，亲友居家养老助老员则负责上门生活照料，社工统筹项目社工负责安全援助、日间托管，达到资源共享。

服务标准的建立：上门医疗、康复护理、临终关怀服务等专业化程度高的服务，其服务标准以专业人员的从业规范为标准。日间托管、临时托养、助餐配餐、文化娱乐、精神慰藉、安全援助、生活照料等服务，则由项目根据《广州市社区居家养老服务项目评估指标》结合服务实际情况制定服务流程和服务要求标准，并建立相应督查制度，项目社工负责督查服务的规范落实。

所有服务内容由社工运营的居家养老服务平台负责管理，服务开展中单位及个人在发现需要时向项目汇总，由社工统筹居家养老平台的资源及社区内外的资源予以解决。因上门生活照料服务为频率最高的服务，亲友与长者接触最密切，对长者的动态需求能很好进行动态监测，亲友居家养老助老员也成为联系居家养老服务平台和长者的纽带。

2. 亲友居家养老助老员的培育

（1）亲友筛选及动员。前期通过与村（居）委会了解长者的亲友信息及日常亲友关系情况，重点收集对长者日常生活比较关心的亲友名单，通过对比筛选个别承担照顾长者意愿高或者目前已经承担主要照顾责任的亲友。以村（居）委会或镇民政办等多方协商推荐，社工进行亲友动员及服务方面解释工作，在长者征得同意的情况下，签署相关服务协议，由亲友负责承担生活照料服务。

（2）适当补贴标准的确定。由于化龙地域广阔，居家养老长者居住分散，个别村居交通极其不方便，公交 30 分钟/趟是常见的事情；居家养老人员地址分散，来回路途时间成本，交通成本极高，从商业运营的角度看，以目前居家养老服务人员补贴标准根本不足以聘请专业养老机构的服务人员提供上门服务。考虑到亲友居家养老助老员所提供的上门服务并非单纯的志愿服务，而是固定恒常服务，具有相应服务标准，需在合理范围内予以补贴。经过征询多方意见，确定将居家养老员的补贴给予亲友，作为其承担长者上门生活照料的补贴。补贴标准根据生活照料服务内容及长者的情况，生活照料补贴在每人每月 400—600 元浮动。

（3）澄清权利义务和服务要求。在平等、自愿、协商一致的基础上签订三方协议，三方是指户籍地社区居家养老服务平台、服务对象（长者）及共同筛选的指定服务人员（亲友居家养老助老员）。

服务人员的权利包括：按照三方协议约定收取服务费用、向服务平台的服务管理提出批评和建议、从服务平台处获得相应的技能培训与业务指导。

服务人员的义务包括：接受平台监管，做好文件记录、服务情况反馈等工作，提供服务过程中，尊重长者的知情权、选择权和隐私权，保障长者的人格尊严和人身、财产安全。当长者发生紧急情况时，及时通知平台、长者指定的紧急联系人；当长者突发危重疾病时，及时通知平台、长者指定的紧急联系人并转送医疗机构救治，定期参加市、区民政部门组织的社区居家养老服务培训和考试。

（4）亲友照顾能力提升。项目定期组织亲友助老员参加市、区民政部门组织的社区居家养老服务培训和考试，不定期联系相关培训机构及培训讲师为亲友居家养老助老员开展培训，提供照料知识和技能，以及照顾相关政策、法律知识、照顾长者所需要的知识和技能指导，如预防褥疮、移动老人等知识，也向亲友居家养老助老员提供获得更多照顾知识的渠道，如相关政策文件、网站、微信公众号等。社工每月对亲友居家养老助老员的操作及服务内容进行督查，针对服务实施过程中存在的不足一对一进行操作上的实务引导，提升亲友助力员的照顾能力和技巧，令服务内容更能够贴合长者的需求。

（四）建立亲友参与其他服务单位的合作机制

亲友居家养老助老员作为长者的日常照顾者、护理者，其服务频率至少每月 10 次，同时承担服务需求评估者、需求收集反馈者的角色。亲友居家养老助老员经过培训形成规范的服务需求收集，不只是日常关心问候、陪聊、送菜送药等服务，还通过观察、关系的建立、日常习惯、喜好等多方面，掌握长者的生活特点及个人喜好，引导长者改变不良的生活习惯。亲友作为长者接触最频密的对象，比平台中其他服务人员更为熟悉长者，亲友在提供直接服务基础上将观察到的需求反馈到平台的其他服务单位，联动医疗、康复、心理等不同专业人士为长者提供全方位的居家养老服务，同时亲友居家养老助老员也需辅助其他专业团队开展专业服务，提升其他服务项目的专业服务效果。

亲友与其他服务内容专业单位和人员进行合作主要通过三个方面进行，分别为即时反馈机制、服务督查机制和线上交流。即时反馈机制指在亲友居家养老助老员和其他专业人士上门联动提供服务中，如发现需要服务上的问题，则由现场人员进行协商沟通分工进行后续处理，超出现场人员处理范围的转平台协调解决。服务督查制度由平台负责实施，频率为每季度1次。服务督查对居养平台十项服务均进行服务满意度、服务流程标准化、服务技能、服务态度等角度全面评估，根据评估中存在的问题及长者的需求，亲友居家养老助老员依托居养平台与其他服务提供方一起探讨督查所发现问题的解决方案。线上沟通即通过建立上门服务沟通微信群以及上门服务 App 进行亲友居家养老助老员与平台及其他服务内容负责人的联动沟通。下面以居家养老长者苏婆婆接受亲友与医生上门联动服务为例，阐述联动介入的过程及亲友介入的优势。

案例：沙亭村，苏婆婆，女，86岁，是一位居家养老长者，其亲友护理员名叫金姨。自2020年1月起，长者申请成为平台居家养老长者，享受平台所提供的十项服务内容。社工、医生、护士为长者提供专业的上门医疗、精神慰藉等服务。由于经费原因，专业人员每月上门的次数有限，每次长者都要求亲友居家养老助老员到场。有一次，社区医生上门为长者进行上门医疗服务，医生通过日常生理监测得出长者的血压较高，血糖指数也较高。医生给予了长者专业的指引，希望长者能够尽快到医院确诊，以便减少中风的危险。长者却一直坚持自己没事，既能吃又能睡，不可能出现高血压与糖尿病的症状，对医生的判断产生怀疑。金姨一直在旁，细心询问医生关于长者的身体情况，把长者的日常爱好及饮食习惯与医生进行交流，得知长者有经常吃糖的习惯，还经常会自己跑到士多店买煲糖水用的冰糖及片糖，当成日常的零食吃，没有节制，这为血糖的高位数埋下了隐患。

另外，金姨还留意到长者会不自然地出现手抖，据医生解释，是高血压中风的先兆。经过一番沟通后，金姨表示会尽快带长者到医院确诊。据社工后来的跟踪了解，长者确诊患有高血压及糖尿病，需要住院进行治疗。后续在金姨的帮助和鼓励下，苏婆婆自愿到医院进行诊治，有效消除了高血压、糖尿病的潜在风险。

（五）扩大非正式资源参与，建立社区支持网络

亲友是重要的非正式资源，他们不能满足上门照料的所有需要，在社区

照顾模式的角度下，服务需要更多的社区资源参与。在项目实施过程中发现，长者的健康养生、居家安全改造等需要则并非每个亲友或平台现有服务资源能解决。项目以需求为出发点寻找社区中相对应的服务资源，结合“五社联动”模式（社区居委会、社会组织、社工、社区基金、社区企业），整合和发动社区资源为长者提供服务，包括建立志愿者队伍、发动企业组织等为长者服务，目前已组建两支低龄长者志愿队伍，一支主要以养生保健为出发点，负责引导其他长者学习养生方面的知识，如养生操、养生食疗、养生保健等相关内容，以低龄长者带动高龄长者，发挥长者的余热及自身价值，实现老有所为。另一支专门提供居家安全改造、暖心探访、社区活动等服务，实现了“社区人服务社区”。截至目前，该服务队已为社区23户独居、空巢、困难长者的居家安全情况进行了筛查，为18户长者进行居家安全改造，为长者进行安全隐患清除整改，提升邻里关爱互助氛围。

三、服务成效

（一）减低运营成本，提升服务效益

项目目前已经完全解决居家养老服务平台中重点长者的生活照料服务问题。项目服务因为存在天然的亲属关系，亲友可以提供最无私最细致的照顾，从项目实践看，亲友居家养老助老员比一般居家护理员能提供更多的体贴关心关怀服务和照顾服务，在服务过程中亲友居家养老助老员自愿完成的服务频率（包括上门频率、电话问候频率等）往往比社工制定的服务标准更高，而服务内容上亲友居家养老助老员提供了超出原定服务协议的生活照料服务，但未向项目提出增加补贴的要求。

在项目的设置中，亲友居家养老助老员除负责上门居家生活照料外，还承担长者的服务信息收集、服务需求反馈等工作，往往亲友居家养老助老员愿意花费更多的私人时间与医生、康复师、社工等专业人士咨询服务意见，持续提升照料服务水平。可以预见，亲友居家养老助老员的服务水平会持续提高。天然的亲属关系使其服务提供更全面贴心，长者对服务满意度更高。从项目采用亲友居家养老助老员至今，服务满意率一直保持在95%以上，且一直在提升。可见在同等资源投放的情况下，在社工建立规范的服务标准及制度规范之下，亲友居家养老助老员在维持高质量服务水平的同时，还能提供更多更贴心的服务。

在亲友类非正式资源的补充下，经过项目的系统培训和服务制度、服务标准的规范化，使得原来处于非正式资源范畴的亲友实现对长者由提供支持和关怀服务转变为接近正式资源类养老机构专业养老工作人员水平，提供一定专业化程度的护理和照顾服务，弥补了资源缺乏下专业服务人员队伍不足的问题。如能激发亲友持续参与，未来亲友居家养老助老员如能在结束照顾工作后，照顾其他的老人，将会进一步减少项目中对专业化养老机构资源的投放，会在目前基础上进一步降低整体养老服务运营成本。

（二）打通正式资源和非正式资源联动的渠道

在镇街购买方主导下，由专业社工牵头搭建的社区照顾平台，将原来疏离的正式资源和非正式资源进行重新链接，并根据资源的特点进行服务上分类分工，建立正式资源平台由医院+社工机构+康复机构等专业服务机构组成的跨专业、跨团队组合，非正式资源平台则由亲友+志愿者的社区支持、照顾组合。项目所培育的亲友居家养老助老员具备正式资源和非正式资源双重身份，既是社区关怀的提供者，也是专业养老服务的提供者。能非常有效地联动社工所建立的正式资源平台的资源，建立“亲友+平台+社会组织”的联动模式，为长者提供更为全面优质的养老服务。

（三）对推动邻里和谐，构建幸福社区有积极意义

睦邻友好，互帮互助是中华民族的传统美德，在亲友关系中则体现得更为明显。项目通过系统的培训，以及建立服务制度、服务标准，培育亲友居家养老助老员队伍，规范居家养老助老员服务，让其撑起居家养老服务平台的上门照料服务。虽然通过签订协议明确亲友作为助老员的身份，但其亲友的身份天然属性仍不可消除，亲友身份对家人和邻居表达出发自内心的关心关怀是普通护理机构的专业人员难以做到的。亲友居家养老助老员服务时自愿超时超额服务情况普遍存在，亲友邻里之间的亲情友情使得社区养老更加有温度，亲友的存在也提升了长者对社区的归属感和社会邻里之间的信任度，对于构建和谐社区有着重要意义。

四、项目反思

（一）不同的养老模式视角下，仍需关注长者与社区的情感连接

长者的幸福感会受到学历、健康状况、经济收入、居住环境、社会保障

等多种因素影响。社区照顾模式，更重视社区资源的整合为长者提供了更好的社会氛围和社会保障。在农村社区中，长者落叶归根的观念尤为强烈，对于住在家中，甚至在家中安享晚年对于大多数农村长者来说是一种福气。在项目所接触的长者中经常出现宁愿居家养老也不愿意到更好医疗和照顾环境的院舍进行养老的情况。项目不能将有更好医疗更好照顾更好环境等同于好的养老服务，生硬地将长者与社区分离，无论社区养老还是院舍养老，都同样需要建立长者与社区之间的情感连接，在医疗照料、生活照料、社会支持、个人心理支持等多方面联动社区提升长者的幸福感。

（二）服务实施需考虑个别化差异情况

本项目实施地是为以农村为主的社区，且社区正处于快速发展阶段，在阶段性正式资源不足基础上通过非正式资源的补充及转化，满足正式资源不足情况所产生的长者照顾需要。项目实施具备一定的社区特殊性，即在以血缘关系或地域关系为纽带所建立的社区中且正式资源不足情况下会取得较明显的服务效果和效益，比较适合在农村型社区中推广。

服务实施过程中，长者需要照顾的内容也存在差异，如助洁服务、洗涤服务根据衣物颜色材料选择洗涤方式；上门做餐的菜要考虑长者的口味；日常的服药提醒、生活提醒需结合长者实际情况；情感关怀要清楚长者忌讳的话题。看似简单的生活照料服务其实并不简单，不能将具备高水平照顾技能的护理员视作能提供优质服务的人，还需要将尊重、接纳、个别化等价值观和服务理念植入护理员的思想中才能提供优质的服务。

（三）亲友居家养老助老员模式需要更多的专业支持和政策支持

总体而言，我国长者亲属照顾者支持政策仍处于探索阶段，既未建立完整的政策体系，亦未展开全面的服务内容，而只是在部分城市地区开展了一些试点服务。目前，项目亲友居家养老助老员开展服务主要根据《广州市社区居家养老服务项目评估指标》制定的服务督查制度进行服务规范，而服务水平则通过项目自身链接长者照顾相关的技能培训实现服务提升，均属于项目内的制度和服务要求，亲友居家养老助老员取得护理员资格证的为少数。亲友居家养老助老员虽然因其自身与长者之间的亲属关系，在服务开展上有一定优势，但其与专业机构的护理员在专业服务水平上仍存在一定差距，项目整体仍处于探索阶段。目前，亲友居家养老服务人员承担的照顾任务和压力并不大，但随着项目推进，任务增多，对于亲友居家养老助老员的专业要求会更高。因项目自身资金有限，如何进一步提升亲友居家养老助老员的专业水平，有待政府投放更多资源予以支持。同时，在居家养老政策框架下，主要是由养老机构、企业、社会组织等专业机构提供服务，对于亲友这一类非正式资源以及其他非正式资源作为服务提供者如何参与居家养老服务尚未有明确政策指引，如何进一步激发非正式资源参与社区养老的积极性，有待上层政策支持。

Ⅳ

附　录

附录 1：

2019 年广州市社会工作行业十件大事

1. 2019 年 1 月 1 日，《广州市社会工作服务条例》正式实施，作为全国首部关于社会工作服务领域的综合性地方法规，其是我国社会工作服务领域的一次立法破冰，也是广州市社会工作服务探索迈向法治化、规范化发展的标志性起点。

2. 2019 年 9 月，广州市贯彻落实广东省民政厅关于第二批广东“双百计划”工作部署，在花都、从化两个区 5 个镇启动实施“广东社会工作改革试点”项目。该项试点工作正式启动，是广州市探索统筹城乡社会工作同步发展的重要举措。

3. 广州市民政局积极推动“社工+慈善+志愿服务”融合发展，全市社工站均设立慈善捐赠站点和广州公益时间银行线下站点，以专业社工引领开展慈善服务和志愿服务同步发展取得新成效。2019 年，全市社工服务站每年服务超过 360 万人次，整合链接社会资源折合人民币超过 5300 万元，培育志愿者超过 5 万人，服务困境群体超过 7 万人。

4. 广州社工积极参与对口扶贫工作，实施穗赣社会工作“牵手计划”两年取得良好成效。2017 年以来，广州市 20 家援派机构累计派出 49 批共 174 人次的社工赴赣开展实地帮扶，通过对口帮助当地社会工作服务机构，为当地送去专业培训、督导、资源等支持，直接受益近 1500 人次，间接受益超过 6300 人次。

5. 广州市通过国家社会工作者职业水平考试人员首次突破两万名大关，社会工作人才队伍不断发展壮大。

6. 广州市社工行业党委深入开展第二批“不忘初心，牢记使命”主题教育活动，强化社工党建、意识形态工作和监督管理工作，不断提升社工服务精细化、精准化、标准化和规范化水平。

7. 2019 年 1 月，广州市总工会、广州市民政局、广州市人力资源和社会保障局联合印发《关于加强工会社会工作专业人才队伍建设的实施意见》（穗工发〔2019〕2 号），这是广州市政府部门针对工会社会工作专业人才发展出台的首部指导性文件。

8. 12355广州青少年服务台积极建设广州市未成年人检察社会支持体系，各区的“青年地带”社工站终端服务平台不断强化服务效能，平台的“护蕊”一站式办案救助工作室会聚多支专业团队力量，实现广州市未成年人性侵害案件取证办案和保护救助“一站式”服务。

9. 截至2019年10月，广州市司法局联动各级禁毒办、出所衔接社工服务团队、各街镇派出所和社区戒毒社区康复工作站等部门，成功建立广东省首个出所衔接工作机制。广州市出所接送与衔接团队共衔接出所超5000人，出所人员建档率100%。本年度全市本地户籍强戒出所人员转社区康复的报到率达到100%，社区戒毒人员报到率达到100%。广州市禁毒社会工作领域探索的出所衔接工作机制，为广州市禁毒工作实现“清零”作出关键贡献。

10. 广州市司法局积极实施“社工+”战略，推动“社工+社区矫正”机制，截至2019年，市、区两级共购买司法社工项目17个，年购买资金达2800余万元，275名司法社工参与社区矫正工作，基本实现了每个司法所配备一名司法社工的目标。

附录2：

2018—2019年广州市社会工作法规政策文件

广州市社会工作服务条例

（2018年5月30日，广州市第十五届人民代表大会常务委员会第十四次会议通过；2018年7月26日，广东省第十三届人民代表大会常务委员会第四次会议批准）

第一章 总 则

第一条 为了促进和规范社会工作服务，推动社会工作人才队伍建设和社会工作服务机构发展，提升社会工作服务水平，营造共建共治共享的社会治理格局，结合本市实际，制定本条例。

第二条 本条例适用于本市行政区域内开展的社会工作服务及相关的监督管理活动。

第三条 本条例所称社会工作服务，是指社会工作服务机构安排社会工作者，运用社会工作专业知识、方法和技能，为有需要的个人、家庭、社区、单位等提供困难救助、矛盾调处、人文关怀、心理疏导、行为矫治、关系调适、资源协调等服务的活动。

第四条 社会工作服务应当以助人自助为宗旨，遵循平等尊重、知情同意和信息保密的原则。

第五条 市、区人民政府应当将社会工作服务发展纳入本级国民经济与社会发展规划，所需经费列入本级财政预算，并与本市社会工作服务人口、类型、范围、需求等相适应。

第六条 市民政部门负责本市社会工作服务的统筹指导、业务管理和服务监督工作，并组织实施本条例。

区民政部门负责本行政区域内社会工作服务的业务管理和服务监督工作。财政、人力资源和社会保障、来穗人员服务管理、住房和城乡建设等有关部门按照各自职责，协同实施本条例。

第二章　社会工作服务机构和社会工作者

第七条　社会工作服务机构应当依法登记，不得以营利为目的、不得向出资人和设立人分配所得利润。未经依法登记的，不得以社会工作服务机构的名义从事社会工作服务。

第八条　社会工作服务机构应当将法人登记证书、服务项目、收费标准、章程、年度报告等信息在其办公场所和市社会组织信息发布平台公布，也可以通过网站、报刊、电视等媒体向社会公布有关服务信息，接受社会监督。

接受社会捐赠、政府资助或者承接财政资金购买服务的社会工作服务机构，应当自接受捐赠、资助或者签订购买服务合同之日起十五个工作日内在市社会组织信息发布平台公布相关信息，并在年度报告中披露使用捐赠、资助以及履行财政资金购买服务合同的有关情况。

接受政府资助或者承接财政资金购买服务的社会工作服务机构，应当将使用财政资金为服务对象提供的免费服务项目在其办公场所、服务所在地居（村）民委员会等公布。

第九条　社会工作服务机构不得有下列行为：

（一）虚构个案或者伪造小组、社区工作服务记录等资料；

（二）侵犯服务对象的个人隐私、商业秘密；

（三）接受未依法办理代表机构登记或者临时活动备案的境外非政府组织的委托、资助，代理或者变相代理境外非政府组织在中国境内开展活动；

（四）组织、举行宗教活动；

（五）违反法律、法规的其他行为。

第十条　社会工作服务机构承接财政资金购买服务的，应当建立项目管理制度并实行分项目核算管理，确保财政资金用于开展指定的社会工作服务，并接受审计机关的审计监督。管理费用最高不得超过购买服务资金总额的百分之十，但法律、法规另有规定的除外。

社会工作服务机构接受社会捐赠的，应当按照捐赠协议的约定使用捐赠资金、列支管理费用，但法律、法规另有规定的除外。

第十一条　社会工作服务机构应当建立督导制度，通过安排具备相应知识、技能和一定社会工作服务经验的社会工作者或者专业技术人员，定期持续为其他社会工作者提供专业、心理等方面的服务支持。督导制度应当包括督导的频次、内容、流程以及对督导工作的评估和考核等。

市民政部门应当建立本市社会工作督导人才培育和管理机制，通过开展培训交流等方式加强社会工作督导队伍建设。

第十二条　社会工作服务机构应当建立社会工作服务档案管理制度，妥善保管社会工作服务活动的记录和资料，并按照国家、省、市有关规定管理档案，档案的保存期限不得少于五年。

第十三条　社会工作者应当具备相应社会工作专业知识和技能。市民政部门应当会同市人力资源和社会保障部门采取措施鼓励本市社会工作者取得国家职业资格。

第十四条　民政部门应当为在本市开展社会工作服务的社会工作者提供一定学时的免费教育培训。

第十五条　社会工作服务机构应当与社会工作者签订劳动合同，保障其参加专业技能培训和继续教育，获得必要督导和安全保障，获得相应劳动报酬、社会保险和其他福利，以及法律、法规规定的其他权利。

第十六条　社会工作者应当遵守职业道德和专业行为规范，不得有下列行为：

（一）冒用他人名义或者冒用机构名义开展社会工作服务；

（二）在服务过程中向服务对象推送商业信息、销售商品或者向服务对象索取财物；

（三）虚构个案或者伪造小组、社区工作服务记录等资料；

（四）侵犯服务对象的个人隐私、商业秘密；

（五）违反法律、法规的其他行为。

第十七条　市民政部门应当采取措施，支持社会工作服务机构和志愿服务组织开展合作，鼓励志愿者参与社会工作服务。社会工作服务机构应当为志愿者参与社会工作服务提供必要的组织、培训指导和物质支持，不得要求志愿者提供超出其能力的社会工作服务。

第十八条　社会工作行业组织应当依法推动行业的规范管理，建立健全社会工作者的培训教育、行业管理等措施和职业道德规范指引、职业服务规范，推动行业自律管理。

社会工作行业组织可以按照国家、省、市有关规定承接各级政府部门委托的与社会工作服务有关的专业培训、继续教育、项目评估与业务指导等日常管理事务。

第十九条　鼓励社会工作行业组织参与相关法律法规、行业规划、行业标准、服务协议范本的研究制定，为社会工作服务机构、社会工作者提供诉求反映、政策咨询、规划指导、项目推介、信息发布、矛盾调处、权益维护、能力建设、合作交流等服务。

第三章　社会工作服务活动

第二十条　市民政部门应当会同相关政府部门、人民团体、行业组织制定社会工作服务指导性规范，明确社会工作服务的服务内容、服务流程、操作规范、质量要求、档案管理等内容。

第二十一条　社会工作服务机构可以根据单位或者个人的申请和实际需要开启社会工作服务。社会工作服务机构提供服务的，可以与服务对象签订服务协议；不能提供服务的，应当说明原因并记录归档。

申请提供服务的单位或者个人应当将与服务活动有关的真实、完整信息和可能出现的风险等情况告知社会工作服务机构。

第二十二条　社会工作服务协议应当包括以下内容：

（一）社会工作服务机构名称、住所，接受指派的社会工作者以及服务对象的姓名、联系方式；

（二）服务的主要内容、方式、时间和地点；

（三）双方的权利、义务；

（四）风险提示及保障措施；

（五）信息保密承诺；

（六）协议的中止、变更和解除；

（七）争议的解决方式；

（八）其他需要协议的事项。

市民政部门应当制定全市统一的社会工作服务协议范本。

第二十三条　承接财政资金购买社会工作服务的，社会工作服务机构应当按照国家、省、市有关规定开展社会工作服务。

接受社会捐赠的，社会工作服务机构应当按照捐赠协议的约定依法开展社会工作服务，并接受捐赠人的监督。

第二十四条　社会工作服务机构在提供社会工作服务时，应当综合考虑服务对象意愿、偏好、习惯和能力等因素，安排具备相应业务能力的社会工作者提供社会工作服务。

第二十五条　服务对象的需求超出社会工作服务机构业务范围、能力或者服务地域的，社会工作服务机构在征得服务对象同意后应当提供转介服务供服务对象选择。

其他社会工作服务机构接受转介服务事项的，社会工作服务机构应当移交服务档案和相关资料，保证社会工作服务的连续性。

本条例所称转介，是指社会工作服务机构在特定情形下将为服务对象提供的服务事项转交给其他社会工作服务机构或者单位，由其继续提供服务的业务活动。

第二十六条　社会工作服务机构应当综合评估社会工作服务过程中可能发生的突发状况，制定应急预案，建立应急机制，加强应急演练，应对服务过程中发生的紧急情况。

社会工作服务机构应当为社会工作者开展社会工作服务提供必要保障，防范、降低社会工作服务过程中存在的风险。

社会工作服务机构安排社会工作者参与可能发生人身危险的服务活动前，应当为社会工作者购买相应的人身意外伤害保险。

第二十七条　自然灾害、事故灾难、公共卫生事件、社会安全事件等突发事件发生时，社会工作服务机构应当按照市、区人民政府及其部门的要求依法参与应急救援、灾后重建、信息搜集、决策咨询、纠纷调处和心理辅导等工作。

有关部门应当在社会工作者参与突发事件处置前，为其提供必要的安全防护和相应专业培训，保障社会工作者的人身安全。

第二十八条　任何单位和个人不得强行指派社会工作服务机构或者社会工作者提供社会工作服务，不得利用社会工作服务机构或者社会工作者的名义进行以营利为目的的活动或者从事非法活动。

第四章　保障与监督

第二十九条　对于适合采取市场化方式提供、适合交由社会工作服务机构承担的服务项目，国家机关、人民团体以及其他具有管理公共事务职能的组织按照国家、省、市有关规定使用财政资金购买社会工作服务。

使用财政资金购买社会工作服务的单位应当加强对社会工作服务机构的指导。

第三十条　使用财政资金购买社会工作服务的应当签订采购合同，采购合同应当载明服务项目、人员配备、服务要求、服务期限、服务经费、保密条款、资金支付方式、项目评估、双方权利义务、争议解决方式以及法律、法规规定的其他内容。

第三十一条　本市建立社会工作服务项目库。市、区民政部门应当定期向社会征求对本行政区域内的社会工作服务需求项目的意见，评估汇总并报同级人民政府批准后纳入社会工作服务项目库。

以老年人、妇女、儿童、青少年、残疾人、城市流动人口、农村留守人员、特殊困难人群、受灾群众等为服务对象和以婚姻家庭、教育辅导、就业援助、职工帮扶、卫生医疗、人口服务、矛盾调处、犯罪预防、矫治帮教、应急处置等为服务领域的社会工作服务项目，应当优先纳入社会工作服务项目库。

使用财政资金购买社会工作服务项目的，应当在社会工作服务项目库中选择项目。社会工作服务项目库制度由市民政部门制定并报市人民政府批准公布实施。

第三十二条　使用财政资金购买社会工作服务项目的，购买方应当委托第三方评估机构开展项目实施效果评估，评估费用纳入政府购买服务管理。

购买方、第三方评估机构及其评估人员不得向被评估方收取任何费用。

第三十三条　社会工作服务项目第三方评估机构及其评估人员不得有下列行为：

（一）利用评估活动谋取不正当利益；

（二）弄虚作假、徇私舞弊；

（三）可能影响客观、公正开展评估工作的其他行为。

社会工作服务项目第三方评估机构及其评估人员有下列情形之一的，应当回避：

（一）与被评估的服务项目或者承接该项目的机构有利害关系的；

（二）曾在承接该项目的机构任职，离职不满二年的；

（三）与被评估的服务项目或者承接该项目的机构有其他关系，可能影响评估结果公正的。

第三十四条　使用财政资金购买社会工作服务的项目实施效果评估结果应当作为购买方决定继续、中止项目或者再次委托项目的重要依据。评估合格的，被评估方可以继续承接财政资金购买的社会工作服务项目；评估不合格的，被评估方应当按照合同的约定承担违约责任，在二年内不得承接财政资金购买的社会工作服务项目。

第三十五条　市民政部门应当会同市财政部门制定使用财政资金购买社会工作服务项目实施效果的评估办法。评估办法应当包括评估的备审资料、评估标准、流程安排、时限要求、争议处理、评估机构资质和工作纪律要求等内容。

第三十六条　市、区人民政府应当按照国家、省的相关规定在教育培训、专业督导、补贴奖励等方面给予必要的资金支持，推动社会工作服务发展。

镇人民政府、街道办事处应当为社会工作服务机构使用服务场地、配套设施等提供便利，扶持其业务开展。

第三十七条　市、区民政部门应当通过公益创投、慈善募捐和慈善信托等方式，引导社会资金投入社会工作服务。

单位和个人可以购买社会工作服务，也可以通过项目合作、购买冠名权、建立基金、提供赞助、捐赠等方式支持和参与社会工作服务。

第三十八条　社会工作服务的购买方应当为社会工作服务机构和社会工作者开展专业调研、需求评估、困难救助、个案服务、社会问题预防、突发事件处置等活动提供相应的支持和协助。

第三十九条　民政部门应当会同同级人力资源和社会保障、来穗人员服务管理、住房和城乡建设等行政管理部门，制定社会工作者的薪酬、入户、住房等待遇保障政策。

第四十条　市、区民政部门应当及时将社会工作服务机构遵纪守法、诚实守信情况、社会组织评估结果、社会工作服务项目实施效果评估结果等信息在市社会组织信息发布平台公布，并依法纳入本市公共信用信息管理系统。

前款所列的信息应当作为社会工作服务机构承接财政资金购买社会工作服务的重要依据。

第四十一条　市、区民政部门应当综合运用年度报告、项目评估、等级评估、绩效评价、信息公开、信用建设、专项执法等手段，加强对社会工作服务机构履行章程、开展服务、使用资金、档案管理等情况的监督管理。

第五章　法律责任

第四十二条　民政、财政、人力资源和社会保障、住房和城乡建设、来穗人员服务管理等有关部门及其工作人员不依法履行职责，或者有滥用职权、徇私舞弊、玩忽职守等违法行为的，由上级主管机关或者监察机关责令改正，对部门给予通报批评，对直接负责的主管人员和其他直接责任人员依法给予处分。构成犯罪的，依法追究刑事责任。

第四十三条　违反本条例第七条规定，未经登记，擅自以社会工作服务机构名义开展活动的，依照《民办非企业单位登记管理暂行条例》第二十七条的规定处罚。

第四十四条　社会工作服务机构违反本条例第八条第一款规定，未将法人登记证书、服务项目和收费标准、章程、年度报告等信息在其办公场所和市社会组织信息发布平台公布的，由民政部门责令改正；逾期不改正的，给予警告。

社会工作服务机构违反本条例第八条第二款规定，未在接受捐赠、资助或者签订购买服务合同之日起十五个工作日内在市社会组织信息发布平台公布相关信息，未在年度报告中披露使用捐赠、资助以及履行财政资金购买服务合同的有关情况的，由民政部门责令改正；逾期不改正的，给予警告；情节严重的，处以一万元以上五万元以下的罚款。

第四十五条　社会工作服务机构、社会工作者违反本条例其他规定的，由民政部门、财政部门、市场监督管理部门、公安机关、宗教事务部门等依照有关法律、法规的规定处理。构成犯罪的，依法追究刑事责任。

第六章　附　则

第四十六条　工会、共产主义青年团、妇女联合会、残疾人联合会等有关人民团体以及使用财政资金购买服务的其他单位依法聘用人员从事社会工作服务的，参照本条例相关规定执行。

第四十七条　本条例自 2019 年 1 月 1 日起施行。

中共广州市委 广州市人民政府
关于加强社会工作的意见

为全面贯彻党的十九大精神，以习近平新时代中国特色社会主义思想为指导，深入贯彻习近平总书记重要讲话精神，更好地发挥社会工作在解决社会问题、化解社会矛盾、促进社会和谐、满足人民美好生活需要中的重要作用，打造共建共治共享的社会治理格局，现就进一步加强我市社会工作提出以下意见。

一、总体要求

（一）指导思想。坚持以习近平新时代中国特色社会主义思想为指引，按照党的十九大关于加强和创新社会治理的总体部署要求，建立健全社会工作制度体系，积极完善共建共治共享的社会治理格局，努力提升社会工作服务能力水平，不断满足人民日益增长的美好生活需要，为新时代广州民生新发展提供有力支撑。

（二）基本原则。

——坚持党的领导。坚决拥护党中央决定，坚定维护党中央权威和集中统一领导，发挥党组织对社会工作的政治引领和示范带动作用，密切联系群众，确保社会工作发展的正确政治方向。

——坚持以人为本。筑牢以人民为中心的发展思想，把服务社会发展、创新社会治理、满足群众需求作为出发点和落脚点，全面提升社会治理水平。

——坚持改革创新。聚焦我市社会工作发展的新形势、新任务、新要求，加强理论创新、制度创新、方法创新和实践创新，开创新时代广州社会工作发展新局面。

——坚持服务创优。按照社会化、法治化、智能化、专业化方向，强化民办社会工作服务机构和社会工作从业人员能力建设，切实提高专业素质和服务水平，提高群众认可度、满意度。

（三）发展目标。到 2025 年，社会工作政策法规体系更加完善，社会工作服务机制体系建设更加规范，社会工作扶持保障体系更加健全，社会心理服务体系建设更加成熟，社会工作人才队伍结构更加优化，社会工作服务机构党组织作用发挥更加明显，民生保障和社会治理重点领域实现社会工作全覆盖，服务质量显著提升。

二、加强社会工作服务机制体系建设

（四）完善社会工作服务发展机制。坚持以民生需求为导向，以社工服务站（家庭综合服务中心）为综合服务平台，以各领域社会专项服务阵地、项目为专业服务平台。以解决人民群众最关心、最直接、最现实的问题为突破，积极探索具有广州特色的社会工作本土化实践，全面完善“政府主导、社会协同、项目运作、专业服务”和“综合+专项”的社会工作发展机制，扎实推进社工服务站（家庭综合服务中心）标准化、专业化、精细化、规范化建设。

（五）健全社会工作服务联动机制。充分发挥多元主体作用，完善优势主导型“三社联动”工作机制，增强社区、社会组织、社工工作合力，促进一体化联动发展，提高社区治理水平。完善社工+志愿者（义工）协作机制，搭建“社工+志愿者（义工）”联动信息平台，实现社工、志愿者（义工）服务信息共享。

（六）创新社会工作服务嵌入机制。深入实施“社工+”战略，创新推进社会工作服务嵌入机制，着力将社会工作专业理念与方法有机融入民生保障和社会治理的各个领域，突出把工会社工服务、青少年事务社工服务、妇女社工服务、婚姻家庭社工服务、企业社工服务、司法社工服务、医务社工服务、来穗人员社工服务、社区社工服务、流浪救助社工服务、禁毒社工服务、精神康复社工服务等纳入“社工+”战略，实现社会工作与民生保障和社会治理相互促进、深度融合、联动发展，提高民生保障水平，推动社会治理创新。

三、加强社会工作扶持保障体系建设

（七）完善政策法规。推动我市社会工作相关立法，将社会工作社会化、专业化、职业化纳入法治化保障。完善各项社会工作配套政策文件，研究制定指导性、针对性和实用性强的社会工作地方行业标准和管理标准，提高社会工作标准化、规范化和科学化水平。到2025年，全面形成纵向衔接、横向配套、标准规范、成熟定型的社会工作政策法规制度体系。

（八）保障财政资金投入。将公共财政支持社会工作发展资金纳入年度预算，并建立社会工作服务需求评估制度，根据本市（区）经济社会发展水平和社会工作发展需要，保障公共财政资金投入，拓宽政府购买服务范围、扩大购买服务规模、提升购买服务质量。出台政府资金支持社会工作发展的资助政策，采取一次性资助、以奖代补、专项补贴等方式对优秀社会工作服务项目、社会工作教育培训、评估评价、交流合作、研究宣传等给予经费资助。

（九）拓宽支持渠道。积极引导企事业单位、公益慈善组织和公民个人等社会力量，为社会工作发展提供资金、场地和其他资源支持。探索开展社会工作有偿服务试点，鼓励支持社会工作服务机构承接企业、社会组织等法人的社会服务项目。进一步整合社会资源，形成公共财政投入引导、社会资金多渠道投入的多元支持格局。同时加强对财政资金支持社会工作发展的审计和社会监督，提高资金使用效益。

四、加强社会工作心理服务体系建设

（十）搭建心理健康服务平台。将心理健康服务作为城乡社区服务的重要内容，依托社工服务站（家庭综合服务中心）或基层综治中心建立心理咨询（辅导）室，配备经过心理健康教育培训的心理辅导人员或经过心理健康教育培训的社会工作者，协调组织志愿者，对社区居民或相关群体开展心理健康宣传教育和心理疏导。

（十一）提高心理健康服务能力。积极支持培育专业化、规范化的心理咨询、辅导机构，充实专业力量。充分发挥医疗机构、高校的理论与实践优势，加大对社会心理咨询（辅导）服务机构、心理咨询专业人员的服务技能和伦理道德培训，全面提升服务能力和常见心理疾病的识别能力。

（十二）开展多样化心理健康服务。发挥社会工作者在婚姻家庭、邻里关系、矫治帮扶、心理疏导等方面的服务优势，采用心理疏导、心理慰藉、情绪支援等各种社会工作服务方式，有计划、有重点、有针对性开展心理干预服务，预防消极不良行为，促进个体心理健康，提升整个社会的心理满意度，有效减少和降低社会不良事件的发生，培育自尊自信、理性平和、积极向上的社会心态。

五、加强社会工作服务机构建设

（十三）规范社会工作服务机构发展。建立健全社会工作服务机构法人治理结构和党组织参与重大问题决策等工作制度，形成权责明确、运转协调、制衡有效的运行机制。建立健全社会工作服务机构负责人相关管理制度，建立不良行为记录档案，强化过错责任追究。推行社会工作服务机构负责人任职前公示制度、法定代表人述职制度。落实法定代表人离任审计制度，加强社会工作服务机构诚信自律建设，促进社会工作服务机构健康有序发展。

（十四）提高社会工作服务机构能力。按照创新发展、品牌引领、提质增效的发展思路，实施社会工作服务机构品牌战略，培育一批拥护党的领导、践行党的宗旨、执行党的决定，党建引领好、内部治理好、服务能力好、社会信誉好、示范作用好的品牌社会工作服务机构，推动社会工作服务机构由数量规模型向质量效益型转变。

（十五）发挥社会工作行业组织作用。鼓励社会工作行业组织加强社会工作服务经验总结，及时提炼实务成果，参与相关法律法规、行业规划、行业标准、职业道德准则、行业管理制度和服务规范的制定，推动行业诚信体系建设，推行社会工作行业新闻发布制度。支持社会工作行业组织参与社会工作服务相关的专业培训、继续教育、项目评估、行业投诉等工作。

六、加强社会工作人才队伍建设

（十六）强化社会工作人才职业道德。始终把社会工作专业人才职业道德建设摆在首位，坚持以习近平新时代中国特色社会主义思想为指导，以社会主义核心价值体系为基础，积极开展社会工作专业人才队伍职业道德教育，强化社会工作专业人才的社会责任感和职业认同感，促使其践行以人为本、为民解困、为民服务的工作理念，培养扎根基层、注重实践、务实进取、甘于奉献、诚信友爱的良好作风，构建具有广州特色的社会工作专业人才职业道德体系。

（十七）加大社会工作人才培养力度。研究制定社会工作专业人才教育培训规划，建立教育培训长效机制。按照提升存量、扩充增量的原则，加强社会工作专业人才培养基地和师资队伍建设，夯实专业人才培养基础。建立精神康复社工服务人员资质培训认证制度。积极引导和鼓励符合条件的社会工作从业人员参加职业水平考试，依托高校、社会工作行业组织、社会工作专业人才培养基地，开展面向省内外各级领导干部、专业机构负责人及业务骨干的社会工作理论与实践培训。大力支持市属高校社会工作相关专业发展，积极培养本、专科及研究生层次人才。加快培养一批具有重要引领示范带动作用的高层次社会工作专业人才。力争到2025年，全市社会工作专业人才总量达到2.5万人，建立较为完善的社会工作专业人才队伍建设运行机制和工作格局，使社会工作专业人才队伍的数量、结构和素质能力满足人民日益增长的美好生活需要。

（十八）健全社会工作人才激励机制。大力开发社会工作专业岗位。综治部门要注重发挥社会工作专业人才在促进基层社会治理、平安广州建设中的作用，协调推进综治领域社会工作专业岗位开发与人才激励保障工作。民政部门要发挥牵头引导作用，联合推进各领域社会工作专业岗位开发，加快建立健全社会工作人才激励保障制度。财政部门要加大社会工作专业岗位开发与人才激励保障的支持力度。人力资源社会保障部门要将取得国家社会工作者水平评价类职业资格证书的社会工作专业人才纳入专业技术人员管理范围，指导做好相关事业单位社会工作岗位开发、社会工作专业人才评价、薪酬待遇落实和激励保障工作。教育、公安、司法行政等部门以及工会、共青团、妇联、残联等群团组织要做好各自领域的社会工作专业岗位开发与人才激励保障工作。承担社会服务职能的党政机关、群团组织和事业单位在招录（聘）社会服务相关职位工作人员和选拔干部时，同等条件下优先录（聘）用具有丰富基层实践经验、善于做群众工作的社会工作专业人才，逐步充实社会服务专业力量。将高层次社会工作专业人才纳入我市急需紧缺和重点人才引进范围，按照规定享受户籍落地、保障房申请等相关优惠政策。支持有突出贡献的社会工作专业人才参政议政。

七、加强社会工作的组织领导

（十九）强化党的领导。充分发挥广州市社会工作建设领导小组的统领作用，定期召开全市社会工作建设联席会议，研究部署工作任务，协调解决重大问题，强化党对社会工作的领导。全面加强民办社会工作服务机构党的政治建设、思想建设、组织建设、作风建设、纪律建设、反腐倡廉建设、制度建设。完善民办社会工作服务机构党组织设置，理顺党组织隶属关系，健全党组织工作保障机制，选好配强党组织负责人。不断扩大民办社会工作服务机构党的组织和党的工作覆盖，充分发挥基层党组织的战斗堡垒作用和共产党员的先锋模范作用。

（二十）密切协调配合。加强统筹协调，形成工作合力。健全社会工作专业岗位开发和设置政策及配套措施，落实社会工作人才培养培训、评价考核、薪酬保障等各项政策制度。各级有关党政部门，以及群团组织，要各司其职，自觉主动担起本领域、本系统专业社会工作发展的主体责任，加强调查研究，加大政策创制，出台细化落实方案，推动本领域、本系统社会工作全面发展。

（二十一）加大宣传研究。要创新宣传方式，广泛、深入、持久宣传社会工作的重大政策、重要事件、先进经验、先进人物和优秀事迹，讲好社工故事、弘扬社工精神、传递社工大爱，营造重视社会工作发展、尊重社会工作人才的良好社会氛围。要认真学习借鉴先进经验，梳理总结实践经验，借助高等院校和科研机构的智力优势，进一步加强社会工作理论、政策和实务研究，不断增强社会工作发展的前瞻性、科学性、实效性，确保我市社会工作走前列、上水平。

广州市人民政府办公厅关于印发
广州市社工服务站（家庭综合服务中心）管理办法的通知

穗府办规〔2018〕13号

各区人民政府，市政府各部门、各直属机构：

《广州市社工服务站（家庭综合服务中心）管理办法》已经市人民政府同意，现印发给你们，请认真贯彻执行。执行中遇到问题，请径向市民政局反映。

广州市人民政府办公厅

2018年6月17日

广州市社工服务站（家庭综合服务中心）管理办法

第一章 总 则

第一条 为全面贯彻党的十九大精神，更好地解决人民群众最关心、最直接、最现实的问题，打造共建共治共享的社会治理格局，增强居民群众的获得感、幸福感、安全感，根据《国务院办公厅关于政府向社会力量购买服务的指导意见》（国办发〔2013〕96号）、《财政部民政部关于通过政府购买服务支持社会组织培育发展的指导意见》（财综〔2016〕54号）和《民政部财政部关于政府购买社会工作服务的指导意见》（民发〔2012〕196号）等有关政策文件要求，现结合本市实际，制定本办法。

第二条 本办法适用于本市行政区域内的社工服务站（家庭综合服务中心，以下简称“社工站〔家综〕”）建设、运营及管理等活动。

第三条 本办法所称的社工站（家综），是指在本市各镇（街）设置的，以服务困境群体为主，以家庭为本，以社区为基础的专业社会工作服务平台。

社工站（家综）通过政府购买服务等方式，由社会工作服务机构承接运营，提供专业化的社会工作服务。

社工站（家综）应当坚持党的领导，坚持以人民为中心，密切联系群众，确保社会工作发展的正确政治方向。

第四条 本办法所称的社会工作者包括社会工作专业人员和社会工作辅

助人员。其中，社会工作专业人员，是指具备相应社会工作专业知识和技能，专门从事社会工作服务的从业人员，包括助理社会工作师、社会工作师、高级社会工作师等取得社会工作专业技术人员职业资格证书的人员；社会工作辅助人员，是指尚未取得社会工作专业技术人员职业资格证书，但已接受社会工作行业组织管理、培训的其他从业人员。

社会工作者应当拥护党的领导、践行党的宗旨、执行党的决定，坚决维护党中央权威和集中统一领导。

第五条　本办法所称的社工站（家综）项目的购买方是镇人民政府（街道办事处）；服务承接方是社会工作服务机构；监督方是市、区民政局。

第六条　市民政局负责统筹全市社工站（家综）建设规划，制定完善项目评估规范指引、招标文件有关文本设定指引，申报市本级财政预算，指导、检查、考核各区社工站（家综）建设工作。

市、区财政局负责镇（街）社工站（家综）建设工作的资金预算制定及拨付。

区民政局负责统筹本区社工站（家综）建设规划，审核镇（街）申报区级财政预算，配合市民政局做好市级财政预算申报，指导、检查、考核本区社工站（家综）建设工作。

镇人民政府（街道办事处）负责本辖区内社工站（家综）的规划布局、服务项目设置及区级财政预算申报、政府采购、业务指导、日常监管、经费使用监管、安全检查和协调镇（街）有关部门与社工站（家综）的服务配合、转介等工作。

社工站（家综）的承接机构应当按照项目合同的约定，履行相关职责。

第二章　服务与要求

第七条　社工站（家综）应当结合实际提供以下服务：

（一）补救性服务。针对陷入严重困境老年人、残疾人、青少年、城市流动人口、农村留守人员、特殊困难人群、受灾群众等重点服务对象，以帮助服务对象改善境况或缓解危机为目标，提供心理辅导、矫治帮教、犯罪预防、就业援助、社会救助、危机干预、权益维护等补救性服务。

（二）支持性服务。针对陷入轻微困境的个体、家庭、群体等服务对象，以增强其应对所处困境的能力为目标，提供社会援助、情绪支持、资源链接、认知拓展、能力提升、压力释放等援助性和支持性服务。

（三）预防性服务。针对一般个体、家庭和群体等服务对象，以预防服务对象面临的各种潜在风险和困难为目标，为服务对象提供社会支援、社会参与、社会融入、兴趣发展、文娱康乐、教育培训、人际拓展等事前预防性服务。

（四）发展性服务。针对社区发展中存在的公共服务需求和问题，积极协助政府部门开展国家法律政策宣传、公益倡导、公民教育等，提升社区居民的法治意识、公民意识、参与公共事务能力等。倡导社区环境保护等公益服务，培育义工、慈善、互助等社区公益服务组织和骨干，提高社区管理服务参与度，促进社区公共服务治理；整合社区资源，构建社区支持网络，促进社区和谐健康发展，满足社区居民的多元化发展需求。

第八条　社工站（家综）应按照“113X”的模式设置服务项目。即：“1”个核心项目——强化党建引领社会工作服务，“1”个重点项目——突出辖区居民群众最迫切、最需要、最直接的社会工作服务，“3”个基础项目——夯实家庭、长者、青少年社会工作服务，“X”个特色项目——探索拓展多领域的社会工作服务。

第九条　市民政局应当根据各区实际情况对全市社工站（家综）整体布局进行调研论证，优化配置各区服务资源。

各区应当根据镇（街）地域面积、人口分布、服务对象、交通便利性等情况，统筹规划全区社工站（家综）的整体布局、立项论证、项目设点、购买经费预算。原则上每个镇（街）应当设立 1 个社工站（家综）。对于常住人口超过 15 万人或面积超过 50 平方千米，且具备财政、场地、设备等支持的镇（街），可以设立 2 个以上社工站（家综）或另设立多个服务站点，解决服务覆盖问题。

第十条　社工站（家综）的场地建设应当符合下列要求：

（一）新建的社工站（家综）。镇人民政府（街道办事处）可以整合当地公建配套设施资源，提供面积不少于 1000 平方米的服务场地，或通过新建、置换、租赁等方式，提供面积不少于 500 平方米的服务场地。

（二）已建成的社工站（家综）。已建成的社工站（家综）面积应不少于 500 平方米。面积少于 500 平方米的，应当在现有场地基础上整合辖内现有的文化站、工疗站、党员活动中心、社区星光老年之家等社区服务场地资源，通过设立社工站（家综）分站点、分中心等方式予以支持服务，设立的分站点、分中心的场地面积和设施均可纳入社工站（家综）的面积和设施计算。

（三）社工站（家综）应当尽量选择交通便利、居民使用方便的场地。

（四）社工站（家综）应当根据服务工作和居民需求，设置员工办公室、个案工作室、小组工作室、多功能活动室、档案室、储物室等功能室。其中：

1. 员工办公室人均办公场地面积不低于5平方米；

2. 个案工作室面积不低于10平方米；

3. 小组工作室面积不低于30平方米；

4. 多功能活动室面积不低于40平方米。

第十一条　社工站（家综）新设、增设、调整、撤销的立项调研经费，以及场地购置、建设、装修、租赁、维护及设备投入等费用纳入区级财政预算，由镇人民政府（街道办事处）统筹办理。

社工站（家综）项目依照有关法律法规规定，享受相关税收优惠政策和政府资助补贴，其用电、用水按照居民生活价格执行。

鼓励企业、个人等通过公益创投、捐赠、赞助、购买冠名权等方式，资助项目承接机构充分利用社工站（家综）平台，开展社区公益慈善服务。合作双方应当签订协议，并予以信息公开。

第十二条　社工站（家综）原则上按每12万元购买服务经费配备1名工作人员，工作人员总数的2/3以上应当为社会工作者、1/2以上应当为社会工作专业人员。

第十三条　社工站（家综）经费包括项目经费和评估经费：

（一）项目经费原则上按每年240万元/个编制预算，所需资金由市、区按财政体制分担，用于人员费用、服务质量保障费用、承接机构运营管理费用等。对于人口少、面积小（3万人以下、面积低于1平方千米）的镇（街），根据实际情况核定工作服务量和购买服务资金。

（二）评估经费按社工站（家综）（含辖区内增设的服务点）项目经费的2%编制预算，列入各区财政预算，用于评估培训及委托专业的第三方评估机构开展社工站（家综）评估、明察暗访、抽查等工作。

第十四条　社工站（家综）项目经费的使用应当符合下列要求：

（一）社工站（家综）人员费用及服务质量保障费用应当不低于项目经费总额的85%，承接机构运营管理费用应当不高于项目经费总额的15%。

（二）社工站（家综）人员费用包括：工资、奖金、五险一金和个人所得税。预算和支出应当不低于项目经费总额的65%，并建立合理的人员薪酬调节机制。

（三）社工站（家综）服务质量保障费用包括：外聘督导、本机构督导的岗位补贴、社工交流学习、专业提升等专业支持费用；服务和活动产生的物料、交通、误餐、组织义工等专业服务和活动费用；设备设施及办公耗材、保洁、安保、水电、交通等日常办公费用。

（四）承接机构运营管理费用包括：运营费、发展储备费、风险费、中标费、相关税费等。

第十五条　社工站（家综）购置固定资产应当经购买方同意，并做好入库登记、保管清查、处置等工作。

承接机构退出社工站（家综）项目时，应当将使用项目经费购买的固定资产移交购买方，并签订移交协议书，留存下一任承接机构使用。

第十六条　社工站（家综）应当建立完善的服务档案保管制度，承接机构退出社工站（家综）项目时，应当于退出之日起的30个工作日内及时向购买方移交服务档案（含个案、小组、社区服务、家访电访、服务对象建档、义工建档、服务需求调研等与服务相关的档案资料），并列明移交资料清单和签订移交协议书，由购买方转交下一任机构使用。社工站（家综）应当建立完善的财务管理制度，会计档案应当由承接机构长期保留。

评估机构对社工站（家综）项目进行评估，与评估相关的服务及财务资料应当保存5年以上，以配合财政、审计等部门检查。

第三章　实施流程

第十七条　社工站（家综）新设、增设、调整、撤销按以下程序办理：

（一）本办法实施之日起，未设立社工站（家综）的镇（街），在条件成熟的情况下新设社工站（家综）的，由镇人民政府（街道办事处）向区民政局提出申请，区民政局会同镇人民政府（街道办事处）组织或委托专业机构开展调研和项目立项论证，根据镇（街）社区人口、面积和居民需求情况需要明确社工站（家综）规模大小、项目预算额度、配备的人员数量、服务目标等内容，形成项目计划书报市民政局核实。

（二）因区划调整、人口变动或其他客观原因，已设立社工站（家综）的镇（街）需要增设社工站（家综）的，应由镇人民政府（街道办事处）向区民政局提出申请，区民政局会同镇人民政府（街道办事处）组织或委托专业机构开展调研，形成方案报市民政局核实。

（三）因区划调整、人口变动或其他客观原因，需要调整社工站（家综）规模的，应由镇人民政府（街道办事处）向区民政局提出申请，区民政局会同镇人民政府（街道办事处）组织或委托专业机构开展调研，形成方案报市民政局核实。

（四）因区划调整、人口变动或其他客观原因，需要撤销社工站（家综）

的，应当由镇人民政府（街道办事处）会同区民政局向市民政局提出申请后予以撤销。

第十八条　社工站（家综）采用政府购买服务方式的，应当纳入政府采购管理范畴，采购服务周期为5年，按照以下程序办理：

（一）镇人民政府（街道办事处）应当根据辖区基本情况、服务对象实际需求、主要工作目标等拟订招标用户需求书，委托政府采购代理机构编制采购文件并进行审定，按照政府采购相关规定和程序，采取公开招标的方式确定项目承接机构。

（二）镇人民政府（街道办事处）应当依照市民政局印发的招标文件指引，制定社工站（家综）用户需求书和设定项目招标的商务、技术、工时等评分标准，指导招标代理机构依法依规制作及发布评标文件，完成招标采购工作后，将有关招标采购资料报区民政局存档。

（三）社工站（家综）项目招标代理机构应当依法组织评标活动，保护好评标专家资料，防止开标前泄露相关评标人员信息。评标专家应当从“广州市政府购买社会服务招投标评标专家库”中抽选，现场评标的专家中至少应当有2名是从事社会工作教育、研究和服务的人员。现场开标由招标代理机构依法负责组织，并邀请监督人（区民政局）、采购人（街道办事处或镇人民政府）和投标机构代表参加。

第十九条　社工站（家综）的项目合同按以下要求办理：

（一）社工站（家综）项目合同由镇人民政府（街道办事处）、承接机构双方签订。

（二）合同应当明确购买服务的范围、目标任务、服务要求、服务期限、服务指标、资金支付方式、违约责任等内容。

（三）镇人民政府（街道办事处）应当在合同签订之日起15个工作日内将合同报区民政局存档。

（四）采购服务周期内，社工站（家综）的项目合同实行一年一签，年度末期评估合格的续签合同，不合格的不予续签，并按照政府采购工作程序重新确定项目承接机构。

第二十条　区民政局应当组织第三方评估机构对社工站（家综）的项目管理、服务绩效、经费使用等进行评估。

（一）评估应当遵循全面、客观、科学的原则，每个服务年度应当对社工站（家综）进行中期、末期两次评估，中期进行专业服务评估，末期进行专业服务和财务综合评估。

（二）区民政局应当按照市民政局统一制定的项目评估规范，认真组织第三方评估机构、社工站（家综）承接机构进行评估培训，发挥好评估的导向作用，确保评估公正、公平、公开。

（三）评估由第三方评估机构、镇人民政府（街道办事处）、区民政局三方共同实施。评估总分为 100 分，其中，第三方评估机构占比 70%、镇人民政府（街道办事处）占比 20%、区民政局占比 10%。评估结果由三方评估分数的总和确定。

（四）评估等级分为优秀、良好、合格、不合格四个等级，90 分以上为优秀，80 分至 90 分（不含 90 分）为良好，60 分至 80 分（不含 80 分）为合格，60 分以下（不含 60 分）为不合格。

（五）第三方评估机构应当按照评估结果出具客观、真实、科学的评估报告。

（六）各区民政局应当对评估报告进行确认并进行公示，公示期不少于 7 个工作日。公示期间，如收到对评估报告的质疑或投诉，应当及时按有关规定处理，并将处理意见报市民政局。

（七）各区民政局应当每年 11 月 30 日前，将年度社工站（家综）的评估工作情况汇总报市民政局。

第二十一条　市财政局应当及时向区财政局转移支付市级财政资金。区财政局应当根据区民政局、镇人民政府（街道办事处）和承接机构的申请，及时拨付项目经费。在合同签订生效之日起 30 个工作日内拨付年度项目经费总额的 55%；年度中期评估为合格以上的，自申请之日起 30 个工作日内拨付年度项目经费总额的 40%；年度末期评估为合格以上的，自申请之日起 30 个工作日内拨付年度项目经费总额的 5%。评估认为可以整改合格的，承接机构应根据评估意见进行整改；整改后，评估结果为合格的，自申请之日起 15 个工作日内拨付剩余项目经费；评估结果为不合格的，项目经费不予支付并终止合同。

第二十二条　社工站（家综）应当建立社区（村）社工服务定点联系工作机制，确保每个社区（村）至少有一名定点联系的社会工作专业人员。推动社会工作专业人员下沉到社区（村），确保其 60% 以上工作时数在社区（村）提供专业化社工服务，实现社区（村）社会工作服务全覆盖。

社工站（家综）应当充分整合和链接各类社会资源，充分利用辖区内现有的文化站、工疗站、党员活动中心、社区星光老年之家等社区服务场地资源开展社工服务，同时应积极与社区居委会、社区网格化服务管理中心等区域内主要公共服务机构建立双向合作转介服务关系，发挥社区综合性社会服务枢纽作用。超出服务提供方的专业或能力的，应将其转介到相应服务部门，并开展跟进服务，直至结案。建立社工站（家综）投诉处理机制。市、区民政局可委托社会工作行业组织，负责受理社工站（家综）投诉意见，对投诉意见应做到快速响应，及时将矛盾纠纷化解于萌芽状态。

建立社工、志愿者（义工）联动常态化服务机制。支持市（区）志愿者协会、义务工作者联合会、青年志愿者协会、妇女志愿者协会等机构与社工站（家综）进行服务对接和合作，加强志愿者（义工）队伍建设，整合志愿（义工）服务资源，提升志愿（义工）服务质量。

第二十三条　各职能部门、镇人民政府（街道办事处）如需利用社工站（家综）平台开展社会工作服务的，应当向市、区民政局提出书面申请，载明共享理由、入驻项目、服务需求、经费安排、人员配备（不含社工站〔家综〕现有人员）等事项，经市、区民政局审核后，与社工站（家综）的承接机构签订服务合同，并按照“谁主管、谁负责；谁购买、谁监管、谁考核”的原则，负责组织实施。

第四章　监督管理

第二十四条　社工站（家综）项目评估结果作为社会工作服务机构后续参与运营社工站（家综）项目的重要参考依据，经评估合格及以上等级的，服务周期内可以继续承接社工站（家综）项目；经评估不合格的，服务周期内可终止社工站（家综）合同，并应当按照政府购买服务合同的有关约定承担相应责任。

第二十五条　社工站（家综）的监督管理经费纳入各区财政预算，由各区民政局统筹办理。

第二十六条　民政、财政、镇人民政府（街道办事处）等有关部门及其工作人员在社会工作监督管理中不履行监管职责或者监管不力，滥用职权，玩忽职守的，由其任免机关或者监察机关依法给予处分；涉嫌犯罪的，依法移交司法机关查处。

第二十七条　对不按规定管理和使用资金的行为，严格按照《财政违法行为处罚处分条例》等有关规定追究法律责任。

第五章　附　则

第二十八条　为统一本市社工站（家综）项目的总体实施进度，本办法实施后，社工站（家综）需新设、增设或到期重新采购的，镇人民政府（街道办事处）应在实施采购时通过适当延长或缩减第一年度的服务时间，确保下一年度的合同签订时间统一调整为8月底前。

本办法实施后，正在采购服务周期内的，项目经费按照每年200万元/个的标准执行。评估经费按照本办法执行。

第二十九条　有农村的镇（街）社工站（家综）可以按照本办法的规定，采取岗位购买的方式，聘用专职社工，参与农村民生服务。

社工站（家综）采用政府购买服务以外的方式的，依照有关规定执行。

第三十条　本办法自印发之日起施行，有效期5年。

广州市民政局关于印发广州市社工服务站（家庭综合服务中心）项目评估办法的通知

穗民规字〔2019〕11号

各区民政局：

《广州市社工服务站（家庭综合服务中心）项目评估办法》（以下简称《办法》）现印发给你们，请遵照执行。

广州市民政局

2019年6月27日

广州市社工服务站（家庭综合服务中心）项目评估办法

第一章　总　则

第一条　为规范广州市社工服务站（家庭综合服务中心）项目（以下简称社工站项目）管理，提高财政资金使用效益，促进社会工作服务健康有序发展，根据《广州市社会工作服务条例》《广州市社工服务站（家庭综合服务中心）管理办法》等有关规定，制定本评估办法。

第二条　本办法所称的社工站项目是指本市各镇（街道）社工站，通过政府购买服务等方式，提供专业社会工作服务的项目。社工站项目的购买方是镇人民政府（街道办事处），服务承接方是社会工作服务机构，监督方是市、区民政部门。

第三条　本办法适用于本市行政区域内镇（街道）社工站项目的评估工作。

第四条　社工站项目评估应当遵循全面、客观、科学的原则，确保评估公正、公平、公开。

第二章　评估主体

第五条　社工站项目评估主体包括第三方评估机构、镇人民政府（街道办事处）、区民政部门。第三方评估机构负责专业评估、财务评估工作，对社工站的项目管理、核心项目打造、基础项目开展、特色项目开展、服务成效、财务管理、经费使用情况进行综合评价。

镇人民政府（街道办事处）负责购买方评估工作，对社工站的日常管理、服务成效情况进行综合评价。区民政部门负责监督方评估工作，对社工站的自查自纠检查情况、督查整改落实情况进行综合评价。

第六条　区民政部门应当依照《广州市社工服务站（家庭综合服务中心）管理办法》和国家有关法律法规的有关规定，并按照下列条件，确定承接专业评估的第三方评估机构：

（一）在民政部门依法登记、具备独立承担民事责任能力的社会组织；

（二）拥有一支资深、相对固定的社会工作评估专家团队；

（三）熟悉评估工作与流程，掌握政府购买社会服务方面的法律法规和政策；

（四）其他法律法规和政策文件规定的条件。

第七条　区民政部门应当依照《广州市社工服务站（家庭综合服务中心）管理办法》和国家有关法律法规的有关规定，并按照下列条件，确定承接财务评估的第三方评估机构：

（一）具有独立法人资格的会计师事务所、税务师事务所；

（二）熟悉民间非营利组织会计制度，掌握政府购买社会服务方面的法律法规和政策；

（三）拥有一支稳定且素质良好的财务评估专家团队；

（四）其他法律法规和政策文件规定的条件。

第八条　第三方评估机构及其评估人员有下列情形之一的，应当回避：

（一）与被评估的服务项目或者承接该项目的机构有利害关系的；

（二）曾在承接该项目的机构任职，离职不满 2 年的；

（三）与被评估的服务项目或者承接该项目的机构有其他关系，可能影响评估结果公正的。

第三章　评估内容、流程及方法

第九条　社工站项目评估内容包括项目管理、服务绩效、经费使用等。每个服务年度应当对社工站项目进行中期、末期两次评估，中期进行专业服务评估（含购买方、监督方评估），末期进行专业服务评估和财务评估。各区财务管理另有规定的，可根据相关规定开展中期财务评估。

第十条　评估按照以下流程进行：

（一）制订评估计划。区民政部门会同第三方评估机构根据社工站项目合同期限确定项目评估时间，制订好评估计划。

（二）开展项目评估。区民政部门应当根据评估计划及时做好评估的组织实施工作。

（三）出具评估报告。第三方评估机构应当在评估工作结束后 10 个工作日内，向服务购买方、业务指导方及服务承接方各出具一份评估报告，提出项目年度存在的问题及改进建议。

（四）公示评估报告。区民政部门于收到评估报告后 5 个工作日内确认评估报告，确认后对辖区内社工服务站的评估报告进行公示，公示期不少于 7 个工作日。

（五）受理评估投诉。公示期间，如收到对评估报告的质疑或投诉，区民政部门应当及时对评估结果进行复核，并确定最终评估结果，同时将有关处理情况报市民政部门。

（六）汇总报送情况。第三方评估机构应当认真梳理总结辖区内社工站项目在服务提供、运营管理及资金使用等方面的情况，客观反映存在的问题、提出专业意见建议，形成综合评估情况报告报送区民政部门存档。各区民政部门应当于每年 11 月 30 日前，将年度社工站项目评估工作情况汇总报送市民政部门存档。

第十一条　社工站项目评估主要采取资料分析、问卷调查、电访面谈、实地察看等方式、方法进行。被评估项目方应积极配合，及时提供真实、准确、可靠的相关佐证资料。

第四章　评估结果及应用

第十二条　社工站项目评估分值由三方评估分数的总和确定。其中，第三方评估机构评估分值占比 70%、镇人民政府（街道办事处）评估分值占比 20%、区民政部门评估分值占比 10%。

第十三条　评估等级分为优秀、良好、合格、不合格四个等级。评估分值 90 分以上为优秀，80 分以上至 90 分以下为良好，60 分以上至 80 分以下为合格，60 分以下为不合格。（“以上”包含本数，“以下”不包含本数）

第十四条　评估中发现有下列情形之一的，评估结果定为不合格：

（一）违反《广州市社工服务站（家庭综合服务中心）管理办法》有关规定或合同要求的；

（二）限期内整改不及时、不到位的；

（三）财务评估结果为不合格的；

（四）违反国家法律法规及有关规定的其他情形，情节严重的。

第十五条　社工站项目评估结果作为社会工作服务机构后续参与运营社工站项目的重要依据。

（一）经评估合格及以上等级的，服务周期内可以继续承接社工站项目；

（二）评估意见认为需要整改的，承接机构应根据评估意见进行整改；经重新评估合格后，方可继续承接社工站项目；

（三）评估不合格的，应终止社工站项目合同，承接机构应当按照合同的约定承担违约责任，在2年内不得承接财政资金购买的社会服务项目。

第五章　责任追究

第十六条　有关行政管理部门（承担公共管理职能的组织等）及其工作人员不依法履行职责的，由有权机关责令改正，对负有责任的领导人员和直接责任人员依法给予处分；构成犯罪的，依法追究刑事责任。

第十七条　第三方评估机构及其工作人员和评估专家、社工站项目承接机构及其有关工作人员在评估过程中弄虚作假、串通作弊的，以及违反法律、法规、规章规定的其他情形的，取消其承接政府购买社会工作服务评估、承接政府购买社会工作服务的资格，在2年内不得承接财政资金购买的社会服务项目；构成犯罪的，依法追究刑事责任。

第六章　附则

第十八条　本办法自印发之日起实施，有效期5年。

广州市民政局关于印发广州市社会工作服务项目目录管理办法的通知

穗民规字〔2019〕14号

各区人民政府，市直有关单位：

《广州市社会工作服务项目目录管理办法》业经市人民政府同意，现印发给你们，请遵照执行。执行中遇到的问题，请径向市民政局反映。

广州市民政局

2019年9月25日

广州市社会工作服务项目目录管理办法

第一章　总　则

第一条　为加强社会工作服务项目的统筹管理，提高财政资金购买社会工作服务的科学化、精准化、精细化水平，根据《广州市社会工作服务条例》等有关规定，结合本市实际，制定本办法。

第二条　本办法适用于本市行政区域内使用财政资金购买社会工作服务的项目目录（以下简称目录）建设及管理活动。

本办法所称社会工作服务，是指社会工作者运用社会工作专业知识、方法和技能，为有需要的个人、家庭、社区、单位等提供困难救助、矛盾调处、人文关怀、行为矫治、关系调适、资源协调等服务的活动。

第三条　目录建设及管理应坚持“以人为本、统筹兼顾、保障急需、择优纳入”的原则。

第四条　纳入目录的项目范围应当重点以老年人、妇女、儿童、青少年、残疾人、城市流动人口、农村留守人员、特殊困难人群、受灾群众、本地户籍及外市户籍戒毒康复人员、少数民族群众等为服务对象和以婚姻家庭、教育辅导、就业援助、职工帮扶、卫生医疗、人口服务、矛盾调处、犯罪预防、矫治帮教、应急处置、心理调适、社区戒毒社区康复、毒品预防教育等为服务领域。

第五条　对于适合采取市场化方式提供、适合交由社会工作服务机构承担的服务项目，国家机关、人民团体以及其他具备有管理公共事务职能的组织，应当在目录中选择项目，按照国家、省、市有关规定使用财政资金购买社会工作服务。

未纳入目录管理的社会工作服务项目，不得使用财政资金购买服务。

第六条　市民政部门负责市本级目录的项目征集、评审、公布等组织实施工作。

市级政府资金支持社会工作发展评审委员会（以下简称市评委会）由政府有关部门、群团组织相关负责人和社会工作、财政领域专家组成，负责本级目录的评审工作。

市级政府资金支持社会工作发展评审委员会办公室（以下简称市评审办）设在市民政部门，主要负责受理拟纳入本级目录的项目申请及初审工作。

市财政部门负责做好本级目录建设及管理所需资金的保障工作。

市级各部门纳入目录建设和管理所需资金按规定和程序列入年度部门预算。

市级国家机关、人民团体以及其他具备有管理公共事务职能的组织负责本部门、本领域购买社会工作服务项目的申报和实施工作，按照各自职责，协同实施本办法。

第二章　目录建设

第七条　市民政部门每年第一季度向社会征求本行政区域内社会工作服务需求项目的意见。征求意见的内容包括项目名称、服务对象和领域、拟建议实施购买服务的主体、项目服务需求必要性及可行性分析等，征集时间以市民政部门向社会发布征集公告为准。

第八条　申请纳入目录的项目应当以聚焦解决实际问题、修复社会功能、改善生活品质、回应人民群众对美好生活的需要为目的，且符合以下条件：

（一）符合法律法规以及国家、省、市有关政策文件规定；

（二）符合本办法第四条规定的范围。

第九条　申报主体包括国家机关、人民团体、其他具有管理公共事务职能的组织以及社会工作服务机构等单位和个人。

第十条　申报主体应当按照征集公告的要求，通过电子邮件、纸质材料等方式，及时向市民政部门提交广州市社会工作服务项目申请表。

第十一条　市民政部门应当及时按照服务对象和领域汇总申报项目，并组织评审办对申报项目进行审核，对拟纳入本级目录的项目提出初审建议。

市评委会应当及时对拟纳入本级目录的项目进行评审，确定拟纳入目录的项目。

第十二条　市民政部门应当及时报市人民政府批准，并向社会公布。

第三章　监督管理

第十三条　目录实行动态管理，原则上每年定期向社会公布一次。

对新增项目（不含已纳入目录的项目）按本办法第七条、第十条、第十一条、第十二条的规定进行增补。

对购买服务周期到期仍需继续购买的项目，由相关国家机关、人民团体以及其他具备有管理公共事务职能的组织向市评审办提出申请，经市评审办审核并报市评委会同意，予以保留。

对纳入目录满 2 年未被购买或购买服务周期到期未申请继续购买以及申请继续购买但未评审通过的项目，由市民政部门在目录中予以移除。

对定期调整结束后，国家、省、市政策文件要求设的项目，直接按规定程序予以纳入目录。

第十四条　市民政部门委托第三方评估机构对目录中已购买的项目进行综合评价，并将综合评价排名情况通报有关国家机关、人民团体以及其他具备有管理公共事务职能的组织，其评价结果作为审核项目是否继续保留的重要依据。

第十五条　国家机关、人民团体以及其他具备有管理公共事务职能的组织应当加强对项目承接机构的指导，并委托第三方评估机构开展项目实施效果评估。对实施效果好、群众满意度高的项目，应鼓励和支持项目承接机构继续做好服务保障工作。

第十六条　有关行政管理部门（承担公共管理职能的组织等）及其工作人员违反本办法规定，不依法履行职责的，由有权机关责令改正，对负有责任的领导和直接责任人员依法给予处分；构成犯罪的，依法追究刑事责任。

第十七条　对弄虚作假、骗取项目纳入目录的单位和个人，取消相应项目，由民政部门列入失信提示名单，依规定将违规信息予以公示。

第四章　附　则

第十八条　各区应当按照本办法建设及管理本辖区内使用财政资金购买社会工作服务的项目目录。

第十九条　本办法自印发之日起实施，有效期 5 年。

广州市民政局关于印发《广州市社工服务站服务清单指引（试行）》的通知

穗民〔2019〕314号

各区民政局：

为进一步提升我市社工站服务成效，促进社会工作更好聚焦脱贫攻坚、聚焦特殊群体、聚焦群众关切，发挥参与基本民生保障、基层社会治理、基本社会服务的作用，我局制定了《广州市社工服务站服务清单指引（试行）》，现印发你们，请指导辖区内各社工站贯彻执行。执行中如遇到相关问题，请径与市民政局（慈善社工处）联系。

广州市民政局

2019年12月30日

广州市社工服务站服务清单指引（试行）

类别	序号	服务领域	服务内容	社工服务站“113X”服务项目归类
党建引领服务	1	组织引领	1. 协助街镇各级党组织开展党建工作，符合条件的社工站要成立党支部，与社区党组织联合共建，以“党组织+项目”的形式推动社会服务落地。 2. 配合职能部门与社区党组织，开展“在职党员进社区服务”和“民政联络专员进村居服务”。 3. 与社区进行“服务菜单式”对接，以“党员+公益”的形式参与社区治理。	“1”个核心服务:党建引领社工服务
	2	思想引领	1. 开展“不忘初心、牢记使命”主题宣传，以多样化的形式，推动习近平新时代中国特色社会主义思想进街道、进社区。 2. 践行社会主义核心价值观，弘扬党的光荣传统和中华优秀传统文化，宣传党员先进事迹，引领广大群众始终听党话、跟党走。	
	3	服务引领	1. 协助社区党组织摸清社区党员底数，配合开展社区党员一对一结对帮扶工作。 2. 协助社区党组织发挥战斗堡垒作用，发挥党员服务社区困难群众的先锋模范作用，展示社工在社区扶贫、帮困、助学、助残等方面的积极作为。	

续表

类别	序号	服务领域	服务内容	社工服务站"113X"服务项目归类
基本民生保障	4	兜底性为老服务(特困、孤寡、独居、空巢、农村留守、计划生育特扶、失能等老年人)	1. 掌握特殊困难老年人群的信息和基本情况,并建立工作台账,协助相关职能部门为其提供相应援助服务。 2. 协助做好养老服务政策宣传、摸底调查、福利保障等服务,链接社区照顾、日托、居家养老、医疗健康等服务资源,及时做好服务转介。提供学习增能、临时帮困、居家安全、文化娱乐以及政策咨询等服务。 3. 开展心理情绪辅导、健康管理支援,疾病预防支援、权益保障支援、代际关系协调、社会适应支援、社交支援、社会参与支援等服务。 4. 对独自生活的特困、空巢、留守等老年人开展定期巡访和电话问候,积极防范和及时发现意外风险。对散居在家的失能、半失能老年人加强关注,提高上门服务频率。	"3"个基础服务之:长者服务
	5	兜底性困境儿童、困难家庭服务(困境儿童、留守儿童、低保低收家庭、特困失独家庭等)	1. 掌握困境儿童和困境家庭的信息和基本情况,并建立工作台账,协助相关职能部门和镇街儿童督导员、村居儿童主任落实各项社会救助服务,并链接安置、供养、收养、入学、住房、就业、庇护、救助等各种服务资源,提供转介服务。 2. 为有需要的服务对象提供相关政策咨询、临时照护、紧急庇护转介、就业援助、情绪辅导、压力疏解、情感关怀等服务。 3. 协助做好最低生活保障对象社会公益服务管理工作,包括设计具体岗位和服务制度,向低保对象提供就业培训或服务指导以及公益服务评估等服务。	"3"个基础服务之:家庭服务
	6	兜底性困难青少年服务(低保低收青少年、特困青少年等)	1. 掌握特殊困难青少年人群的信息和基本情况,并建立工作台账,协助相关职能部门落实各项社会救助服务,并链接安置、入学、住房、医疗、就业、庇护、救助等各种服务资源,提供转介服务。 2. 为有需要的服务对象提供相关政策咨询、就业援助、情绪辅导、压力疏解、情感关怀及临时照护、紧急庇护转介等服务。	"3"个基础服务之:青少年服务

续表

类别	序号	服务领域	服务内容	社工服务站“113X”服务项目归类
基本民生保障	7	兜底性残疾人服务	1. 协助街道和社区居委会、村居残疾人服务专干通过入户走访、需求评估、政策咨询，掌握残疾人群的信息和基本情况，并建立工作台账和开展服务。 2. 为残疾人提供生理、心理、精神与社会康复等服务。 3. 为精神障碍患者提供家庭支持、社区康复和社会融入等服务。 4. 为残疾人提供困难帮扶与资源链接、文娱康乐、能力提升、居家安全等服务。 5. 协助康复辅助器具社区租赁服务试点工作开展，为各类康复对象提供优质、高效的辅具租赁转介服务。	“3”个基础服务之:家庭服务
	8	适度普惠性为老服务	1. 协助相关职能部门做好养老服务政策宣传、摸底调查、福利保障等服务工作，链接社区照顾、日托、居家养老、医疗健康等服务资源。 2. 为有需要的老人提供服务咨询、文化娱乐、老年教育、生活支援、学习增能、临时帮困服务、居家安全、精神慰藉、政策倡导等服务。 3. 为有需要的老人开展心理辅导、健康管理、疾病预防、权益保障、代际关系协调、社会适应、社交、社会参与等支援服务。 4. 支持社区老年人社会组织开展自我管理、自我服务和服务社会活动，鼓励低龄、健康老人为高龄、失能老年人提供志愿服务。 5. 配合相关职能部门做好社会救助等服务，协助符合条件的人员申请最低生活保障、特困人员救助供养、医疗救助、住房救助、临时救助等政府救助服务。	“3”个基础服务之:长者服务

续表

类别	序号	服务领域	服务内容	社工服务站“113X”服务项目归类
基本社会服务	9	适度普惠性儿童、家庭服务	1. 协助相关职能部门做好各类社区家庭的调查统计、入户探访、需求评估、舆情收集、情况报告等服务工作。 2. 为有需要的社区家庭提供政策咨询、资源链接和转介服务，协助有需要的服务对象获取入学、就医、就业等方面的资源和支持。 3. 为有需要的社区妇女、儿童提供情绪辅导、减压疏导、技能培训、能力提升、关系调适、心理辅导等支援服务。 4. 为有需要的社区儿童家庭提供亲职教育、紧急援助、学业援助、认知辅导、减压疏解、资源链接等服务。 5. 为有需要的居民提供（转介）婚姻家庭辅导服务。 6. 配合相关职能部门做好社会救助等服务，协助符合条件的人员申请最低生活保障、特困人员救助供养、医疗救助、住房救助、临时救助等政府救助服务。	“3”个基础服务之:家庭服务
	10	适度普惠性青少年服务	1. 为有需要的社区青少年提供学业、就业、娱乐、健身、社交、兴趣发展等方面的支援，协助其获取更多的社会资源和正向支持。 2. 为有需要社区青少年提供情绪辅导、紧急援助、减压疏解、认知辅导、能力训练、资源链接、情感支持等支援服务。 3. 配合相关职能部门做好社会救助等服务，协助符合条件的人员申请最低生活保障、特困人员救助供养、医疗救助、住房救助、临时救助等政府救助服务。	“3”个基础服务之:青少年服务
	11	社区戒毒、社区矫正等特殊有需要的群体服务	1. 协助相关职能部门和社区做好政策宣传、调查统计、入户探访、舆情收集、情况报告等服务工作。 2. 为有需要的困难群体提供就业、就医、居住、法律、技能提升、政策咨询、社会融入等方面的支援，协助其获取更多的社会资源和正向支持。 3. 为有需要的特殊困难群体提供生活救助、法律援助、心理援助、减压支援、人际交往等服务。	“1”个重点服务(可以结合辖区实际情况进行设定)

续表

类别	序号	服务领域	服务内容	社工服务站“113X”服务项目归类
基本社会服务	12	应急救灾服务	1. 协助相关职能部门开展灾害防治、受灾群众转移、紧急庇护、临时安置、灾情反馈、社会救助、灾后重建等工作。 2. 协助受灾居民提供需求评估、情绪疏导、压力疏解、情感支援、哀伤辅导、资源链接等服务。	“1”个重点服务(可以结合辖区实际情况进行设定)
基层社会治理	13	社区公共服务	1. 协助镇街、村居处理物业管理、旧楼加装电梯、小区停车、垃圾分类等社区公共问题。 2. 参与城乡社区议事协商，共同推进优势主导“三社联动”工作。 3. 协助职能部门开展政策宣传、问题调研和评估、舆情观察收集、情况反馈、组织培育、第三方协调等服务。	“1”个重点服务(可以结合辖区实际情况进行设定)
	14	社区营造服务	1. 根据社区实际和居民需求，充分挖掘、培育和活化社区的历史文化资源、自然资源、手工艺、古建筑等社区公共服务载体，拓展提升社区互助、帮困的公共服务体系和平台。 2. 通过社区营造等方式，积极调动社区居民参与，促进社区公共服务和公益事业发展，缓解社区困境人群的就业、生活等方面的困难，改善其生活处境。	“1”个重点服务(可以结合辖区实际情况进行设定)

续表

类别	序号	服务领域	服务内容	社工服务站“113X”服务项目归类
基层社会治理	15	社区慈善服务	1. 协助相关职能部门和市、区慈善组织落实“社工+慈善”战略，倡导社区慈善服务文化，促进社区慈善服务发展。 2. 对接社区困难群体需求，积极联合市、区慈善组织依法设立社区慈善捐赠站点，培育社区基金，开展社区慈善募捐活动。 3. 配合市、区慈善组织开展“社区公益微创投”“社区微心愿服务”等社区慈善活动。	“X”个特色项目
	16	社区社会组织和社区志愿者培育服务	1. 协助相关职能部门和市、区志愿者组织落实“社工+志愿者”战略，倡导社区志愿服务文化，促进社区志愿服务发展。 2. 对接社区困难群体和居民需求，积极开展社区志愿服务。 3. 设立“广州公益时间银行”线下站点和学雷锋志愿服务站点，开展社区志愿服务。 4. 积极培育和发展社区志愿者组织和其他社区社会组织，建立社区志愿者队伍。	“X”个特色项目
	17	其他特色服务	其他符合社区居民需求、社工工作特点的特色服务。	“X”个特色项目

备注：

1. 市、区各职能部门、镇人民政府（街道办事处）确需利用社工站综合平台开展社会工作服务的，要严格按照《广州市社工服务站（家庭综合服务中心）管理办法》相关规定履行相关程序，并按照“谁主管、谁负责，谁购买、谁监管、谁考核”的原则组织实施。

2. 凡属于政策规定的政府部门负责的工作，需要社工服务站协助和配合支持完成的，按照《广州市社工服务站（家庭综合服务中心）管理办法》（穗府办规〔2018〕13号）的有关规定执行，由相关部门出资购买承办机构的服务。

3. 各社工站应当根据本指引及时制定本社工站的服务清单，并报区民政局、镇人民政府（街道办事处）备案。

4. 各社工站按照“113X”的模式设置服务项目。即：

“1”个核心项目——强化党建引领社会工作服务。

“1”个重点项目——突出辖区居民群众最迫切、最需要、最直接的社会工作服务，打造社工站服务品牌。

“3”个基础项目——夯实家庭、长者、青少年社会工作服务。

“X”个特色项目——探索拓展多领域的社会工作服务，打造社工服务机构品牌。

同时，社工站应当对照“113X”服务项目的标准将服务清单内容进行归类，为社区居民提供清晰的项目化服务清单。